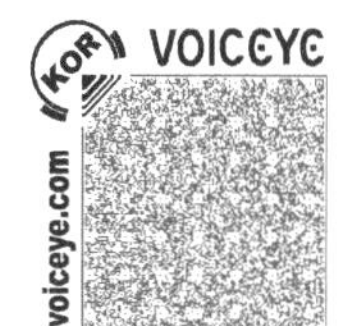

이태동 수필집

밤비 오는 소리

우리는 만날 때에 떠날 것을 염려하는 것과 같이
떠날 때에 다시 만날 것을 믿습니다.
아아,
님은 갔지마는 나는 님을 보내지 아니하였습니다.
제 곡조를 못 이기는 사랑의 노래는
님의 침묵을 휩싸고 돕니다.

♦ 한용운, 〈님의 침묵〉에서

책 머리에

저문 강에 이르기 전 어느 해 겨울, 눈이 많이 오는 미국 북부에 위치한 로체스터대학에서 문학을 공부하던 제자 한 사람으로부터, 누군가 눈 덮인 벌판을 건너면서 남겨놓은 깊은 발자국이 담긴 아름다운 그림엽서 한 장을 받은 적이 있다. 지금은 퇴색되었지만, 너무나 인상적이었던 그 엽서를 나의 시선이 머무는 책상머리에 한참 동안 세워두었었다. 내가 그 엽서의 사진을 그렇게 좋아했던 것은, 그것이 단순히 눈 속에 남겨진 발자국으로만 보이지는 않았기 때문이다. 비록 그것은 흰 눈으로 이루어진 것이지만, 어느 순간에 존재라는 이름의 감옥 벽에 새겨진 무슨 조각과도 같이 나에게 다가왔기 때문이다.

나는 글쓰기를, 존재의 감옥에 갇힌 인간이 벽을 넘어서려는 간절한 슬픈 욕망을 벽 위에다 처절하게 새겨놓는 것이라고 생각한다. 내가 시간의 한계에 대해 눈을 뜨면서 늪과도 같은 미로 속의 시간과 혼돈 속에서 싸우며 여기에 써 모은 여러 편의 글들은 단순히 서재여적(書齋餘滴)이 아니라, 절실한 인간적인 욕구에 의해 이루어진 수인(囚人)의 지문(指紋)과도 같은 것이다.

나의 글들은 내가 일상적인 삶 속에서 느낀 욕망과 슬픔 그리고 지나가는 생각과 어떤 종류의 아름다움에 대한 믿음을 나타냄은 물론, 주변에서 일어나는 일들과 꿈속의 이미지 그리고 추억의 대상들을 사랑하는 마음으로 조용히 묘사한 것들이다. 그래서 그것들은 결코 우연한 감정에서 쉽게 이루어진 것이 아니라, 어떤 절대적인 갈구에서 이루어진 것이다. 라이너 마리아 릴케가 "훌륭한 시는 어떤 절대적인 욕구에서 나온다"라고 말한 것도 아마 이러한 사실을 염두에 두고 한 말이 아닌가 한다.

그러나 이 글은 닫힌 존재의 공간에서 벽을 뛰어넘으려는 처절한 인간적인 갈구로서만 씌어진 것은 아니다. 나는 삶의 비극적인 현실을 치열한 견인력으로 받아들이면서 그 속에 숨어 있는 참된 가치와 삶의 진실을 생(生)의 이면과 그것의 아름다운 잔무늬 속에서 조용히 찾으려고 했다. 그래서 무질서하고 혼돈에 빠진 현실 속에서 발견한 삶의 아름다운 잔무

늬들은 흔히 잊어버리거나 시간 속에 묻어버리고 지나치기 쉽지만, 투명한 의식을 가진 사람들에게는 아름다운 추억과 즐거움을 가져다주는 삶의 정수(精髓)로서 마음에 다가올 것이다.

여기에 한 권의 책으로 엮은 여러 편의 수필들은 부족한 것들이지만, 내가 살아오면서 나의 작은 통찰력과 의식의 눈을 통해서 발견한 삶의 아름다움과 그 내면적인 진실들을 언어로 옮겨놓은 것이다. 그 동안 써온 적잖은 수필 가운데서 가장 소중하게 생각하는 정수만을 모은 것이니, 이것은 나의 지나온 삶의 자국인 동시에 사금(砂金)과도 같은 표백된 진실의 빛무리이다.

내가 눈 덮인 생의 벌판을 이만큼 건너와서 지나온 길을 되돌아보고 그곳에 남겨놓은 아름다운 발자국을 다시 세어보며 앞으로 가야만 할 길을 헤아려볼 수 있도록 한 권의 책을 엮는 것은 나의 개인적인 노력만으로 이루어진 것이 아니다. 그것은 오늘날 나를 이렇게 존재하도록 도와준 주변의 여러 사람들이 없었더라면 불가능했을 것이다. 특히 민음사 박맹호 사장님, 지금은 고인이 된 동화작가 정채봉 님, 이름을 밝히지 않고 오랫동안 귀한 지면을 주고 어둠 속으로 사라졌던 어느 잡지 편집장님의 숨은 애정에 깊이 감사한다.

끝으로 온갖 어려움에도 불구하고 이 책을 세상에 내어놓을 수 있도록 도와주신 문예출판사 전병석 사장님의 오랜 우정과 편집부 여러분의 헌신적인 노력에 진심으로 감사한다.

이태동

차례

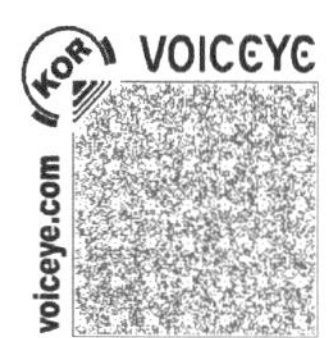

3부. 겨울 속의 봄 227

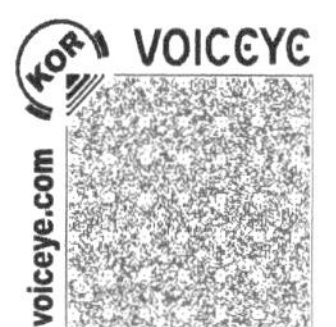

1부

서재를 정리하며

바퀴를 보면 굴리고 싶어진다

"태양이 있을 때 건초를 만들라"는 말을 뜻대로 지키지는 못했지만, 지금까지 살아오는 동안 나름대로 열심히 일했다. 비록 세상을 놀라게 하는 책을 쓰지는 못했지만 몇 권의 책과 적지 않은 잡문들을 자화상을 그리듯이 써왔다. 남들에게는 그것들이 초라하고 보잘것없는 인쇄물이지만, 나에게는 부끄러움과 긍지의 덩어리였다.

그러나 어느 날 갑자기 내가 묻혀서 하고 있는 작업에 대해 회의를 느끼기 시작했다. 그것은 아마 금년 들어 벌써 눈 깜짝할 사이에 달력을 네 장씩이나 찢어내면서 시간의 흐름을 가속적으로 느꼈기 때문인지 모른다.

나는 사월 어느 날 창문을 열고 뜨락에 비가 내리는 것을 보고 있다가 또 한 번의 소중한 봄을 어느 사이에 뜻 없이 보내고 있다는 사실을 깨닫고 갑자기 내가 하는 모든 일이 허망하다는 기분에 젖어들었다. 그래서 며칠 동안 일손을 멈추고, 섬광처럼 지나가는 시간의 흐름을 얼마간이라도 잡아보기 위해 권태를 느낄 정도로 게으름을 피웠다.

그러다가 갑자기 잃어버린 시간에 대한 향수 때문에 대문을 열고 나와 인사동 거리를 찾았다. 시간의 잔해들이 널려 있는 고미술점에 세워놓은 옛 우마차 바퀴 한 쌍이 나의 시야에 들어왔다. 나는 이상하게도 이 바퀴에 남다른 매력을 느끼고, 초라한 주머니를 털어 그것은 물론 대나무 물레 한 점까지 사가지고 집으로 돌아왔다.

우마차 바퀴는 나의 시선이 창문을 통해 항상 머무는 뜨락의 울타리 앞에 세워두고, 옛 아낙네들이 호롱불 아래서 흰 목화실을 자아내던 물레는 거실 한쪽 모퉁이에 놓아두었다. 그리고 빈 시간이 찾아오면 하루에도 몇 번씩이나 그것들을 바라다본다.

내가 지나간 시대에 살던 사람들이 사용했을 때묻은 이들 바퀴에 대해 부드러운 애정마저 느끼는 것은 그것들에 얽혀 있는 잃어버린 내 유년시절에 대한 향수 때문인지도 모른다.

어린 시절 십 리 길을 걸어서 초등학교를 다녔던 나는 하굣길에 우마차를 만나면, 그 마음씨 좋은 마차 주인의 허락을 받고서 뒷자리에 걸터앉아 짧은 다리를 그네처럼 흔들면서 우리 마을의 동구까지 오곤 했었다. 또 건초를 잔뜩 실은 우마차를 만나면, 앞에서 소를 몰고 가는 주인 몰래, 짙은 풀냄새를 맡으며 반듯이 누워 구름 흘러가는 하늘을 바라보며 집 앞까지 실려올 때도 있었다.

노랗게 퇴색하고 때 묻은 물레는, 돌아가신 할머니께서 눈이 내리는 겨울밤 물레 틀에서 하얀 목화실을 자아내다가 말없이 광으로 내려가서 짚풀 속에 감추어두었던 빨갛게 익은 차가운 홍시를 나에게 가져다주시던 모습을 생각나게 한다.

그러나 내가 이들 바퀴를 바라보기 좋아하는 것은 시인 황동규가 노래했듯이 아직도 '바퀴를 보면 굴리고 싶어지기' 때문인지도 모른다. 사실 지금 나는 자동차 바퀴도 제대로 굴리지 못하는 사람이지만, 어린시절에는 여름이면, 태양빛이 찬란히 쏟아지는 하얀 길 위로 굴렁쇠를 즐겨 굴렸고, 겨울이면 얼어붙은 강가에서 낫으로 깎은 팽이를 열심히 쳤다.

나는 나무로 깎아 만든 팽이 얼굴에 크레용으로 서툴게 채색을 했지만 그것을 빠른 속도로 돌리면, 팽이의 얼굴에 묻은 원색들은 보이지 않고 흰색에 가까운 아름다운 조화의 색조를 보였다. 나는 그것이 좋아서, 팽이를 팽이채로 쉴 새 없이 때렸다. 굴렁쇠를 굴릴 때도 마찬가지였다. 그것이 쇠막대기에 의해 아름답게 굴러갈 때는 흥미로움은 물론 야릇한 전율과도 같은 쾌감마저 느꼈다.

어느 순간 갑자기 내가 하던 일, 아니 내가 가던 길 위에서 말 못할 만큼 밀려오는 상실감과 허무 속에서 오는 회의로 말미암아 걸음을 멈추고 있으면서도, 바퀴를 보면 남다른 매력을 느끼는 것은 왜일까. 아마도 그것은 아직까지 나의 핏속에 유년시절 그때처럼 바퀴를 보면 굴리고 싶은 욕망이 간직되어 있기 때문일 게다.

창을 통해 내다보이는 담벽에 기대어놓은 수레바퀴가 석양빛에 그림자를 드리우는 것을 볼 때, 나는 그것의 축을 중심으로 뻗은 바큇살 하나하나가 지나온 삶의 수많은 고빗길을 나타내는 것으로 느껴진다. 정말이지 이 순간 그리스 신화에 나오는 비극적인 주인공처럼, 나 자신이 그 바큇살에 운명적으로 묶여 있는 듯한 느낌을 가진다.

그런데 삶이란 이름의 수레바퀴를 힘겹게 한 바퀴 거의 다 굴려온 내가 뼈저리게 느끼는 허무감 속에서 또다시 그것을 굴리고 싶은 욕망을 느끼는 것은 무엇 때문일까. 이렇게 나이를 먹었지만 아직까지 아픔과 괴로움 속에서 느끼는 기쁨이 권태로운 늪 속에서 느끼는 안락보다 나의 마음을 더욱 평화롭게 해주기 때문일까. 바퀴가 굴러가기 위해서 만들어졌듯이, 인간 역시 고역스럽지만 움직임 속에서 그에게 주어진 시간을 쉴 새 없이 불태우도록 만들어졌나 보다.

신의 선물처럼 우리들에게 주어진 인생을 한참 동안 살아가다 보면, 그것을 송두리째 잃어버리거나 혹은 도난당한 듯한 기분을 느낄 때가 많다.

그래서 나는 좀 쉬기도 하고 또 비온 뒤 급류처럼 흐르는 시간을 붙잡기 위해 얼마 동안이라도 일손을 멈추고 있으면, 시간이야 조금 느리게 흐르지만, 나 자신이 늪 속에 빠진 사람처럼 괴롭지 않으면, 또 마냥 허탈한 기분만을 맛보게 된다. 이것은 마치 어린시절 얼음판 위에서 아름답게 균형을 유지하면서 돌아가던 팽이가 쓰러지거나, 혹은 잘 굴러가던 굴렁쇠가 돌부리에 부딪혀 길섶으로 굴러가서 쓰러지는 것을 보고 느꼈던 것과 유사한 절망감이 아닌가 하는 생각이 든다.

쏜살같이 지나가는 세월이 아쉬워 헛바퀴를 돌리

듯 뒷걸음질을 치거나 가는 길을 멈추게 되면, 우리는 굴러가는 수레바퀴가 쓰러지듯 어떤 의미에서는 죽은 자와 다름없게 되지 않을까. 바퀴가 앞으로 굴러갈 때만 그 값이 있듯이, 사람 역시 춤을 추듯 움직이고 있을 때 모순된 기쁨을 느낄 수 있는 것은 부정할 수 없는 진실이 아닌가.

톨스토이가 말했듯이 어떻게 생각하면 인간은 역사의 수레바퀴를 굴리는 수단에 지나지 않을지도 모른다. 그렇다면 역사의 목적은 무엇인가. 막연하게 역사의 수레바퀴가 마지막 도착하는 곳이 역사의 목적지란 말인가.

그런데 우리가 수레바퀴의 이미지만을 생각한다면, 바퀴는 결코 마지막 도착할 곳이 없는 듯하다. 바퀴는 항상 굴러가야만 하는 길 위에 있을 뿐이고, 또 그곳에서만 바퀴의 생명이 있는 것이다. 다시 말하면 그것이 어느 지점에 도착해서 멈추었을 때는 그 기능을 상실하고 죽어버리게 되어, 누군가가 다시 그것을 움직여주기만을 기다릴 뿐이다.

내가 인생의 수레바퀴를 한 바퀴 다 돌려갈 무렵에 왔는데도 바퀴를 보면 다시금 굴리고 싶어지는 것은 잃어버린 삶에 대한 단순한 향수가 아니라, 인간에

게 주어진 운명과 의무에 복종하려는 마음의 움직임인지도 모른다.

나이가 든 사람이 아직도 그늘에 앉아 쉬지 못하고 바퀴를 보면 굴리고 싶고, 거대한 수레바퀴를 굴리던 가난한 젊은 시절을 그리워하고 그때 그 시절의 힘겹고 감미로웠던 추억을 반추하는 것에 대해 단순히 어리석은 만용이나 미성숙이라고 탓할 수만은 없을 것이다.

바퀴를 보면 이렇게 굴리고 싶은 것은 아직도 내가 살아 있다는 증거이며, 그것을 통해서 나 자신이 안고 있는 숨은 뜻을 깨닫고 실현할 수 있기 때문이다.

내가 현기증이 날 만큼 빠르게 흘러가는 시간에 떠밀려가는 것이 못내 싫어 저항하다가 발길을 멈춘 순간, 잃어버린 시간을 찾아나섰던 인사동 길 위에서 시간의 흐름을 나타내는 수레바퀴를 시간의 잔해 속에서 다시 찾아야만 했던 것은 분명히 어리석고 모순된 짓이었다. 그러나 그것은 보이지 않는 신의 명령에 복종하는 운명적인 나의 마음의 울림에서 오는 결과인지도 모른다.

서재를 정리하며

나는 날 때부터 정리벽이 부족한 사람이다. 그래서인지 어려서부터 책 수집하기를 무척 좋아했지만 목록에 따라 정확히 분류하지 못하고 서가(書架)에 아무렇게나 꽂아두었다. 그래서 글을 쓰다가 어떤 책이 필요해서 찾을 때는 서재의 사방을 뒤지는 버릇을 지니고 있다.

지난 밤 어떤 글귀가 떠올라 그것을 확인하려고 서재에서 책을 찾다가 못 찾고 지치기만 했다. 그래서 나는 책들을 순서에 따라 정리하지 못하고 아무렇게나 꽂아둔 게으른 자신에 대해 슬퍼지면서, 무질서하게 꽂아놓은 책들을 서가에서 서재 바닥으로 쓸어내렸다. 그리고 밤늦도록 정리하였다.

책을 정리하는 일은 처음 생각보다 훨씬 즐겁고 흥미로웠다. 분류한 목록의 순서에 따라 다시 책을 꽂아놓기 위해 흩어진 책들을 한 권 한 권 먼지 묻은 손에 들고 책이름을 들여다볼 때마다 그것들을 수집할 때에 있었던 먼 과거의 일들이 물 위에 뜬 꽃잎처럼 떠올랐다. 수집가에게 서가에 꽂혀 있는 책들은 "파도처럼 밀려드는 추억의 밀물을 막는 둑"이라고 말하지만, 흩어진 책들은 그야말로 추억 그 자체였다. 고서(古書)들은 묵은 사진첩처럼 낡은 것이었지만 그것들 한 권 한 권은 그것대로의 온갖 추억의 무게를 싣고 있었다.

대학시절에 나는 무척이나 가난했다. 그러나 찰스 램의 말처럼 가난 속에서 책을 어렵게 구입하는 기쁨은 있었다. 다시 말해, 나는 젊은 시절 학교에 다닐 때, 사고 싶은 책이 있어도 한 번도 마음 놓고 구입한 적이 없다. 지금 서재 바닥 한 모퉁이에 쓰러져 있는 두툼한 원서 한 권은, 갖고 싶어서 책방을 찾아 들러서 만져보기를 수없이 거듭했으나, 구입할 능력이 없어서 결국 시집간 작은고모를 졸라서 얻은 것이다. 지금은 책 표지의 빛이 바랬지만, 그 속에는 그것을 들고 벅찬 마음으로 종로에 있던 그 양서점(洋書店) 문을 나오던 초라했지만 행복했던 내 모습이 지워지지 않고 짙은 그림자를 드리우고 있는 듯하다. 또 크기와 부피 때문에 눈길이 가는 영영사전 한 권을 손에 들고 보았더니, 내가 첫 원고료를 받아서 기념으로 구입한 것이란 글귀가 속표지에 씌어 있었다. 이것만이 아니었다. 책을 구입하는 과정에서의 어려움과 기쁨은 다른 책에도 무수히 묻어 있었다. 하버드대학의 데이비드 퍼킨스(David Perkins)가 편집한 영국 낭만주의 영시 선집의 자줏빛 나는 표지를 넘기니 “나의 노동의 대가로 받은 돈으로 구입한 책”이라고 쓴 글씨가 빛바랜 잉크 글씨 속에 나타났다. 그 책은 내가 미국에서 고학으로 대학원 공부를 할 때, 책값이 너무 비싸서 쉽게 구입할 수가 없어서, 대학 구내식당에서 일을 해주고 받은 돈으로 산 것이었다. 그 당시 나는 그 책을 두 권 사서 한 권은 나를 마음으로 도와준, 같은 기숙사에 있었고 지금은 미국 어느 대학에서 18세기 영문학을 가르치고 있는 미국 친구에게 주었다. 그랬더니 그 친구는 학교를 졸업할 무렵 그 책에 대한 답례로 보나미 도브레(Bonamy Dobree)가 쓴 옥스퍼드판 18세기 영문학사 한 권을 사서 주었다. 말없이 나누었던 아름다운 우정도 세월 속에 묻혀 까맣게 잊고 있다가, 그 자줏빛 책을 다시 서가에 꽂다가 생각이 났다. 영원한 망각 속에 묻어버리기에는 너무나 아름다운 벗이었다. 그러나 그는 지금은 만나볼 수 없고 다만 기억 속에 살아 있을 뿐이다.

그러나 모든 책들이 그렇게 힘겹게 얻어진 것은 아니었다. 내가 대학원 공부를 마치고 돌아올 때 졸업기념으로 은사 선생님이 사 주신 것들도 많다. 책마다 사인은 되어 있지 않지만, 표지와 책 제목만 보아도 그때의 일들을 기억할 수가 있다. 은사님에게 받은 또 한 권의 책은 교수님이 은퇴하고 돌아가시기 전 마지막으로 선생님 댁을 방문했을 때 주신 것인데, 선생님께서 여러 해 동안 대학 강단에서 직접 사용하셨던 책이었다. 마흔을 넘길 즈음 하버드대학에서 1년 동안 머물다가 돌아오는 길에 선생님 댁을 들렀을 때 물려받은 것인데, 그 책에 담긴 의미를 처음에는 몰랐다. 그러나 귀국해서 짐을 풀어 그 책을 다시 열어보았을 때 미국 문학을 강의할 경우 도움이 되라고 나에게 주신 것이란 사실을 쉽게 알 수 있었다. 서가에 꽂기 전에 선생님께서 베풀어 주셨던 사랑이 밀물처럼 밀려와서 낡은 책장을 한 장 한 장 넘겨보았더니, 여백이 있는 곳마다 선생님께서 오랫동안 강의하셨던 내용이 깨알처럼 씌어 있었고, 사이사이 타이핑한 선생님의 강의안이 풀로 단단히 붙여져 있었다.

그 책은 결코 돈으로 가늠할 수 없는 선생님의 얼

이 담긴 귀중한 정신적 유산이었다. 다음 순간 책을 직접 베껴 쓴 고서(古書)가 어느 도서품평회에서 가장 높은 값이 나갔다는 말의 참뜻을 이해할 수가 있었다. 선생님의 손때 묻은 그 책을 다시금 펼쳐보았을 때, 책의 생명에 대해 다시 한 번 생각하지 않을 수 없었다. 선생님께서 그렇게도 아끼던 책을 나에게 주신 것은 스스로 자신의 죽음을 예측하고 책의 생명을 다시 살리기 위함이었을 것이다. 그것이 만일 문학을 알지 못하는 사람의 손에 떨어졌다면, 폐품으로 처리되었을 것이다. 도서관으로 보내졌다고 해도 나의 손 위에서처럼 그 생명이 살아나지는 않았을 것이다.

이러한 생각은 흰색 천으로 우아하게 장정을 한 1934년도 판 제임스 조이스의 《율리시즈》를 눈앞에 흩어져 쌓인 책더미 속에서 찾아 제자리에 꽂을 때 다시금 일어났다. 20세기 영문학사에서 최고의 걸작으로 알려진 이 책은 1979년 보스턴에 머물 때 서울 법대 송상현 교수와 이화여대 이동원 교수 그리고 작고하신 하버드 엔칭도서관의 백린 선생과 함께 일요일마다 찾아간 벼룩시장에서 단돈 1달러를 주고 구입한 것이다. 이 책은 조이스를 전공하는 학자들에게는 바이블로 통하는 소중한 책이고, 나에게도 재산 목록 1호에 들어갈 만한 귀중한 고서다. 그런데 이 책을 만져볼 때마다 내가 보스턴 부근의 어느 벼룩시장에서 큰 횡재를 했다는 생각보다 폐품에 가까운 잡동사니 더미에서 이 책의 생명을 구해주었다는 생각을 한다. "진정한 수집가에게는 한 권의 고서를 얻는 것이 곧 그 책의 재탄생을 의미한다 해도 과장이 아니다"라는 발터 벤야민의 말은 이러한 사실을 의미하는 것이라고 생각된다.

그러나 내가 이들 책을 계속해서 읽지 않을 때는 그 생명을 완전히 구했다고 말할 수는 없겠다. 이러한 생각은 아프리카로 간 어느 수녀님이 주고 간 도스토예프스키의 영문판 《카라마조프가의 형제들》을 보았을 때 또 한 번 일어났다. 나는 그 책을 읽지 않은 채 책꽂이에 몇 년을 두고 쑤셔박아놓았기 때문이다. 그러나 아나톨 프랑스가 그의 서재를 돌아본 어느 팔레스타인 사람의 물음에 다음과 같이 한 말을 기억해내고는 어느 정도 위안을 얻었다.

"선생님은 이 책을 모두 읽으셨는지요?"

"아마 십분의 일도 채 못 읽었을 걸요. 당신도 세브르 도자기를 매일 사용하지는 않을 텐데요."

이러한 대화를 기억하면 책을 다 읽지 못해도 책을 수집하는 작업은 그래도 책의 생명을 구해주는 일이라고 말할 수 있지 않을까. 왜냐하면 책을 다 읽지 않더라도 그것이 있을 자리에 두고 보는 것 또한 그것에 생명을 부여하는 일이라고 말할 수 있기 때문이다.

나는 책을 수집할 때 반드시 새 책만을 고집하지는 않는다. 어떤 책이 절판이 되었을 때 그것을 구입하기가 어렵기도 하지만, 다른 사람이 깨끗이 사용한 책을 구하는 것이 훨씬 흥미롭기 때문이다. 어떤 사람이 과거에 그 책을 읽었다고 생각하면, 책을 읽는데 동반자를 얻었다는 느낌이 들 뿐만 아니라, 정신적인 재산을 그와 함께 나누어 가진다는 생각도 든다. 특히 이미 누가 사용했던 책을 읽으면, 그 사람이 그 책을 구입할 때의 감정과 그것을 무슨 이유로 헌책방에다 팔았을까 하고 생각해보는 일도 매우 재미있다.

또 내가 수집한 책을 더 이상 가질 수 없을 때 그것의 운명을 생각해보는 것 또한 흥미로운 일이다. 아마 나는 장서(臧書)를 더 이상 가질 수 없는 운명에 놓이면 대학 도서관에 맡길 것이다. 다음 세대가 내가 수집한 책을 읽을 때, 그 책들에 담긴 추억을 결코 읽을 수 없다고 하더라도 그들이 그만큼 그 책의 생명을 연장시켜준다고 생각하면 자못 안심이 되기 때문이다.

나의 서재에 꽂힌 책들은 몇 권 되지 않지만, 미국에서 대학원 공부를 하기 이전에 수집한 책들은 한 권도 없다. 어릴 때 수집한 책들은 6·25전쟁 때문인지 내가 신장염으로 병원에 오랫동안 입원했다가 돌아오니 모두 다 없어졌고, 그 후 대학시절에 수집한 책들은 미국으로 건너가면서 누군가에게 맡겨두었으나 돌아와서 그 사람을 만날 수 없는 운명이 되어 다시 보지 못하게 되었다. 지금 그 책들은 완전히 버림을 받아 생명을 잃고 폐품 처리가 되지 않았으면, 다른 잡동사니 속에서 잠을 자거나 죽어 있을 것이다.

어떻게 생각하면 책을 수집하는 일은 책을 쓴 사람들의 가장 위대하고 값진 고통을 함께하는 것이다. 어떤 책을 다 읽지 못해도, 알지 못하는 어떤 사람에게 바친 숭고하고 절실한 마음으로 쓴 저자의 서문만이라도 읽는다면, 그 책값에 대한 충분한 보상을 받았다고 생각한다. 우리나라에는 없지만 20세기 초까지 서양에 있었던 절판이 된 고서 경매시장에서 높은 가격으로 책을 입찰하던 광경을 그려보면 감격해서 눈시울이 뜨거워진다.

새벽녘까지 흐트러진 책들을 말끔히 정리하고 사방에 둘러싸인 책들을 바라보며 의자에 기대어 앉았을 때, 책으로 다시 집을 지어 그 속에 살고 있는 듯한 느낌을 가졌다. 그래서 다시금 꽂혀 있는 책들은 케임브리지 찰스 강 부근의 곰팡내 나는 고서점을 뒤졌던 일, 하버드 대학가 주변에서 중고책을 사서 월세 아파트 벽장에 쌓아두면서 흐뭇해했던 일, 팔로 알토의 스탠퍼드 대학가에서 책을 구입하고 서점 주인과 친해져서 사진을 찍었던 추억들, 채플 힐의 '황소서점'에 황홀하게 진열된 책들을 보다가 강의실에 늦게 들어갔던 일 그리고 몇 권 안 되는 저서를 쓰거나 번역을 하면서 내 젊음을 그 속에서 모두 불태웠던 일 등 추억의 파도를 막아주는 방파제가 되어 있었다.

어느 우체부의 초상

♠♠

밤마다 심한 불면증에 시달리곤 하지만, 간밤에는 유난히도 잠이 오지 않았다. 그래서 나는 몇 년 전 스탠퍼드대학이 있는 팔로 알토 거리를 걷다가 어느 헌책방에서 구입해 두었던 화집을 뒤적이다, 비극적인 일생을 마친 천재 화가 반 고흐의 그림들과 마주하게 되었다.

그의 그림들은 볼 때마다 언제나 새로운 의미로 다가온다. 사실 나는 삶이 힘겹다고 느낄 때마다 고흐의 그림을 보고 적지 않은 용기를 얻는다. 그의 유명한 자화상을 비롯하여 〈사이프러스 나무들이 있는 길〉과 〈해바라기〉, 〈별들이 빛나는 밤〉 그리고 〈밀밭 위의 까마귀〉 등은 나에게 퍽 친숙한 작품들이다. 그러나 〈우체부 룰랭의 초상(肖像)〉은 흑백으로 인쇄된 복제품이었기 때문에 항상 별반 눈길을 주지 않고 가볍게 지나갔다.

그런데 어젯밤 따라 룰랭의 초상화가 나에게 깊은 인상을 주며 다가왔다. 룰랭의 초상이 우리들에게 갖가지 소식을 전해주면서도 '침묵의 무게와 부드러움'을 지니고 있는 수염 긴 건장한 우체부의 모습을 하고 있었기 때문만은 아닌 것 같다. 검은 제복을 입고 우체부 모자를 쓴 그의 모습이 어린 시절 나의 마음에 깊은 인상을 새겨놓았던 어느 역무원을 연상시켜 주었기 때문이었다.

나는 중학교시절부터 객지 생활을 했기 때문에 기차와 기찻길 그리고 역사(驛舍) 풍경을 접하는 시간이 많았다. 당시 나는 토요일 오후만 되면 연년생인 누이동생과 더불어 시골집으로 가기 위해 석양을 등지고 D역으로 나가곤 했다.

밀고 밀리면서 차표를 사서 간신히 기차에 올랐고, Y역에 내릴 때면 무서운 밤길 십 리를 걸어야만 하는 두려움도 잊은 채 그렇게 마음이 부풀고 흐뭇할 수가 없었다. 기차가 기적을 울리며 떠날 때는 산과 들판이 움직여서 신기하기도 했고, 곧 어머니와 아버지가 계신 곳에 도달할 것이라는 기대감 속에서 잔잔한 흥분마저 느꼈다.

그리고 완행열차가 석탄 냄새를 뿜으면서 고모역을 비롯하여 여러 개의 간이역에 잠시 머물다가 떠날 때 차창 밖을 내다보면, 검은 제복을 단정하게 입고 금테 두른 모자를 쓴 역장과 그 옆에서 한 손에는 붉은 기를 쥐고 다른 손으로 푸른 깃발을 흔들던 역무원이 우리 쪽을 향해 정중하게 거수경례를 했다.

그때 나는 너무나 어렸기 때문에, 그들이 왜 기차를 향해 정중하게 거수경례를 하는지 몰랐다. 그러나 세월이 조금 지난 후, 매달 백여 리 길을 기차를 타고 오르내리면서, 왜 그들이 기차를 향해 경례를 하는지 조금씩 깨닫게 되었다.

내가 고등학생이 되었을 때, 그들이 역을 지나는 기차에 경례하는 것은 차표를 사서 기차를 타고 가는 여객들에 대한 친절의 표시라고 여겼다. 그러나 어른이 되어 오랜만에 기차를 타고 고향을 찾았을 때, 그들이 경례하는 대상은 기차를 타고 가는 사람이 아니라, 무거운 짐과 많은 사람을 태우고 먼 길을 가야만 하는 기차라고 생각하게 되었다. 사실 기차는 무언가 절규하는 소리와도 같은 기적을 울리면서, 그 먼 길을 달려왔고 또 얼마나 먼 길을 달려가야 했던가.

비록 지금은 감정이 무뎌져 그럴 수가 없지만, 어릴 때는 기차만 보면 그렇게 반갑고 기쁠 수가 없었고, 기차가 지나가버리면 그렇게 깊은 슬픔에 잠길 수가 없었다. 이러한 마음은 초등학교시절, 학교 갔다가 돌아오는 길에 철길을 지날 때면 걸음을 멈추고 기차 바퀴가 굴러오는 소리를 듣기 위해 찬 레일 위에 뺨을 대고 귀를 기울였던 마음과 다를 바가 없는 듯하다.

기차에 대해 느꼈던 이러한 생각은 가난했던 어린 시절, 기차 타기가 어려웠기 때문이었을지도 모른다. 시골집은 기차역에서 십여 리나 떨어져 있는 산골이었다. 그래서 월요일 아침 7시경에 간이역을 지나는 차를 타려면, 새벽에 일어나서 무거운 짐을 들고 돌밭으로 되어 있는 산길을 달리다시피 내려와야만 했다.

어쩌다가 조금 늦어 철길이 보이는 곳 가까이에서 우리가 탔어야 할 기차가 붉은 철교를 지나고 있는 것을 보게 되면 그렇게 절망적일 수가 없었다. 새벽차를 놓치면 오후 1시경에야 있는 기차를 타기 위해 다시 역으로 가서 조용하고 권태로운 시간을 보내야만 했다.

어느 해 가을인가, 나는 또 새벽 차를 놓쳐 역사 안의 벤치에 앉아서 다음 차를 기다려야만 했다. 그러나 낡은 건물 밖으로부터 햇빛이 너무나 찬란하게 쏟아져서 그곳에 머물 수가 없었다. 그래서 대합실 문을 밀고 나와 플랫폼을 건넜다. 콜타르, 침목 냄새와 뒤범벅이 된 국화꽃 향기가 코를 찔렀다. 그래서 나는 역사 건너편 철조망 부근의 풀밭에 앉았다. 그러고는 그곳에서 기차들이 오고 가는 모습과 철길을 바라보며 시간을 보냈다.

이따금씩 지나가는 급행열차는 물론 멀리 보이는 터널에서 빠져나와 서행으로 다가오는 화물열차도 보았다. 화물열차는 힘에 겨웠는지 대개 천천히 움직였고, 가끔 간이역에서 멈추고 물을 공급받았기 때문에, 열차 앞머리에 있는 기관차에서 검은 제복에 모자를 쓴 화부들이 화차에다 석탄을 퍼 넣는 모습과 기관사가 역무원이 흔드는 푸른 깃발에 인사를 하고 긴 열차를 움직이며 사라져가는 모습도 보았다. 그래서 나는 그곳에 계속 앉아서 물끄러미 바라보고 있던 기차가 지나가면 다음 기차가 오기를 기다렸고, 그것이 지나가면 또 다음 차를 기다렸다.

내가 타고 가야 할 그 초라한 완행열차가 아니라도 좋았다. 어떤 기차라도 무조건 반가웠고, 그 안에 타고 있는 사람들이 그렇게 부러울 수가 없었다. 나는 진홍빛 국화꽃과 코스모스가 눈부시게 찬란히 피어 있는 철길 가에서 기차가 오고 가는 것을 유심히 바라보다가, 이윽고 내가 타고 가야 할 완행열차가 연기를 뿜고 기적을 울리면서 다가오면 거기에 올라타고 도시로 나와 이튿날에야 학교에 갔다.

지금 생각하면 내가 어릴 때 철길 부근에서 기차를 기다리며 말할 수 없는 그리움을 느꼈던 것은, 그렇게 무거운 짐과 사람을 싣고서 비명을 지르고 헐떡이면서도 먼 길을 가는 기차에 대한 존경심 때문이었다. 이에 대한 증거로는, 가지 않고 죽은 듯이 가만히 서 있는 열차에 대해서는 별다른 매력을 느끼지 못하고 권태로움마저 느꼈다는 것이다.

그 후, 가끔 기차를 타고 고향에 갈 기회가 있으면, 차창 밖으로 보이는, 검은 제복 입은 역무원들이 지나가는 열차에 정중하게 거수경례를 하는 모습에서 존경심을 읽을 수 있었다.

고흐가 〈우체부 룰랭의 초상〉을 그린 것은 그에게서 느꼈던 뜨거운 인간적인 매력 때문이었다고 한다. 이를테면 고흐는 우체부 룰랭의 목소리가 그의 귀에 때로는 '감미롭고 슬프기도 한 요람의 노래'처럼, 때로는 '멀리서 들려오는 프랑스혁명의 나팔소리의 되울림'처럼 들린다고 할 만큼 그를 좋아했다고 한다. 그러나 그의 초상을 여러 번 그렸던 고흐의 마음속에는 우체부가 다른 사람에게 갖가지 소식을

전해주기 위해 마치 기관차처럼 열심히 일을 한 것에 대한 존경심이 숨어 있으리라.

잠이 오지 않아 펼쳤던, 고흐의 검은 제복 입은 〈우체부 룰랭의 초상〉 속에서 기관차의 풍경을 발견한 것은 결코 우연이 아니었다. 실제로 룰랭의 턱 아래 자란 삼각형의 흰 수염이 나에게 기관차의 연기처럼 보였고, 거칠지만 자연스럽게 그려진 그의 손은 불타는 화차 속으로 석탄을 퍼넣기 위해 삽질하는 화부의 손과도 같았다. 그래서 나는 늦은 밤 혼자서, 어릴 때 본 그 간이역 역무원들과 같은 자세로 그의 초상화에 잠깐이나마 경의를 표했다.

우체부 룰랭의 초상화에 나타난 피곤함 없이 일하는 인간 풍경을 보고 난 후, 심한 불면증에 시달리는 나 자신에 대해 적지 않은 부끄러움을 느꼈다. 만일 나 역시 룰랭처럼 남을 위해 열심히 잡념 없이 일을 할 수 있다면, 그와 같은 모습을 하고 통나무처럼 건강하게 잠을 잘 수가 있을 거라고 생각했기 때문이다.

사색과 경험

18세기 프랑스 고전주의 문학을 대표하는 《팡세》를 쓴 파스칼은 원래 과학자였다. 그는 불과 열두 살 때 우주 속에 신이 창조한 질서가 있다는 사실에 눈을 떠서, 유클리드의 32개 명제를 혼자서 발견했고, 열여섯에는 〈원추곡선론〉을 썼으며, 또 열아홉에는 인류 최초의 계산기를 만들었다. 이어서 그는 물리학에도 재능을 보여 스물아홉 이전에 깊은 신앙 생활과 함께 기압과 액체의 평행에 관한 진공론(眞空論)을 수립했다. 그가 이러한 과학적인 결실을 거둔 것은 이성적인 인간으로서 우주 가운데 어떤 불변의 법칙을 받아들였을 뿐만 아니라, 그 법칙의 불가사의한 의미를 찾으려는 노력의 결과라고 말할 수 있다.

그런데 그가 과학자로서 만족하지 않고 《팡세》라는 위대한 문학 작품을 남긴 것은 과학적이고 이성적인 것보다 더욱 큰 것이 우주 가운데 있음을 믿었기 때문이다. 과학자로서 이러한 믿음을 가지게 된 것은 아버지의 갑작스러운 죽음에 이어 뇌이 교(橋)의 마차 사고에서 기적적으로 살아난 후 수녀인 그의 누이 자클린으로부터 신앙생활에 대한 간청을 받고 우주에 숨어 있는 절대적인 존재를 직관적으로 발견해서 물질보다는 인간성의 심연으로 파고들었기 때문이다. 그래서 그는 《팡세》에서 다음과 같이 썼다.

지나친 것 두 가지, 이성(理性)을 받아들이지 않는 것과 이성밖에는 받아들이지 않는 것.

《팡세》에 나오는 여러 가지 훌륭한 말 가운데 가장 널리 알려진 말은 "인간은 생각하는 갈대"라는 말이다.

인간은 자연 가운데서 가장 약한 갈대에 불과하다. 그러나 생각하는 갈대다. 그것을 짓밟아 죽이는 데 온 우주가 무장할 것까지는 없다. 수증기 한 줄기, 물 한 방울로도 그를 죽이기에 충분하다. 그러나 우주가 그를 짓밟아 죽인다 해도, 인간은 그것보다 훨씬 고귀할 것이다. 왜냐하면 인간은 자기가 죽는 줄을, 우주가 자기보다 우세함을 알고 있으나, 우주는 여기에 대해 아무것도 모르니까.

그러므로 우리의 모든 위엄은 사유에 있다. 우리가 일어서야 하는 것은 여기서부터지, 우리가 채울 수 없는 공간이나 시간에서부터가 아니다. 그러니 잘 생각하도록 노력하라. 여기에 '도덕적인 근원이 있다'.

그런데 중요한 것은 파스칼이 인간은 '생각하는 갈대'라는 사실을 발견했다는 것이다. 다시 말하면 파스칼이 인간을 '생각하는 갈대'라고 생각한 것은 결코 우연이 아니다. 그것은 이성적인 인간으로서 그가 겪은 인간적인 시련 때문이었으리라.

만일 어둠이 전혀 없었더라면 인간은 자기의 타락을 깨달을 길이 없었을 것이다. 만일 빛이 없었더라면, 인간은 구원을 바라지 않았을 것이다.

그렇다면 인간에게 가장 소중한 것은 경험이 아니겠는가. 뜻있는 경험은 평범하고 순탄한 삶을 사는 사람에게는 결코 찾아오지 않는다. 쉽게 살아가는 사람들도 사색을 하지만, 이러한 사람들의 사색은 경험과 함께 오는 사색과는 다른 것이다. 허영에 차서 불안해 보지 않은 사람은 절대적인 믿음의 고마움을 모른다.

실제로 인간은 절망과 좌절 그리고 비참한 허무의 늪 속에 빠져보아야만 우리를 구원해 줄 수 있는 절대적인 존재의 힘이 무엇인지를 알 수 있다. 인간은 연약하지만, '생각하는 갈대'이기 때문에 자신의 잘못을 뉘우치고 반성한다. 반성하는 생각과 마음은 곧 절대적인 존재와 진리에 가까이 가는 길이 된다.

우리는 죽음을 무서워하지만, 죽음이 없으면 인생은 물론 구원의 의미도 알 수가 없다. 그러므로 우리는 우리가 놓여 있는 힘겨운 현실을 극복하고 받아들일 때에 살아 있는 기쁨을 누리고 인생을 풍요롭게 만들 경험을 얻게 된다.

그러나 경험을 경험으로서만 받아들이고 도덕적인 상상력을 위한 바탕으로 만들지 못하면 그것의 의미는 반감되고 만다. 이것에 대한 예로서 일본의 '노[能]'에 나오는, 샘물에서 두레박으로 물을 긷는 여인의 경우를 생각해보자.

극중인물인 그녀는 젊은 시절부터 늙어서까지 궁중의 우물에서 물을 길어올리는 일을 한다. 그런데 그녀는 우물에서 밧줄로 두레박질을 하는 것을 단순히 물을 긷는 것으로 생각하지 않고 우물에 어린 아름다운 자신의 얼굴을 건지려는 노력으로 생각했다. 그녀는 늙어서 자신의 노력이 허망함을 깨닫고 슬퍼한다. 그러나 만일 그녀가 우물 아래를 내려다보면서 두레박 줄을 내리지 않았으면, 수면 위에 비친 자신의 아름다운 얼굴을 발견할 수 없었을 것이다. 또한 아무런 생각 없이 우물에서 물을 긷는 일만 계속했다면, 두레박질을 수면 위에 비친 자신의 얼굴을 건지려는 노력이라고 생각하지 못했을 것이다.

일생을 두고 물을 퍼올렸지만 자신의 아름다운 얼굴을 건져 올리지 못하고, 세월 따라 주름진 얼굴이 수면에 비치는 것을 발견했을 때, 그녀는 끝없는 허무를 느낀다. 그러나 그녀가 '생각하는 갈대'로서 허무감을 느낄 때, 역설적으로 그녀는 인간임을 확인하고 절대적인 존재를 생각했을 것이다.

오늘을 사는 현대인들은 많은 문명의 혜택을 입으며 편리하게 산다. 그러나 편리하게 살기 때문에 얻는 것도 많겠지만 너무나 많은 경험을 잃어버리고 있다. 십 리 길을 가도 자동차를 타고 가면 순식간이지만, 걸어서 가면 먼 길이 된다. 그러나 힘겹더라도 걸어서 가면 그만큼 더 많은 경험을 하고 또 그것을 바탕으로 사색의 날개를 펼 수 있다.

의식이 있는 사람은 편리한 삶 속에서도 사색의 지평을 확대하지만, 그렇지 못한 사람은 인간 의식을 퇴화시켜 버리기 쉽다. 누구든지 현실에 안주해서 기계의 노예가 된다면 그는 '생각하는 갈대'라고 부를 수 없다. '생각하는 갈대'는 능동적인 경험을 바탕으로 사색의 영역을 확대할 때만 존재한다. 20세기 미국 시인 로버트 프로스트가 죽음을 의미하는 듯한 밤이 와도 창 곁에 있는 나무를 보기 위해 커튼을 내리지 않았다는 것도 삶에 대한 그의 절실한 경험의 갈구 때문이리라.

나무 한 그루 창 곁에 서 있고,
밤이 오면 나는 들창문을 내린다.
그러나 커튼은 치지 말자.
너와 나 사이.

불변의 진리는 베일에 가려 반은 보이고 나머지 반은 보이지 않는다. 나머지 반에 접근하는 길은 경험이 있는 사색을 통해서다. 그래서 경험이 없는 인생은 공허하고 사색이 없는 삶은 무의미하다.

밤비 오는 소리

♦♦

대부분의 사람들은 듣지 못하지만, 우리가 살고 있는 이 우주에는 침묵으로 말을 하거나 내면으로 스며드는 아름다운 노래가 있다. 그래서 베토벤과 브람스 같은 천재적인 음악가들은 자연의 비밀스런 소리에 남다른 귀를 가지고 오늘날 우리들이 듣는 훌륭한 음악을 작곡했다.

그러나 보통 사람들이 자연으로부터 쉽게 들을 수 있는 소리 역시 얼마나 아름답고 경이로운가. 강물 위를 나는 철새 떼의 울음소리, 오월의 푸른 벌판을 달리는 맑은 시냇물 소리가 아니라도 좋다. 초여름 무논에서 들려오는 개구리 울음소리와 깊어가는 가을밤 별빛 아래서 들려오는 풀벌레 소리는 얼마나 유머러스하고 구슬픈가.

어찌 이것뿐이랴. 햇빛 찬란한 봄 언덕 위에서 들려오는 송아지의 울음소리와 한적한 시골집 담장 위에서 대낮의 정적을 깨뜨리며 홰를 치고 우는 수탉의 울음소리는 상실된 '유년의 뜰'을 생각하게 할 만큼 우리의 가슴에 깊고도 긴 여운을 남긴다. 또 한여름밤, 폭우를 대지 위에 쏟아부으면서 울리는 천둥소리는 얼마나 시원하면서도 무서운가. 마치 신이 먹구름 뒤에서 공을 굴리듯 대낮처럼 밝은 번갯불과 함께 무섭게 부서지면서 들리는 천둥소리는 사람의 마음에 거미줄처럼 엮인 번뇌의 쇠사슬을 한순간에 끊어버리는 듯한 느낌을 준다.

소나기가 쏟아지는 날이면, 두려워하면서도 천둥소리를 얼마나 듣고 싶어했던가. 천둥소리는 가까이 들리는 듯하지만, 그것은 어느새 저 멀리 산 너머로 굴러가서 구름 뒤에서 지축을 울리듯이 떨어지며 무섭게 깨어진다. 그러나 그 소리는 구성지면서도 또한 시원하다. 여름의 자연이 연주하는 교향악의 심벌즈 소리와도 같다.

그렇지만 자연 가운데는 우리가 귀 기울이지 않으면 듣지 못하고 묻혀버리거나 사라져버리는 또 다른 아름다운 소리가 있다. 그것 가운데 하나는 밤비 오는 소리다. 그것은 귀 기울이지 않으면 쉽게 들리지 않는 소리다. 밤비 소리가 감미롭게 들리는 것은 쉽게 접할 수 없기 때문인지도 모른다. 비 오는 소리는 보통 한밤중이나 새벽과 같이 정적의 시간이 아니면 그것이 지닌 아름다운 여운을 접할 수 없다. 대낮의 빗소리는 소낙비가 아니면 쉽게 들을 수가 없다. 장대비가 나뭇잎에 떨어지는 소리는 우리들의 마음을 더없이 시원하게 한다. 그러나 그것은 하늘 끝까지 쌓인 소음 때문에 어두운 밤에 들리는 소낙비 소리와는 다르다. 낙숫물 소리도 마찬가지다. 구름이 어둡게 끼어 있는 대낮의 낙숫물 소리는 청승맞고 구슬프지만, 밤에 들리는 빗소리는 현악기에서 조용히 들려오는 낮은음자리 소리만큼이나 우아하다.

봄밤에 흐르는 빗소리를 들어보라. 그것은 이 세상에서 들을 수 있는 그 어느 소리보다 깊고 부드럽다. 가는 빗소리는 가는 대로, 굵은 빗소리는 굵은 대로, 각각 독특한 아름다운 소리를 지니고 있다. 그래서 나는 봄밤에 비가 내리면, 잠이 들었다가도 깨어 창밖에서 빗물 흐르는 소리에 귀 기울이기를 좋아한다. 모든 것이 잠든 고요한 밤에 혼자 깨어 문 밖에서 들리는 듯한 빗소리를 들으면 문득 기차를 타고 멀리 떠나와서 어느 종착역에 도착한 듯한 느낌을 갖게 된다. 갑자기 지붕 위와 뜨락에 쏟아지는 빗소리는 사원(寺院)의 종탑에서 쏟아지는 은빛 종소리만큼이나 순수해서 두려움과 경이감마저 느끼

게 된다. 그래서 나는 밤비 오는 소리를 들을 때면, 그것과 함께 먼 과거로 거슬러 올라가서, 내가 본의 아니게 지은 잘못을 생각하고 그것에 대해 반성하는 마음을 갖는다.

그러나 밤에 쏟아지는 소낙비 소리는 오랫동안 들을 수 없다. 소낙비란 잠깐 동안 무섭게 내리고 마는 것이기 때문이기도 하지만 후회와 반성의 시름에서 오는 자신에 대한 두려움 속에서 곧 잠이 들고 말기 때문이다.

한밤중이나 새벽녘에 잠을 깨우면서 시원하게 쏟아져 내리는 소낙비 소리도 좋지만, 어둠을 타고 천천히 내리는 빗소리 또한 이에 못지않게 아름다운 음악이다. 조용히 흐르는 밤비 소리는 밤중에 문득 잠에서 깨어난 사람만이 들을 수 있다. 그것은 잠을 깨워놓고는 사라졌다가, 우리가 조용히 귀 기울이면 다시 돌아오는 듯이 들린다. 마음이 어지러운 사람에게는 그 아름다운 선율이 들리지 않지만, 밤에 잠을 자다가 눈을 뜨고 자신의 과거를 돌아보고 반성하거나 후회하는 사람에게는 조용히 흐르는 미사곡처럼 들린다. 어떻게 들으면 그것은 비둘기 깃털만큼이나 부드럽고, 산 그림자를 지우며 어디론가 날아가는 학의 날갯짓만큼이나 긴 여운을 지니고 있어서, 대낮에 상처 입은 마음을 위로하고 달래준다.

이렇게 밤늦게 듣는 빗소리는 그 어떤 소리보다 짙은 향수를 느끼게 한다. 나는 빗소리가 들리는 밤이면 가끔 일어나서 먼 과거로 거슬러 올라가서 기억의 땅을 배회하곤 한다. 그리고 그곳에서 내가 가졌던 가장 행복했던 일들과 가장 슬펐던 일들을 재현해본다.

향수를 실어다주는 밤비 오는 소리는 누가 들어도 비가(悲歌)임에는 틀림없다. 그러나 그것은 결코 감상의 물결로 흐르지 않고 조곡(組曲)처럼 절제된 음악 속에 우리의 마음을 씻게 하고 '마르셀 푸르스트가 말한 최초의 행복'을 영원히 재현시키려는 욕망을 일으킨다. 그래서 나는 밤비 내리는 소리를 들으면 즉물적으로 슬픔을 느끼지만, 슬픔이라는 그 순수한 마음을 통해서 잃어버렸던 '최초의 행복'을 다시 찾는다. 이때 내가 순간적으로 가졌던 밝고 투명한 마음속에서 발견한 순수한 행복이 시인들이 말하는 유토피아가 아닐까.

그러나 밤비 소리를 듣기란 그렇게 쉽지 않다. 1년을 두고 말해도 밤에 비가 오는 소리를 듣는 경우

는 몇 번 되지 않는다. 구름이 산마루에 내려오는 장마 때도 한밤중이나 새벽녘에 잠에서 깨어나지 못하면 밤비 소리를 듣지 못한다. 영겁으로 흐르는 시간이지만, 최초의 원시적인 행복을 생각하게 하고 또 그것을 마음속에서나마 꾸밈없이 재현시켜 볼 수 있게 한 순간이 우리들의 삶 가운데서 몇 번이나 될까.

나는 비가 내리면, 빗물 소리에 귀 기울이고 싶어서 잠을 이루지 못할 때가 많다. 그러나 잠이 들지 않는 상태에서 듣는 빗소리와 잠에서 문득 깨어나서 듣는 빗소리가 다르다는 것을 안다. 잠결에 듣는 빗소리가 다른 어느 소리보다도 아름답게 들리는 것은 잠이 마음에 묻은 헛된 욕망과 시름을 씻어주기 때문인지도 모른다.

램프 수집의 변(辯)

♠♠

언제부터인지 모르지만 나는 램프를 수집하는 버릇이 있다. 그래서 한가한 시간이면 밖으로 나가 마음에 드는 램프를 만나면 서슴없이 구입한다. 그러나 화려한 조명등 가게에 가서 새것을 사는 일은 드물다. 가격도 가격이려니와 새것을 사서 등불을 켜는 것보다, 망가지거나 해지지는 않았지만, 누군가의 손때가 묻은 램프를 구입해서 등불을 켜는 것이 훨씬 좋기 때문이다.

낡고 먼지가 묻었더라도, 그것을 손질하고 잘 닦아서 불을 켜면 새것에서는 볼 수 없는 은은한 빛을 볼 수가 있다. 중고 램프는 불이 켜 있지 않을 때는 다소 퇴색하고 낡아 보이지만, 불을 켜고 보면 전혀 다른 모습이 된다. 이런 현상은 밝은 불이 등피나 갓에 묻은 얼룩 같은 것을 보이지 않게 지울 수 있다는 사실에서 연유한 것이리라.

내가 이렇게 램프를 유난히 좋아하는 것은 물론 그것이 어둠을 밝혀주기 때문이다. 어릴 때의 램프는 어둠을 밝혀주는 빛의 원천이라기보다는 언제나

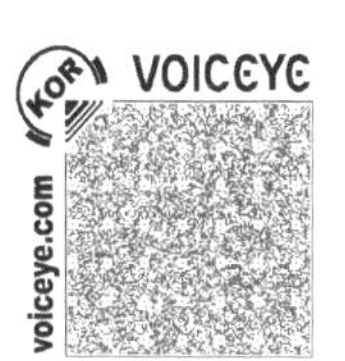

아름다운 신비의 대상이었다. 유년시절 시골집 대청마루에서 하얀 한지를 발라서 만들어 놓은 등을 보면, 그렇게 아름다울 수가 없었다. 그래서 나는 언제나 등불 곁에만 앉아 있곤 했었다.

이뿐만이 아니다. 내가 할아버지를 따라 험준한 산속에 위치한 적천사(積天寺)를 찾았을 때, 법당 한 모퉁이에 무리지어 걸려 있던 연등을 보고 너무나 아름답고 황홀해서 할아버지를 따라 부처님께 무릎을 꿇고 절을 하면서도 시선은 종이등(燈)이 하얗게 걸려 있는 천장으로만 향했다.

또 어릴 때, 십 리 길을 걸어 학교에 간 내가 늦으면 어머니는 항상 등불을 들고 동구 앞까지 마중을 나오곤 하셨다. 칠흑같이 어두운 여름밤이면 더욱 그러하셨다. 그래서 멀리 보이는 등불은 언제나 유년시절에 대한 향수를 느끼게 한다. 나이가 들어서도 멀리서 가까이서 철길 위로 불을 환하게 켠 열차가 주마등처럼 달리는 것을 볼 때나 밤차를 타고 고향집으로 갈 때, 차창 밖으로 내다보이는 외딴 마을의 어느 집 창문에 불이 켜져 있는 것이 보일 때면 내 마음은 반가움과 그리움으로 가득 찼다.

부잣집 대문 앞에 켜져 있는 외등(外燈)이 아니라도

좋다. 비오는 날 어두운 길을 걷다가 기중(忌中)이라 고 쓴 등불을 만날 때도 반갑고 경이롭다. 상가(喪家)를 알리는 등불은 길을 밝히는 불빛만이 아니라, 상복을 입고 시신 곁에서 밤을 새는 '남아 있는 자들의 슬픔'을 함께하며, 그들의 마음을 위로하기 위해 찾아오는 사람들의 길을 밝혀주는 것이기 때문이리라. 아니, 그것은 망자가 어두운 저승길을 갈 수 있도록 비춰주는 등불이 되기 때문이리라. 그래서 세월 따라 마음의 감성이 녹슬어갈 때에도 망자의 집 앞에 걸려 있는 호젓한 등불을 볼 때면, 그 집으로 들어가서 흰 옷을 입고 관(棺) 앞에서 고개 숙인 사람들과 함께 곡(哭)을 하고 싶은 마음이 바람처럼 스쳐가곤 했다.

어릴 적 내 마음에 화인(火印)처럼 찍어놓은 등불의 이미지는 제단(祭壇)에서 빛을 발하고 있는 촛불에서도 발견되었다. 자신을 불태우며, 어두운 주위를 밝히는 촛불이 등불과 무엇이 다르랴.

오랜 세월이 흐른 지금, 나는 아직도 빈 시간만 찾아오면 중고품 가게에 들러 남들이 이미 사용하다 버린 램프가 아직은 쓸 만하고 우아한 품격을 지니고 있으면, 주머니를 털어 반갑고 기쁜 마음으로 그것들을 구입한다. 촛대의 경우도 마찬가지다. 그래서 내가 서재에 홀로 있을 때에는, 여러 개의 램프를 연등처럼 밝힌다. 한쪽 벽에는 무쇠로 만든 촛대가 걸려 있고, 책장 주위에는 나무로 된 등잔과 유리로 된 서양 촛대들이 줄지어 서 있다.

책장 옆 때 묻은 진열장 속에는 은촛대는 없지만, 백랍으로 된 촛대가 놓여 있다. 그리고 서재 뒤 골방에는 놋쇠로 된 중고품 램프를 비롯해서 도자기로 된 램프들이, 여러 가지 모양의 촛대들과 함께 작은 숲을 이루고 있다.

비록 내가 방에 놓아둔 램프와 촛대들에 불을 밝히지 않는다 할지라도, 장의자에 기대어 눈을 감으면, 어두운 골방 속의 공간에 놓여 있는 램프들의 숲에 찬란하게 불이 켜져 있는 꿈을 꾼다. 마치 어두운 세상을 밝히려는 연등처럼.

램프를 수집해서 불을 켜고자 하는 욕구는 죽음으로부터 탈출하고자 하는 태어날 때부터의 욕망인가, 아니면 살아 있는 자는 물론 어둠 속에 갇혀 있는 망자의 길을 비춰주고자 하는 슬픈 인간의 부질없는 희망인가. 나는 오늘도 빈 시간이 있으면, 누군가에 의해 버려져 불이 꺼져 있는 램프를 찾아 집을 나서고 싶은 마음을 떨치지 못한다.

마음의 섬

♠♠

사람은 누구나 마음속에 가보지 못한 섬을 가지고 있다. 그래서인지 어디론가 가고 싶어한다. 해마다 여름이 되면 수많은 사람들이 어디로든지 여행을 떠나는 것은 피서를 하기 위함도 있겠지만 그것 못지않게 그들의 마음속에 가지고 있는 섬에 가보고 싶은 욕망 때문이리라.

어릴 때 강변에서 멀리 떨어지지 않은 간이역에서 기차가 홈에 들어오면 좋아하다가 곧 햇빛 속에서 강을 건너 산모퉁이로 돌아가고 나면 슬퍼했던 일을 잊을 수가 없다. 또 하곳길에 철길을 따라 걸으며 기차가 오기를 기다리면서 레일에 수없이 귀를 대보던 일도 잊을 수 없다. 기차를 타고 어디론가 멀리 마음속의 섬을 찾아 길을 떠나고 싶었던 무의식적인 욕망 때문이었으리라.

여행은 우리에게 어떤 의미일까. 무심한 사람들은 현실도피라고 생각할 것이고, 좀 더 생각이 깊은 사람들은 재창조를 위한 휴식이라고 여길 것이다. 그러나 곰곰이 생각해보면 여행은 우리 삶과도 같은 신화적인 궤도를 어김없이 밟아가는 과정이기 때문에 자아발견의 길이라고 말할 수 있다.

여행이 훌륭한 자아발견의 과정이 될 수 있는 것은 집을 떠나서 길을 나서면 자기 자신을 발견할 수 있는 순수한 자유를 느낄 수 있기 때문이다. 거미줄처럼 얽혀 있는 일상적인 억압에서 벗어난 자유는 누구나 마음속에 간직하고 있는 섬으로 다가갈 수 있는 길을 열어놓는다. 그래서 뜻있는 여행은 우리를 순수한 인간으로 만들어 시원(始原)의 샘물을 마시게 한다.

투명하게 자신을 돌아보려면, 여러 사람들과 함께 하는 여행보다 혼자서 하는 여행이 좋다. 혼자서 여행을 하면, 자신을 내면적으로 들여다볼 수 있는 기회를 가질 수 있다. 혼자 길을 걸어가며 지난날을 회상하고 반성할 때보다 자신을 경건하게 발견할 때가 또 어디 있을까. 퇴락한 객사(客舍)에 혼자 누워 지난날의 도덕적인 잘못을 뉘우치는 일은 레몬 껍질을 씹는 것 만큼 쓰라리지만, 거기에는 마른 국화(菊花)의 향기와도 같은 침전된 생의 진수(眞髓)가 있다.

여행길에서는 내면적으로만 자신을 발견할 수 있는 기회를 갖는 것이 아니다. 유리벽 찻집에 앉아서 물밀 듯이 흘러가는 군중들을 바라볼 때나 호프만의 '사촌집의 구석 창문'에서 장날의 풍경을 내려다보듯 고립된 위치에 앉아 사람들이 지나가는 것을 볼 때에도 그들 가운데 투영된 자신의 모습을 객관적으로 읽을 수 있다.

혼자서 산책하듯 여행을 하면 그 어느 때보다 자신의 마음을 평정한 상태로 유지할 수 있어서 '살아 있는 그림'과도 같은 세상을 많이 보고 경험할 수 있다. 성난 사람은 볼 수도 없고 들을 수도 없기 때문이다. 경험의 영역을 지각하지 못하고 지나쳐버리는 사람은 회상으로 얻을 수 있는 생의 위안을 그만큼 상실하게 된다.

그러나 여행길에서 마음의 섬을 발견하는 때는 아마도 영원의 세계와 만나는 현현(顯現)의 순간이리라. 현현의 순간은 빈 마음으로 아름다운 사물을 보았을 때 행복한 깨달음의 충격으로 온다. 낯선 도시의 아름다운 거리를 이리저리 거닐면서, 테라스 위에 걸어놓은 꽃이나 등불 혹은 은빛 십자가가 있는 교회의 검은 지붕을 바라보았을 때 순간적인 깨달음으로 황홀감을 느낀다. 이 순간은 내가 나를 잊고 누구를 뜨겁게 사랑할 때와도 같다. 이것은 또한 법열(法悅)의 순간에 느끼는 종교적인 무아경(無我境)과도 같은 것이다.

어찌 이것뿐이랴! 마음이 텅빈 공간처럼 자유로우면, 뜨겁게 내리 쪼이는 태양 아래 분수대의 물기둥이 정지한 듯 뿜어 오르는 것을 보았을 때, 혹 이름 모르는 텅 빈 광장을 서성이다가 정오를 알리는 사이렌 소리나 대포 소리를 들을 때도 우리는 현현의 순간을 느끼게 된다.

그림자 없는 자유로운 마음을 가지고 길을 가다 보면 현현의 순간은 언제든지 찾아온다. 배를 타고 마음의 섬으로 가다가 우연히 시선이 마주친 우울한 여인이 내가 사랑하는 누이나 아내 같다는 느낌으로 다가올 때 이름 모를 사랑을 느낀다. 기차 속에서 우연히 만나 동행(同行)하며 부끄러움 속에 몇 마디 말을 나누었던 여인이 귀착지(歸着地)의 어느 길모퉁이로 사라지며 보이는 작별의 미소 속에서도 아픔과 함께 오는 현현의 순간은 있다.

순수한 자기와의 만남은 아름다운 낯선 사람과 아무런 목적 없이 만날 때 느끼는 행복의 순간에만 있는 것이 아니다. 공포와 두려움의 순간에서도 자신을 만나는 것이 아닐까. 이를테면 요람처럼 흔들리는 파도 소리를 들을 때, 혹은 여관방에서 깊은 잠에서 깨어나 소나기와 천둥소리에 무서워할 때에도 현현의 순간을 느낄 수 있다. 이것은 깊고 웅장한 사원(寺院) 종각 아래서 햇빛처럼 쏟아져 내리는 파문이 긴 종소리를 듣는 것과도 같다. 카뮈는 이와 유사한 무서움을 그의 비망록에 다음과 같이 적고 있다.

여행을 가치 있게 만드는 것은 공포다. 우리나라와 언어를 그처럼 멀리 둔 순간에는 ― 그러할 때 프랑스 신문 한 장은 더할 나위 없이 귀중한 것이 된다. 그리고 카페에서 팔꿈치로 낯모르는 사람들을 건드려 보고 싶은 저녁 무렵 ― 막연한 공포심이 우리를 사로잡으며, 구습에 안도해 보았으면 하는 본능적인 욕구가 있다. 이러한 것은 여행의 가장 확실한 수확이다. 이때 우리는 열에 들뜨지만 그 대신 기공(氣孔)이 많아진다. 아주 작은 충격으로도 우리 존재 밑바닥까지 동요를 일으킨다. 빛은 폭포처럼 쏟아져 합류하게 된다. 영원은 그곳에 있느니, 여행은 쾌락을 위해서 하는 거라고 말할 수 없는 까닭이 여기에 있다. 무엇보다도 위대하고 엄격한 학문과도 같은 여행은 우리를 자신에게 이끌어간다.

현현의 순간은 뉘 집 담 모퉁이를 돌다가 들이마신

무리지어 핀 여름꽃의 향내 속에서도 온다. 여름 밤공기와 함께 묻어오는 꽃향기는 시간의 벽을 뚫고 잃어버린 수많은 아름다운 과거의 풍경을 현재로 가져와서 황홀감 속에 빛을 발하게 한다.

회상은 결코 우연히 일어나지 않는다. 그것은 꽃향기가 감각의 문을 열어 현현의 바다로 우리를 유혹하기 때문이다. 여름의 둔감한 상태 속에서 꽃냄새와 회상의 눈물과 함께 어우러진 순간에 느끼는 황홀감과 깨달음은 보들레르가 말하는 시적인 '교감'과도 같은 것이다. 보들레르는 '교감'을 통해 여인의 머리카락이나 젖가슴의 향내 속에서 '거대한 궁륭 모양을 한 하늘의 푸른빛'과 '황홀한 불꽃과 돛대로 가득 찬 항구'와 같은 시구(詩句)를 발견하지 않았던가.

이렇게 집을 떠나 길 위에서 순수한 자신을 발견하는 순간은 어떻게 생각하면 영원한 존재로 이어지는 신비스러운 통로인 마음의 섬을 성숙하게 포옹하는 것과도 같다. 아니 그것은 성숙한 단계의 삶을 의미하는 죽음과도 같은 것이다. 이러한 영원의 세계와의 만남은 생(生)의 종착역에 도달할 때 얻을 수 있을 것 같은 경험과도 같으리라.

그래서 우리는 의식의 눈을 뜨고부터 마음에 있는

섬을 찾아 언제나 멀리멀리 여행하고 싶어했는지도 모른다. 그러나 여기서 말하는 황홀한 현현의 순간은 죽음 그 자체가 아니라, 어디까지나 비극의 순간 그것과도 같이 자아발견을 위한 인식적인 깨달음이리라. 생에 대한 진정한 이해는 비극적인 절정의 순간을 만날 때 비로소 가능하지 않은가. 풍요로운 경험의 편력은 곧 풍요로운 정신의 편력을 의미한다. “여행의 양(量)이 곧 인생의 양(量)이다”라고 누군가 말한 것은 이러한 사실을 두고 이야기한 것이 아닐까.

그러나 현현의 순간이 없는 여행이라도 좋다. 불타는 태양아래 유유히 흐르는 강물을 따라 터벅터벅 걷다가 석양 무렵, 아름다운 경치가 있는 곳에 와서 머물다가 무덤을 바라보며 삶의 의미를 읽을 수 있다면 그것으로도 큰 수확을 얻었다고 생각할 수 있겠다. 왜냐하면 그와 같은 풍경을 경험한 사람은 여행을 하지 않고 닫혀진 공간 속에 머물고 있는 사람보다 생을 몇 갑절이나 풍부하게 살고 있기 때문이다.

해마다 여름이 오면 사람들은 산과 바다로 여행을 떠난다. 그러나 생에 있어서 여행이 지니는 진정한 의미를 알고 길을 떠나는 것과 모르고 떠나는 것에는 큰 차이가 있다. 먼 길 여행은 인간의 그리움이 담긴 꽃과 고향을 사랑하는 것과도 같은 것이다. 아니 여행은 건너지 않은 바다와도 같은 생(生) 그 자체를 사랑으로 느끼고 끌어안는 것과도 같은 것이다.

아름다운 얼굴들

♦♦

지금은 대학에서 은퇴하신 유명한 원로 사학자 한 분이 사람의 얼굴을 들여다보면 우습다고 쓴 글을 읽은 적이 있다. 이것은 《걸리버 여행기》를 쓴 조너선 스위프트가 사람의 얼굴을 확대경으로 들여다보며, 피부의 숨구멍을 찾아 먼지 묻은 곳을 들추어보는 것과도 같은 시각을 가지고 쓴 글이었다. 사람의 얼굴 표정을 보고 우습다고 생각한 사람은 이들만이 아니다. 남다르게 투명한 의식을 가졌던 영국의 여류 소설가 버지니아 울프는 어느 단편에서 남편이 밥을 먹는 모습을 토끼가 풀을 뜯어먹는 모습에 포개어놓고 있다.

사실, 무심히 스치고 지나면 모르지만, 사람의 얼굴을 자세히 들여다보면 우습고 슬프지 않은 모습이 없다. 무엇엔가 몹시 굶주려서 먹이를 찾으려고 할 때의 허기진 얼굴, 이기적인 목적으로 누구의 환심을 사기 위해 거짓 웃음을 보일 때의 위선적인 얼굴, 질투심에 불타서 충혈된 눈으로 곁눈질을 하는 얼굴들은 모두

우습고 슬프다. 우스운 모습은 이것들만이 아니다. 무슨 어려운 일을 당했을 때 그것을 인내로 견디지 못하고 소리 내어 울 때도 우습다.

그러나 사람의 얼굴은 보기에 따라 슬프지만 반드시 우습게 보이지만은 않는다. 우리 주변을 둘러보라. 삶의 무게를 짊어지고 시간 속에 걸어가는 인간 대열에서 추하고 우스운 얼굴들만이 있는 것이 아니다. 그곳에는 우리가 만나보고 싶은 아름다운 얼굴들이 수없이 많다.

그래서인지 삶의 풍경과 인간의 모습에 대해 남다른 통찰력과 애정을 가졌던 화가들은 인물화를 많이 그렸다. 원시시대에 그려진 벽화를 보라. 우리는 거기에서 다른 무엇보다 아름답고 훌륭한 사람들의 얼굴을 제일 많이 발견할 것이다. 물론 이것은 원시시대에만 한정된 것은 아니다. 암흑기인 중세를 거쳐 르네상스시대도 마찬가지다.

르네상스의 발상지인 피렌체의 여러 성당이나 박물관을 찾아가 보면 예수의 얼굴은 물론 성모 마리아상과 여러 성자의 얼굴들이 아름답고 엄숙한 모습으로 화폭을 가득 채우고 있는 것을 발견하게 될 것이다. 르네상스시대 이후 고전주의를 거쳐 낭만주의시

대로 들어오면서 화가들은 아름다운 풍경을 많이 그렸지만, 화폭에서 사람의 얼굴을 빠뜨리는 일은 드물었다. 특히 후기 인상파에 속하는 반 고흐의 그림들은 더더욱 그러했다.

아름다운 사람의 모습을 찾아 그것을 예술 속에 영원히 담으려고 한 것은 화가들만이 아니다. 로댕을 비롯한 조각가들은 흉상을 가장 많이 조각했다. 그들은 물론 사람의 얼굴을 조각할 때, 아름답다고 느꼈을 것이다. 다시 말하면, 조각하기 위해 포착한 얼굴 표정은 사람들의 수많은 얼굴 표정 가운데서 가장 아름답고 훌륭한 것이었으리라.

그러나 예술가가 아닌 사람이 수많은 사람들의 얼굴 표정 가운데서 예술가들이 발견한 것과 같이 아름다운 표정을 발견하기란 쉽지만은 않으리라. 그래서 나 역시 사람들의 얼굴이나 표정을 보고 웃는 경우가 많다. 비록 화가나 조형 예술가는 아니지만, 요즘 나는 아름다운 사람들의 얼굴을 즐겨 찾는다. 한때는 우아하고 아름다운 여인의 얼굴과 코 위에 주근깨가 기미처럼 흩어져 있는 소년 소녀들의 얼굴, 웃으면 한쪽 입술 옆에 보조개가 샘물처럼 패는 젊은 여인의 아름다운 표정을 무척이나 좋아했다.

그러나 일하지 않을 때 사람들의 얼굴은 어떠할까. 사람이 일을 하지 않더라도 마음을 비우면 아름답게 보인다. 일요일 성당에 가서 신부님에게 영성체를 받고 자리로 돌아오는 사람들의 얼굴은 연민을 느끼게 하는 슬픈 표정이지만 그렇게 아름다울 수가 없다. 하얀 미사보를 쓴 수많은 여인들의 모습은 경건하기도 하지만 먼지와도 같은 헛된 욕망을 다 씻어버린 것 같아서 한결 더 아름답다.

성당의 맨 앞자리에 앉아서, 영성체를 받고 돌아오는 교우들의 행렬을 바라볼 때면 나는 그들에게서 어릴 때 고향 샘터에서 물을 길어오던 처녀들이나 젊은 아낙네들의 순박한 모습을 읽을 수가 있다. 다른 때는 몰라도 그들이 샘에서 물을 길어 머리에 이고 오는 모습을 보면, 맑은 샘물 이외에는 아무 생각이 없는 것 같아서 아름다움을 느꼈을까. 미당 서정주는 그들의 아름다운 모습에 깊은 연정까지 느꼈다며 다음과 같이 노래하고 있다.

그 애가 샘에서 물동이에 물을 길어 머리 위에 이고 오는 것을 나는 항용 모시밭 사잇길에 서서 지켜보고 있었는데요. 동이갓의 물방울이 그 애의 이마에 들어 그 애 눈썹을 적시고 있을 때는 그 애는 나를 거들떠보지도 않고 그냥 지나갔지만, 그 동이의 물을 한 방울도 안 엎지르고 조심해 걸어와서 내 앞을 지날 때는 그 애는 내게 눈을 보내 나와 눈을 맞추고 빙그레 소리없이 웃었습니다. 아마 그 애는 물동이의 물을 한 방울도 안 엎지르고 걸을 수 있을 때만 나하고 눈을 맞추기로 작정했던 것이겠지요.

물동이의 물이 한 방울도 떨어지지 않은 것은 그 애가 머리에 이고 가는 물동이에만 온 마음을 기울였기 때문이리라. 모시밭에 서서 보고 있는 시인의 눈에 그 애가 제일 아름답게 보여 눈을 맞출 때가 있었던 것도 머리에 이고 가는 샘물과 그 애의 마음이 완전히 하나가 되어 웃을 수 있는 바로 그 순간이었다는 것은 새삼스럽게 밝힐 필요가 없겠다.

항상 힘겹고 고뇌에 차 보였던 어느 철학 교수가 구름 속으로 스쳐가는 햇빛을 보았을 때처럼 이따금씩 강의실에서 파안일소(破顔一笑)를 하며 학생들과 함께 웃을 때 그 얼굴이 아름답다. 누구든지 과거에 자기가 저지른 잘못을 깨닫고 그것에 대해 무척 겸연쩍어하면서 조용히 웃는 얼굴이 아름답다. 그런

가 하면 산길을 가다가 바위틈에 숨어서 피어 있는 깨끗하고 소박한 풀꽃을 발견하고 조용히 웃는 사람의 얼굴도 아름답다.

죽음으로 가는 대장정의 인생무대에서 찾을 수 있는 아름다운 얼굴은 이것만이 아니다. 오랜 세월 속에 묻혀서 잊고 있던 벗을 우연히 길에서 해후했을 때 그들의 얼굴들이 아름답다. 먼 바다로 나갔다가 만선(滿船)으로 돌아오면서 항구의 불빛을 보았을 때의 선원들 얼굴처럼, 객지에서 떠돌다가 오랜만에 고향으로 돌아와서 그리웠던 산하를 바라보며 흐뭇해서 웃는 얼굴이 아름답다.

아름다운 얼굴은 어린아이들 가운데에서 더 많이 발견할 수 있다. 부끄러운 줄 모르고 앞니 빠진 것을 드러내 보이며 활짝 웃는 어린이의 얼굴이 아름답다. 또 갈매기들이 청동빛 종을 치듯 하얀 날개를 찬란하게 비치는 햇빛 속에 퍼덕이며 푸른 하늘로 솟아오르는 것을 보고 바닷가 모래밭에서 텅 빈 공간에 되울림의 여운을 길게 펼치도록 소리 내어 웃는 어린 아이의 얼굴이 아름답다.

웃는 얼굴은 아름답다. 웃음이 있는 곳에는 거짓이 없고 순수함이 허위적인 욕망에서 벗어날 수 있는 무(無)의 세계인 자유가 있기 때문이리라. 아무리 온갖 욕망과 거짓으로 얼룩져 있는 사람이라도 순수하게 웃을 때만은 자유롭다. 마크 트웨인이 "천국에는 웃음이 없다"고 말한 것은 웃음이 지상을 천국보다 아름답게 만들 수 있는 가능성을 지니고 있다는 의미인지도 모른다. 학식이 높고 자의식이 강하며 눈이 높은 사람도 순수하게 웃는 얼굴에서 비웃음을 발견하지는 못할 것이다. 나는 슬프게 살아가는 인간 대열에서 비웃음을 일으키는 슬픈 얼굴들을 찾기보다 맑고 순수한 웃음이 있는 아름다운 얼굴을 찾고 싶다. 웃음이 없는 얼굴에서는 삶의 멋은 물론 아무 의미도 발견할 수 없기 때문이다.

묘지 위의 태양

나는 특별히 가진 것은 없지만, 아카시아가 숲을 이루고 있는 작은 산을 뒤에 둔 집을 한 채 갖고 있는 것을 정말 고맙게 생각한다. 봄이 되면 하얀 꽃을 피우는 아카시아 숲이 짙은 꽃향기를 아낌없이 실어 다주고 구구구 하고 우는 비둘기 소리가 들리기 때문만이 아니다. 그곳이 나를 부르고 내가 그곳을 찾기 때문이다.

나는 몇 년 동안 불면증에 시달려 겨우 잠이 들었다가도 새벽이 되면 일어나서 어둠을 뚫고 뒷산에 올랐다. 잠자리에서 일어나기는 힘들었지만 일찍 산정(山頂)에 올라 아직도 고요히 잠자고 있는 서울의 풍경이 새벽빛에 깨어나는 모습을 보는 것은 언제나 하나의 경이(驚異)였고 신비였다.

그런데 요즘은 어두운 신새벽보다는 해가 뜰 시간 가까이 산을 오른다. 이것은 내가 어느 날 뜻하지 않게 날이 밝은 후 뒷산에 올랐을 때, 산꼭대기 어느 옆자리에 묘지가 있는 것을 발견하고, 마음이 끌려 그곳으로 갔다가 큰 불덩이 같은 아침해가 멀리서 솟아오르는 것을 나뭇가지 사이로 보았기 때문이다. 그러나 그것만이 아니었다. 그곳에서 산 아래로 눈을 돌렸을 때, 도시의 숲 속에 장승처럼 서 있는 당인리 발전소 굴뚝에서 연기가 구름처럼 피어오르는 풍경을 보았기 때문이다. 이때 나는 마치 거대한 증기선을 타고 움직이는 듯한 황홀감을 느꼈다.

새벽에 산에 올라 어둠이 자줏빛으로 변하는 풍경을 보는 것도 좋지만, 이제는 은빛으로 빛나는 한강의 띠와 솟아오르는 태양 그리고 서서히 연기를 뿜어내는 당인리 발전소 굴뚝이 있는 풍경을 바라보는 것이 더 큰 즐거움이 되었다.

나는 묘지 위에서 태양이 떠오르지 않고 장승처럼 서 있던 굴뚝에서 연기가 피어오르지 않는다면 그곳이 얼마나 쓸쓸하고 적막할까 하는 두려움 때문에 확인이라도 하듯이 전과는 달리 신새벽보다는 늦게 대문을 열고 나가서 터벅터벅 가파른 산길을 오른다. 뒷산의 가파른 길을 오르내리면서 붉게 타오르는 태양과 연기 나는 굴뚝이 있는 풍경을 바라다보는 것을 그렇게 좋아하게 된 것은 죽음보다 삶에 대한 깊은 애정 때문이 아닌가 반문해본다. 땅 밑의 어둠

속에 묻혀 있는 것은 얼마나 무서운 일인가? 셰익스피어의 〈햄릿〉이 그의 비극적인 무대 위에서 그렇게 광란적이었던 것도 죽음에 대한 두려움 때문이었으리라. 내가 태양이 떠오르는 것을 기다려 산을 오르는 것도 죽음에 대한 두려움 때문일지도 모른다.

어둠에 대해 이러한 두려움을 느낀 것은 태어날 때부터의 일이 아니었을까. 죽음에 대한 두려움 때문인지 몰라도 나는 어렸을 때부터 불을 유난히 좋아했다. 그 시절 사기 등잔불이 신기해서 물끄러미 들여다보다가 옆에 놓여 있던 성냥곽을 열고 성냥개비들을 꺼내 그곳에 가까이 가져갔다. 성냥개비 끝에 불이 붙어 순간적으로 폭발하듯이 타오르다 나무를 테우고 꺼졌다. 나는 그 일에 너무 흥미를 느낀 나머지 어른이 방 안에 안 계실 때는 작은 성냥 한 곽을 다 태우는 불장난을 스스럼없이 했다. 내가 이렇게 무서운 불장난을 많이 했던 것은 아마 죽음에 대한 무의식적인 두려움과 불꽃의 끝없는 매력 때문이 아니었을까.

불꽃에 대한 황홀한 이끌림은 이것으로 끝나지 않았다. 겨울날 어머니가 부엌에서 삭정이를 태우고 남은 등걸불을 화로에 가득 담아 방으로 가져오셨을 때는 추위 때문이기도 하였지만, 그것이 별들을 따다 담은 것처럼 그렇게 아름답게 보일 수가 없었다. 그래서 숯불이 사위면 따뜻한 느낌마저 사라진 화로를 두 다리 사이에 끼고 앉아서 하얗게 타버린 잿더미를 뒤집고 그 속에 불씨가 묻혀 있는가를 확인하곤 했다. 그러나 불꽃에 대해서 더 큰 매력을 느낀 것은 초동(草童) 머슴과 함께 사랑방 아궁이에 군불을 땔 때였다. 처음 장작에 불을 붙이기는 어려웠으나, 검은 장작이 우직우직 소리를 내며 불붙어 타오를 때, 나는 황홀경에 빠졌다. 그래서 지칠 줄 모르고 억센 장작을 아궁이에 집어넣고서 그것이 아름다운 불꽃을 일으키며 타는 모습을 멍하니 바라보다 날이 캄캄하게 어두워지는 줄도 몰랐다. 아궁이에 집어넣은 큰 나무둥치들이 다 타서 아궁이 바닥의 등걸불이 숯으로 변해가는 것을 보다가 일어서기 위해 고개를 돌렸을 때, 어둠이 나의 주변을 둘러싸고 있는 것을 보고 놀랐다. 어찌 이것뿐이랴. 학교 갔다 오는 길에는 대장간에서 풀무질을 하는 것을 넋을 잃고 보았다. 대장장이가 용광로에서 불에 달군 낫과 호미를 모루에 올려놓고 망치질을 할 때, 나는 불에 붉게 단 쇠붙이

의 아름다운 황홀경에 빠져들었다. 그러나 그것이 식어서 붉은색을 잃었을 때는 무한히 슬펐다.

불꽃의 아름다움에 대한 나의 깊은 인상은 유년시절에서 성년으로 끊임없이 이어졌다. 1960년대 어느 해 여름 서울에서 고향으로 가기 위해 밤늦게 중앙선 완행열차를 탔던 일이 있다. 그때 내가 탄 완행열차는 급행을 보내기 위해서인지 어느 간이역에 멈추어 서더니 도무지 움직일 줄을 몰랐다. 나는 한밤중의 차 안이 너무나 갑갑하고 숨 막혀서 흐르는 땀을 식히기 위해 열차 밖으로 나왔다. 마침 내가 탄 곳이 기관차 바로 뒤여서 내릴 때 열차 밑에서 무쇠바퀴 사이로 흩어지는 수증기로 시야가 흐려졌다. 안경에 낀 수증기를 닦고 위를 쳐다보니, 화부(火夫)가 기관차 머리에서 타오르는 불꽃 속으로 검은 석탄을 삽질해 부어 넣는 것이 보였다. 용광로같이 타오르는 기관실 보일러에서 흘러나오는 불빛이 화부의 얼굴을 비쳤을 때 땀에 젖은 그의 얼굴이 어두운 밤하늘을 배경으로 하나의 실루엣을 그렸다. 타오르는 불꽃 속으로 석탄을 쏟아붓는 화부의 모습이 나의 마음에 지울 수 없는 인상을 남겨, 나는 숨 막힐 듯했던 더위와 지루한 피로감도 잊어버렸다. 그 순간 내 존재가 뜨겁게 타오르는 불꽃 속으로 검은 석탄을 삽질해 쏟아 붓는 어둠 속의 그 화부와 일치됨을 느꼈다.

만일 화부가 화차(火車)의 보일러 속에서 끊임없이 타오르는 불꽃을 볼 수 없었더라면, 무더운 여름밤 어둠 속에서 석탄을 그렇게 쉴 사이 없이 화로 속으로 퍼넣을 수 있었을까. 그를 그렇게 움직였던 것은 다른 무엇보다 그가 퍼넣은 석탄이 작열하며 일으키는 아름다운 불꽃에 대해 자기 자신도 모르게 느끼는 무의식적인 반작용과 황홀감 때문이었을 것이다. 어둠 속에서 타오르는 불꽃이 없었더라면, 그는 그곳에서 버틸 수도 없었을 것이고, 수많은 사람들을 태운 완행열차는 결코 움직일 수 없었을 것이다.

묘지 위에 타오르는 태양의 황홀함은 불꽃에 대한 기억과 함께 빛의 아름다움에 대한 새로운 인식을 끊임없이 가져다주었다. 그래서 나는 어둠 속의 새벽뿐만 아니라 대낮에 뒷산 언덕에 올라 햇빛이 찬란하게 비치는 산길을 걷기도 좋아한다. 그리고 가끔씩 시간 여유가 있으면 어둡기 전에 뒷산 언덕에 올라 붉게 타는 석양의 아름다움을 바라본다. 산 위에 올라서 보면 불덩어리 같은 저녁해가 저 멀리 지평선 아래 커다랗게 걸려 있다가 떨어지는 석양이 석류꽃보다 더 붉게 서쪽 하늘을 물들인다. 그러다가 곧이어 자줏빛 어둠이 죽음처럼 주위에 쌓인다. 어둠이 주위를 둘러싸면 슬픔에 싸여 산을 내려온다. 그러나 나는 다음날 아침이면 어김없이 또 이 아카시아 산을 오른다. 태양이 묘지 위에서 다시 타오르는 것을 맞이하기 위해서일까, 아니면 묘지 위에 태양이 다시 솟아오르는 것을 확인하기 위함일까. 아마 어느 한쪽이라기보다 두 가지 기대 모두 다 나의 의식 깊은 곳에서 함께 작용하기 때문이리라.

그러나 그보다 묘지가 있고 솟아오르는 태양이 있는 산이 나를 그곳으로 부르기 때문이다. 끝없이 부침(浮沈)하는 생(生)을 닮은 산이 나를 부르기 때문이다.

귀로에서

♠♠

오늘날과 같이 생활의 리듬이 빠르지 않았던 옛날 우리 조상들도 생활 속에서 무엇인가 혼자 깊이 생각할 기회가 많지만은 않았던 것 같다. 그래서 그들은 생각을 집중시킬 수 있는 곳을 마상(馬上), 침상(枕上) 그리고 측상(煹上)이라고 했다.

그런데 그들이 가장 많은 생각을 할 수 있었던 곳은 마상이 아니었을까 싶다. 말을 타고 길을 가면서 자연을 바라다보며 자신과 자신의 주변 일을 생각하고 풀지 못한 숙제가 있으면 그것에 대한 열쇠를 발견하기도 하면서…….

그러나 오늘날은 기계문명의 발달로 마상에서 생각할 수 있는 기회는 사라졌다. 말 대신에 자동차를 타면, 운전사가 있어 혼자만의 깊은 상념에 잠길 수가 없다. 또 스스로 운전을 하게 되면, 길을 찾아야 하고 신호등은 물론 옆과 뒤에서 오는 자동차들에 신경을 써야 하므로 스스로 무엇을 깊이 생각할 겨를이 없다. 그래서 오늘날엔 차 없이 걷는 사람이 말

위에 있는 사람과 같은 격이 되었다. 이것은 결코 내가 아직 차가 없다는 데 대한 변명이 아니다.

연전에 심한 교통사고를 당했기 때문인지, 나는 아무리 좋은 차를 보아도 갖고 싶지 않고, 지극히 피곤하거나 먼 거리가 아니면 산책하듯 걷는다. 걷다 보면 풀지 못했던 문제에 대한 해답이 섬광처럼 뇌리에 떠오르기도 하기 때문이다. 그래서 나는 몇 시간 동안 생각해도 문제가 풀리지 않을 때면, 문을 열고 나와 길을 걷는다. 길을 걷다 보면, 그것을 푸는 단서가 어렴풋이 잡힌다.

내가 걷기를 좋아하는 것은 걸으면서 생각할 수 있을 뿐만 아니라, 차를 타면 보지 못할 많은 것들을 볼 수 있기 때문이기도 하다. 거리에 노점을 열고서 먼지 속에서도 열심히 살아가는 행상인의 의연한 모습도 좋고, 길에서 꽃을 파는 노파의 모습도 숭고하다. 햇볕에 얼굴이 검게 타고 손마디는 거칠지만, 곧 시들어버릴지도 모르는 꽃들에게 물을 주고 가꾸며, 사람들의 마음에 아름다움과 사랑을 심어주기 때문이리라.

제과점 앞을 지나면 어릴 때 생각이 나서 순간적으

로 낭만적인 기분에 젖는다. 돌이켜보면 유년시절 나에게 가장 큰 기쁨을 주었던 일은 선친께서 내 손을 잡고 과자 냄새 가득한 제과점에 들어가 진열장을 들여다보시며 먹고 싶은 것이 없느냐고 물으셨을 때의 일이다. 생과자와 별사탕 그리고 하늘로 나는 어린 천사가 그려져 있는 캐러멜이 그때 그 시절에는 왜 그렇게 좋았을까. 지금 생각해도 황홀하기만 하다.

그리고 나는 〈지나간 여인에게〉라는 보들레르의 깊고 아름다운 시를 기억한다.

주위에선 귀가 멍멍하게 거리가 노호하고 있다.
상복 차림의 가냘프고 키가 큰 여인이 엄숙한 고뇌에 찬 모습으로,
꽃무늬 레이스 치맛자락을
화사한 손으로 추켜잡고 흔들며 지나갔다.

조상(彫像)과 같은 다리로 민첩하게 품위 있게
나는 미친 사람처럼 몸을 떨며
태풍이 싹트는 남빛 하늘 같은 그녀의 두 눈에서
넋을 빼는 감미로움과 뇌쇄(惱殺)의 쾌락을 마셨다.
번갯불…… 그 다음엔 어두움! 홀연히 사라진 여인

그 시선은 나를 태어나게 해주었는데,
영원 속에서나 그대를 만나게 될까?

저곳으로, 여기서 아득히 멀리로!
이미 늦었다! 영원히 못 만나리!
그대 사라지는 곳 나 모르고 내 가는 곳 그대 알지 못하니,
오 내가 사랑할 수도 있었을 그대,
오 그것을 알고 있던 그대였거늘!

내가 거리의 군중 속에서 이러한 여인들을 만나 생의 행복과 슬픔의 충격을 느낄 수 있는 것도 차를 타지 않고 산책하듯 걷기를 좋아하기 때문이다. 보들레르가 경험했던 것처럼 거리를 걸을 때 나에게 군중은 대립되고 적대시되는 요소로서 경험하는 것과는 거리가 멀다. 그 군중들은 오히려 도시의 주민인 나에게 매혹적인 삶의 충격을 가져다준다. 그래서 나는 왜 발터 벤야민이 도시의 시인 보들레르의 기쁨이 사랑이었다고 말하고, 거리에서 스쳐가는 여인에게서 느낀 것은 "첫 시선이 아니라 마지막 시선에서의 사랑, 그것은 시 속에서 매혹적인 순간과 동

시에 일어나는 영원한 작별이다"라고 설명했는지를 경험으로 깨닫는다.

그리고 나는 또 마르셀 프루스트가 〈파리의 여인〉이란 작품에서 알베르틴이라는 슬픔에 잠긴 여인의 모습을 그린 것도 보들레르가 거리를 걸으면서 받은 충격의 파장이었다는 사실을 생각하고 고개를 끄덕인다. 프루스트는 알베르틴을 이렇게 묘사하고 있다.

알베르틴이 다시 내 방을 찾아왔을 때, 그 여인은 검은 옷을 입고 있었다. 그 검은 옷은 그녀를 창백하게 만들었다. 그래서 그 여인은 불같이 뜨겁지만 창백한 파리 여인의 표상 같았다. 신선한 공기를 마시지 못하고 군중 속에서, 어쩌면 악의 분위기 속에서 살아가 병에 걸린 여인, 두 뺨에 루주를 바르지 않아서 불안정해 보이는, 어떤 눈길로써 알아볼 수 있는 모습이었다.

복잡한 차도를 지나 작은 길을 걸어 들어오면, 성당이 나의 시야에 들어온다. 날씨가 맑은 날이면 푸른 하늘 위로, 흐린 날이면 잿빛 하늘 위로 우뚝 솟은 십자가의 첨탑을 우러러본다. 그리고 길을 걷다가

피곤함을 느끼면, 색유리창으로 빛이 들어오고 있는 성당 안으로 들어가서 잠시 무릎을 꿇고 앉아 눈을 감는다.

순간 나는 어릴 때 석양이 하늘을 물들일 무렵, 누님을 따라 교회당에 갔을 때 풍금 소리와 더불어 들려오던 성가대의 음악은 물론, 일요일 아침이면 교회당 종각 밑에서 요란스럽게 울리던 종소리를 내 상상력의 먼 골짜기에서, 보들레르의 시 속에서처럼 듣곤 한다.

파도는 하늘의 영상들을 밀고 가면서
신비롭고 엄숙하게
그 장엄한 음악의 화음을
내 눈에 반사된 석양의 빛깔과 함께 엮었다.
내가 살던 그곳에…….

갑자기 종들이 광폭하게 흔들린다.
그리고 하늘을 향해 무시무시한 아우성을 퍼붓는다.
참기 어려운 통곡의 울음을 터뜨리는
정처 없이 방황하는 영혼들처럼.

잠시 무릎을 꿇었던 성당을 나오면 조용한 주택가의 한적한 길이 뻗어 있다. 이 길은 햇빛이 찬란한 토요일 오후면 묘지처럼 고요하다.

그러나 이 길을 들어서서도 심심하지 않다. 나는 집집마다 다른 건축양식과 창틀 모양, 대문 틈 사이로 보이는 정원에 서 있는 갖가지 나무 모양들을 살펴보기를 좋아한다.

유월이면 이 골목길 그 누구의 집에서나 담 너머로 보이는 붉은 단풍은 타오르는 불꽃처럼 아름답다. 또 이 한적한 길 위에서 빼놓을 수 없는 것은 예쁜 아가씨처럼 웃는 붉은색 덩굴장미와 수줍은 신부와도 같은 흰 덩굴장미 꽃송이다.

이렇게 산책을 하듯 걸어서 돌아오면, 왠지 그 날은 삶에 대해 새로운 충격을 받은 것 같아서 피곤함에 앞서, 생에 대해 고마움을 느낀다.

아내가 그렇게 불평을 해도 아직 차를 사지 않는 이유는 아마도 귀로에 가질 수 있는 이렇게 많은 생각들과 그 속의 비밀들 그리고 삶의 잔무늬에서 경험하는 '행복한 충격'을 잃고 싶지 않기 때문인지도 모른다.

봄의 문턱에서

— 막달리나 수녀를 생각하며

♠♠

계절은 어김없이 바뀌었다. 어제는 흰 눈이 온 누리를 하얗게 덮더니 오늘은 쪽빛 하늘 아래 봄눈 녹이는 햇빛이 눈부시게 찬란하다. 그러나 처마 끝에서 떨어지는 낙숫물 소리는 눈 오는 날 뒷집 담 너머에서 들려오는 피아노 소리와는 달리 초등학교 교정에서 들려오던 풍금 소리만큼이나 슬프게 들린다.

봄은 만남의 계절이고 가을은 헤어짐의 계절이라지만, 키 높이의 처마 끝에서 떨어지는 낙숫물 소리는 나를 혼미하게 만들어 봄을 만남의 계절이 아니라 이별의 계절로 만든다. 하기야 만남은 이별을 낳고, 이별은 또한 새로운 만남을 약속한다지만 말이다.

내가 계절의 문턱에서 봄의 잔인함을 이렇게 느끼는 것은 봄이 그 찬란함을 눈앞에 펼치기도 전에 내가 좋아하는 흰 눈을 슬프게 녹여버리기 때문인지도 모른다. 그러나 그것만이 아니다. 나의 주변에 있는 사람들이 소리 없이 어디론가 멀리 길을 떠나기 때문이다.

봄의 문턱에서 이렇게 아쉬움을 느끼는 것은 내가

다니는 성당에서 가끔 신도들에게 '예수의 몸'이라고 말하면서 영성체 빵을 손바닥에 놓아주던 안경 쓴 수녀님 한 분이 나의 시야에서 영영 멀어져갔기 때문이다. 사순절이 있는 재의 수요일에 잔설을 보기 위해 정읍의 내장산을 다녀와서 일요일 저녁 미사에 나갔더니 수녀님이 보이지 않았다. 미사가 끝난 후 수녀님이 어디에 있는가 찾자 신부님은 수녀님 두 분이 본당을 떠나 다른 성당으로 자리를 옮겨갔으니 그분들이 새로운 곳에서 희망과 보람 얻을 수 있도록 기도하자고 말씀하셨다. 나는 마음 한구석을 스쳐가는 허전함을 지울 수가 없었다.

내가 나가는 대학 성당에서 영세를 받고 동네 성당에 나온 지 1년이 지났지만, 신부님은 물론 떠나간 수녀님과도 눈인사 한 번 나눈 적이 없었다. 내가 수녀님을 멀리서나마 볼 수 있었던 것은, 일요일 저녁미사 때뿐이었다. 검은 옷을 입은 수녀님은 미사가 절정에 달해 신부님이 영성체를 나누어주실 때면 제단 앞에서 절을 하고 영성체가 담겨 있는 그릇을 받아서 다시 신도들에게 나누어주셨다. 그러나 나는 그 젊은 수녀님에게 한 번도 영성체를 받아 본 적이 없다. 항상 일정한 거리를 두고 수녀님이 저만치 서

있는 것을 바라보았을 뿐이다. 누가 나에게 수녀님을 쳐다보았을 때가 없었느냐고 굳이 묻는다면, 수녀님이 제단 앞으로 걸어 나올 때 수녀님의 하얀 안경이 유난히 빛났다고 말할 수 있으리라. 맑고 청순하며 이지적으로까지 보이던 수녀님의 모습이 미사를 보러갈 때마다 내게 깊은 인상을 주었던 것은, 수녀님의 모습이 내가 젊었을 때 가르쳤던 막달리나 수녀의 모습과 포개어졌기 때문이다.

20여 년 전 젊은 선생으로서 어느 조그만 지방대학에 부임했을 때였다. 나는 젊은 강사였고, 그는 공부 잘하는 여학생이었다. 수업시간에 질문을 던지면 그는 내가 전혀 예측하지도 못한 답으로 나를 놀라게 했다. 그것이 인연이 되어 그는 수업이 끝나고 조용한 시간이 되면 이따금씩 연구실로 나를 찾아와서 문학과 인생에 대해서 무엇인가 알고 싶어하는 모습을 보이곤 했다.

그러나 나는 구변(口辯)이 좋지 못해서 명확한 해답을 주지 못하고 "시간이 지나면 모든 것을 알게 될 것"이라고만 말해주었다. 나 역시 그 당시에는 책을 그렇게 많이 읽지 못했고, 30대 초반의 젊은 나이라서 인생에 대해 깊은 경험을 하지 못했었다. 그는 진리에 목마른 듯 초조한 모습을 보였지만 언제나 웃으면서 방을 나갔다. 아마 지적으로 조숙했던 그는 그 나름대로 인간과 우주 그리고 존재 문제에 대해 스스로 수없이 많은 물음을 던지고 있었으리라 생각된다.

그의 물음에 확실한 해답을 주지 못했기 때문에 그는 나를 계속 찾아왔다. 그가 묻는 말에 답을 줄 수 있었다면 그는 나를 찾아오지 않았으리라. 그러나 나는 끝내 그에게 해답을 줄 수 없는 존재로 남아 있었다. 그래서 나는 그에게 늘 바위처럼 실망의 대상이었고, 그는 나에게 바위에 부서지는 하얀 파도와도 같았다.

그의 질문은 강의실이나 연구실에서만 그치지 않았다. 때로는 하굣길에서도 이어졌다. 어느 날 석양이 붉게 타오르는 저녁 무렵, 집으로 돌아가는 길이 같은 방향이어서 계산동 성당 부근에 있는 성직자의 묘지 앞까지 간 일이 있다. 그때 그는 무덤가에 서 있는 철책에 기대어 죽음의 신비에 대해서 묻기 시작했고, "왜 마리아 상(像)이 성당 앞에 영겁의 세월을 두고 저렇게 서 있는가?" 하고 조용하고 집요하게 물었다. 이때도 나는 물론 아무 대답을 하지 못했고 말없이 헤어졌다.

그 후 내가 의아스럽게 생각한 대로 그는 일반 학생이 아니고 수녀원에서 수녀가 되기 위해 수련을 밟는 노비스(novice)라는 것을 알게 되었다. 나는 그에게 만족할 만한 해답을 줄 수 없었지만, 그가 질문들을 다시 던져주기를 나도 모르게 기다렸다. 그가 웃으면서 다가와 다시 풀 수 없는 수수께끼를 던질 때면, 나는 그가 〈라이안의 처녀〉(데이빗 린 감독의 1970년 영화)처럼 아름답다고 느꼈다. 단순한 여대생이 아니라, 수련 수녀라는 사실을 알았을 때, 더욱 청초하고 아름다운 여인이라고 느껴졌다.

막달리나 수련 수녀가 3학년이 되었을 때, 나는 서울로 학교를 옮겼다. 서울로 올라온 이후 살기가 무척이나 바빴던 나는 지나간 일들을 생각할 겨를 없이 세월을 보냈다. 내가 그 시방 대학을 떠난 지 10년 가까이 되는 어느 해 3월, 키가 작은 막달리나가 수녀님이 되어 검정 옷에 검정 구두를 신고 학교로 나를 찾아왔다. 나는 너무나 반가웠으나, 처음에는 막달리나 수녀의 얼굴을 쉽게 알아볼 수가 없었다. 화장하지 않은 얼굴에 묻은 세월의 상처가 그를 무척 낯설게 만들어 당혹스러웠다. 그러나 손에 들고 온 붉은 장미 몇 송이는 검은 수녀복 앞에서 너무나 아름다웠다.

막달리나 수녀는 아프리카로 가기 위해 불어를 배우려고 프랑스로 간다고 하면서 떠나기 전에 인사라도 하려고 찾아왔다며 웃었다. 막달리나 수녀의 가는 길이 바빠서 긴 말을 나누지는 못했는데, 세월 탓인지 더 이상 옛날처럼 어려운 질문을 던지지도 않았다. 그날 내가 막달리나 수녀와 무슨 말을 나누었는지는 모르겠고 다만 검은 수녀복을 입은 그가 지하철을 타고 떠나는 모습을 지켜보고 서 있었다는 기억밖에 없다.

그 후 프랑스 파리로 간 막달리나 수녀는 불어 공부를 마치고 몇 개월 후면 로마로 간다는 내용의 엽서 한 장을 보내왔다. 마침 그 해 가을 프랑스에 갈 일이 있어서 그를 만나볼 수 있을 것이라고 답장을 보냈다. 막달리나 수녀는 나의 편지를 받고 프랑스에서 다시 만나게 될 것을 고마워하며 '하느님의 섭리'라고까지 말했다. 그러나 파리에 가서 연락을 했지만, 막달리나 수녀를 찾을 수 없었다. 여러 번 전화를 했으나, 수녀의 소재는 물론 소식마저 알 수가 없었다. 그때 이후로 아직까지 막달리나 수녀에게

서 아무런 소식을 듣지 못하고 있다.

막달리나 수녀를 감감히 잊었다가도 일요일 저녁 미사를 올리기 위해 이곳 성당에 나가서 지금은 어디론가 자리를 옮겨간 그 젊은 수녀님을 볼 때면 모랫바람이 부는 아프리카 어딘가에서 하느님 앞에 무릎을 꿇고 있는, 가난하고 고통받는 사람들에게 '예수의 몸'인 빵을 나누어주는 막달리나 수녀의 모습이 어김없이 떠올랐다.

만일 막달리나 수녀가 봄눈 녹는 이 계절에 나를 찾아와 그 옛날 나에게 수없이 물었던 그 질문들을 다시금 던진다면, 나는 그에게 "만남은 새로운 이별을 낳고, 이별은 새로운 만남을 약속한다"라고만 답해줄 수 있으리라. 그러나 막달리나 수녀는 아마 다시 옛 모습 그대로 결코 나타날 수 없으리라.

어떤 개의 죽음

어느 해 늦봄, 그러니까 모란이 피는 오월 어느 날 아내는 식탁에서 그녀가 나가는 의과대학 생화학 교실 선배인 김 교수가 종자가 좋은 강아지 한 마리를 준다고 하는데 어떻게 생각하느냐고 가족들에게 물었다. 우리 집은 조그마한 뜨락 있는 데다 낮에는 가족들이 모두 밖으로 나가기 때문에, 집에 혼자 있는 아이들 이모는 오래 전부터 사납고 잘 짖는 개 한 마리 키웠으면 한다는 말을 소원처럼 해왔던 터라 아이들은 물론 모두 다 좋다고 했다.

나는 김 교수 댁에서 왜 갑자기 값비싼 강아지를 우리에게 주려고 하느냐고 물었다. 아내는 김 교수의 개가 이웃집의 도베르만이라는 독일 애완용 개와 교미를 해서 강아지를 두 마리 낳았는데 젖을 떼자마자 우리에게 주려 한다고 했다. 내가 자꾸 캐묻자, 우리에게 준다는 강아지가 마당의 잔디밭을 자꾸만 파는 나쁜 버릇이 있다고 했다. 김 교수님 내외분은 강아지를 아끼는 마음에 다른 집보다는 우리가 잘 키울 수 있을 것 같아 주려는 것이라고 했다.

이튿날 아내는 그 집으로 가서 벌집처럼 구멍이 뚫린 상자에 강아지를 담아서 차에 실어왔다. 반갑고 궁금해서 설레는 마음으로 상자 뚜껑을 열어보았더니, 까만 몸에 목과 다리 끝에 자줏빛 털이 난 미끈하게 잘생긴 강아지가 작은 방울이 달린 목걸이를 걸고 있었다.

아직 어리기는 하지만 그놈은 갖추어야 할 모든 것을 다 갖추고 있었다. 그러나 이상하게도 귀가 똑바로 서지 않았는데, 그렇다고 완전히 축 처진 것도 아니었다. 그리고 눈은 영롱하게 빛을 발하기보다는 슬픔이 가득 차 보였다. 나는 그놈의 슬픔이 목에 드리워진 사슬에 대한 분노 때문이라고 생각했고, 곧 목에서 사슬을 풀어주었다. 그러자 아이들이 그놈을 욕실로 데려가서 목욕을 시켜주었고, 가게로 달려가서 우유를 사다주었다.

웬만하면 실내에서 키워보자는 것이 우리의 생각이었다. 그러나 그놈은 쉴 새 없이 아래위층으로 뛰어다녔다. 그놈은 내가 글을 쓰는 책상 위에 뛰어올라 필갑을 넘어뜨리고 잉크병을 방바닥에 떨어뜨릴 정도로 소란을 떨었다. 무덤덤하게 사람을 좋아하면 좋으련만 너무나 가까이 달려들어 혀로 몸을 핥으며 심하게 소란을 떨었다. 게다가 마룻바닥을 변으로 더럽히기까지 해서 몹시 곤란했다. 가족들은 그놈을 교육시키면 변을 가릴 수 있을 것으로 기대하고 약 일주일 동안 기다렸다. 그러나 그놈의 태도에는 조금도 변함이 없었다. 그래서 그놈의 열기를 잠재우기 위해 며칠을 욕실에 가두어두기로 했다.

이틀 동안 그놈은 그 안에서 밥을 먹고 잠을 잤다. 그러나 사흘째 되던 날 유난히 동물을 좋아하는 딸아이가 학교에서 돌아와 욕실로 들어가서 그놈을 풀어주었다. 그놈은 욕실에서 풀려난 해방감 때문인지 이전보다 더욱 심하게 날뛰었다. 주임 교수 댁 사모님은 그 개가 가끔 땅을 파지만 어미 성격으로 봐서 길만 잘 들이면 온순해질 것이라고 말했다지만, 우리는 참으로 성가시기 짝이 없었으며 견디기 어려웠다. 그래서 아내는 그놈을 밖으로 내어놓았다. 마당의 잔디밭은 그리 넓지 않았지만, 어찌 좁은 실내 공간에 비할 수 있으랴.

그놈은 자유롭게 움직일 충분한 공간을 갖게 되었다. 그래도 아이들은 개집을 만들어주기 전까지 욕실에서 잠을 자게 했다. 놈은 푸른 잔디가 있는 넓은 공간을 가졌지만 그것도 부족했는지 잔디밭을 심하게 파기 시작했다. 내가 소중하게 가꾸어놓은 잔디밭을 파헤친 것을 보았을 때는 마음이 몹시 아팠다. 그러나 몇 번 야단을 치면 땅을 파는 버릇을 고칠 수 있을 것이라고 생각하고 참았지만 미운 생각이 들어서 그 날부터는 그놈을 욕실에서 재우지 않고 그냥 밖에서 재웠다.

그러나 다음날 새벽에 현관문을 열고 밖으로 나왔을 때, 누구를 묻으려고나 한 듯이 그놈이 잔디밭 기슭을 묘지처럼 파놓은 것이 보였다. 나는 치솟는 화를 억누르고 잔디가 죽을까 염려스러워 흙을 다시 묻고, 손을 씻기 위해 잔디밭 옆으로 돌아 수도꼭지가 있는 곳으로 갔다. 나는 거기서 그놈이 파놓은 또 하나의 구덩이를 보고 더 이상 분노를 참을 수가 없었고, "개가 땅을 파면 좋지 않다"고 하신 어머니 말씀이 생각났다.

나는 그길로 철물점으로 달려가서 목걸이가 달린 쇠사슬을 사가지고 와서 그놈을 대문 옆에 세워놓은 낡고 무거운 참나무 수레바퀴에다 매어두었다. 그러자 그놈은 시끄럽게 짖고 울어댔다. 아이들은 그놈이 울 때마다 풀어주자고 아우성이었다. 그러나 나는 며칠 동안은 괴롭겠지만 곧 익숙해지리라고 믿고 그대로 두었다. 아내와 아이들은 그놈이 나무 밑 차가운 돌 위에서 잠을 자야만 하는 것을 안타까워했고 나 역시 내심 몹시 안된 마음이 들었다.

그러던 어느 날 방학을 맞은 큰아이가 친구와 함께 새로 집을 짓고 있는 뒷집 공사장에서 질이 좋은 나뭇조각들을 얻어다 익숙하지 못한 솜씨였지만 그럴듯한 집을 지어주었다. 작은 개에 비해서는 큰 집이었다. 큰아이 덕분에 강아지는 밤에도 이슬을 맞지 않고 잘 수 있었다. 또 아이들은 그놈을 가축병원으로 데려가서 전염병 예방 접종을 시켰는가 하면 한 달을 두고 두 번씩이나 광견병 예방 주사를 놓아주었다. 큰아이는 마지막 예방 접종을 마치고 나서 군에 입대했다. 우리는 그놈을 며칠 동안 집에 묶어두었다가 낮에는 풀어주고 밤에는 다시 개집 앞에 묶어두면서, 그놈의 버릇을 고쳐주려고 무척이나 애를 썼다.

그러나 땅을 파는 버릇은 결코 고쳐지지 않고 점점 심해가기만 했다. 풀어주었다가 다시 묶어두면 심하게 울어댔다. 우리는 그놈이 겪는 만큼의 고통을 함께 겪으며, 그 녀석을 하나의 소중한 생명이라고 생각하고 애정을 버리지 않았다. 그렇지만 오랜 시간을 두고 가꾸어온 잔디밭을 더 이상 상하게 할 수도 없고, 어머님의 불길한 말씀이 자꾸 생각나서 그놈을 영영 묶어두지 않을 수가 없었다.

이모와 딸아이가 개집으로 내려가서 가죽끈에 묶인 개의 목을 쓰다듬어주며 안타까워하는 것을 서재의 창문으로 바라볼 때면 나의 마음도 몹시 아팠다. 우리는 그렇게 10여 일을 보냈다. 물론 아이들 이모와 딸아이 그리고 나는 묶여 있는 그놈을 두고 숨바꼭질을 해야만 했다.

이윽고 마지막 일요일이 왔다. 개집을 청소하기로 하고 아내와 나는 개집 주변을 물로 닦았지만 그리 깨끗해지지 않고 심한 악취가 나서, 다시 소독을 하고 비누로 깨끗이 닦아주기로 했다. 청소할 동안 개를 풀어줄 수밖에 없었고, 자유롭게 된 그놈은 잔디밭을 신나게 뛰어다녔다. 그러나 사슬에 묶여 있기 때문에 앞발로 사슬을 밟을 때면 목이 심하게 죄는 것을 보고 그놈의 목에서 가죽끈을 풀어주었다. 얼마나 자유로웠으랴. 그놈은 정말 좋아 날뛰었다.

그렇지만 우리 집에 온 지도 한 달이 훨씬 넘었기 때문에 밖으로 나갈 것이라고는 전혀 생각지 않았다. 아내가 개집 앞바닥을 닦은 물을 밖으로 버리기 위해서 대문을 열었다. 그때 마당에서 뛰어놀던 그놈이 어느새 대문 밖으로 나가버렸다. 우리는 대수롭지 않게 생각하고 곧 집으로 돌아올 것이라고 믿었다.

그놈은 한참 돌아오지 않았다. 그 날도, 그 다음날도 돌아오지 않았다. 그래서 나는 그놈이 거리를 돌아다니는 개장수에게 끌려가 보신탕집으로 팔려가지 않고, 다른 집으로 들어가 착한 사람을 만나 며칠 지내다가 집으로 다시 돌아오기를 막연하게 기다렸다. 그놈의 행실로 봐서는 다른 어느 집에서도 머물 것 같지 않았지만, 그래도 대문을 열어두고 가끔 밖으로 나가보았다. 골목길은 마치 묘지처럼 조용했고, 그놈의 그림자는 어디에도 보이지 않았다. 아마 십중팔구 보신탕집으로 끌려가 참혹한 죽음을 당했으리라 생각했다. 나는 그놈이 집을 나간 후 며칠 동안은 가끔 그놈을 찾으며 골목 언덕길을 오르내렸다. 그러나 번번이 혼자 지쳐 돌아오며 몇 번이고 중얼거리곤 했다.

"그놈이 사람이 아니라 개였기 때문에, 절대적인 자유를 찾는 길이 죽음으로 이끈다는 것을 몰랐겠지. 조그마한 부자유와 불편은 참았어야지. 쯧쯧…… 그것이 제 삶의 조건인데, 쯧쯧……. 이 세상에 어디 완전한 자유가 있겠는가? 불쌍한 것, 쯧쯧……."

기억상실 유감

나는 이제 겨우 40 고개를 넘고 있지만, 기억상실 증상에 대해 남다른 두려움을 느낀다. 10년 전만 하더라도 기억력이 좋지는 않았지만 보통 정도는 되었다. 그러나 요즘은 마치 귀먹은 사람이 잘 들리지 않는 소리를 들으려고 애쓰는 것과도 같다.

며칠 전에 읽은 책도 내용을 메모해두지 않으면 전혀 기억을 하지 못한다. 어제는 무슨 계기가 있어서 옛날에 같이 놀았던 죽마고우의 이름을, 그저께는 몇 년 전에 내가 가르쳤던 어떤 졸업생 이름을 기억해내려고 애를 쓰다 실패하고 말았다.

지난 연말에는 명동에 있는 어느 청요리집에서 열린 사은회에 가서 그 전해에 보스턴 객사(客舍)에서 밤마다 열심히 흥얼거렸던 어떤 노래를 부르려다 가사를 잊어버려 학생들의 웃음을 터뜨린 적도 있다.

웃는 쪽은 우스워서 웃지만, 웃음거리가 된 나는 참으로 당황했다. 노래를 미완성으로 남겨둔 채 자리에 돌아와 앉았을 때 나는 말할 수 없는 슬픔을 느꼈다. 불빛이 흐릿하고 벽과 바닥에 융단이 깔려 마룻바닥이 붉었기 때문에 사람들은 볼 수 없었겠지만, 내 얼굴은 홍당무처럼 붉어졌다. 줄을 타다 떨어진 광대보다 자신이 더욱 비참하게 느껴졌다.

베르그송은 그의 《웃음의 철학》에서 육체가 영혼을 상실하게 될 때, 즉 사람이 생명력을 잃을 때 웃음을 일으키게 한다고 말하며, 가장 우스운 형태는 영혼과 육체가 완전히 분리된 죽음의 상태라고 말하지 않았던가. 그렇다면 기억력이 상실되어 뭇사람들의 웃음을 자아낸다는 것은 그만큼 죽음에 가까워졌다는 말이 아닌가. 그래서 나는 기억력과 영혼의 움직임을 같은 문맥 속에서 쉽게 대입시켜 본다.

물론 나는 살아가면서 망각의 힘에 많은 고마움을 느꼈다. 초등학교시절, 내가 태어난 시골집이 팔려서 허물어지는 모습을 보았을 때의 아픔, 아버지의 갑작스러운 죽음, 초련(初戀)의 여인과의 별리 그리고 수많은 좌절과 슬픔들을 아직도 잊어버리지 않고 그때 그대로의 밀도를 가지고 생생하게 기억한다면 나의 삶이 얼마나 불행하고 고통스러울까.

그러나 막상 기억력이 상실되어 간다고 생각하니 망각에 대한 고마움보다 삶의 흐름 속에서 기억하고

느껴온 생의 음악과 애잔한 아픔들이 무척 아쉽다. 이러한 아쉬움은 고통이 삶의 호흡이고, 망각은 죽음이기 때문이리라.

흔히들 과거는 죽었다고 말한다. 그러나 우리 기억 속에 남아 있는 한 그것은 결코 죽은 것이 아니리라. 기억 속에 펼쳐진 삶은 물론 실제로 만져볼 수는 없지만 영혼의 공간 속에서 정신 에네르기로 느낄 수 있는 삶이다.

영국의 천재 시인 워즈워스가 아니더라도 우울한 생각과 명상에 잠기곤 하는 사람과 고독한 시간을 보낼 줄 아는 사람에게는 현실의 삶보다 기억 속에 살아 있는 과거의 삶이 훨씬 더 아름다우리라. 기억 속의 풍경들을 어찌 현실의 그것과 비교하랴. 사월의 비가 개인 뒤 그와 함께 걷던 가로수길이나, 구름안개가 아카시아 꽃비를 내리게 했던 그해 오월의 교정 풍경이 아니라도 좋다. 기억 속에 만화경처럼 움직이며 흘러가는 삶의 풍경들은 그것이 아무리 어둡고 사소한 것이었다 할지라도 항상 그림처럼 아름답기만 하다.

오래 전 어느 해, 주말이면 눈 속에서도 청량리역에 검은 외투를 입고 나와 전방에서 오는 나를 기다리던 미원이, 그해 12월 미국으로 떠날 때 시골 역 플랫폼에 서 계셨던 구식 외투자락 속의 아버지의 마지막 모습 그리고 '어둠 속의 판화'처럼 내 마음속에 찍혀 있던 보스턴 전철 속의 여러 모습들이 기차 바퀴 소리와 함께 떠올랐다.

기억은 나의 인생에 있어서 시이고 음악이다. 그리고 그것은 내가 살아오면서 어두운 시간의 바다 속에 침몰시킨 삶이란 예술을 일정한 미학적 거리를 두고 다시 보게끔 하는 위대한 신의 손과도 같은 것이다. 기억이 없으면 삶이 얼마나 황량하고 무미건조하며 죽음 같을까.

내가 요즘 기억력의 상실에 대해 두려워하는 것은 무엇보다 시의 상실에 대한 두려움 때문이리라. 누군가 이미 말했는지 모르지만, 망각은 죽음 바로 그것이 아닌가. 실로 죽은 자는 아무것도 기억하지 못한다. 그렇다면 내가 기억상실증에 대해서 이렇게 강박관념을 느끼는 것은 바로 죽음에 대한 무의식적인 반항인가.

나는 지금도 잊어버린 옛 벗의 이름을 기억하기 위해 무척 애를 쓰고 있다. 아마 나는 언제까지나 이렇게 명멸하는 수많은 이름들을 기억하기 위해 애를 쓸 것이다.

오월과 유년시절

하얀 목련꽃이 지고 난 이른 봄의 캠퍼스 풍경은 눈부시게 아름답다. 창밖으로 내다보이는 정원에는 매화가 붉게 피어 있고, 느릅나무 가지에서 새로이 돋아나는 푸른 잎새들은 어린이의 티없는 웃음만큼이나 밝고 환하다. 그래서 조금 전에 교실에서 학생들과 함께 읽었던 워즈워스의 〈내 누이에게〉라는 시에서 발견한 자연의 부름에 귀를 기울이지 않을 수 없어서 지루하게 읽던 책을 덮었다.

어두운 강의실 건물의 복도를 빠져나와 온몸에 햇살을 받으면서 도서관 쪽으로 뻗어 있는 언덕길에 오르니 길섶에 만들어 놓은 작은 동산에는 눈에도 친숙한 복사꽃이 붉게 타오르고 있었다. 그러나 순간 나의 눈길이 나무 그늘 밑에 속절없이 떨어져 있는 꽃잎들에게 닿자 '옛날 어릴 때 다니던 그 초등학교 교정에서 보았던 복사꽃만큼 아름답지 못하구나' 하는 생각이 머리를 스치고 지나갔다.

사실, 따지고 보면 그렇지도 않으리라. 지금 기차

를 타고 남쪽으로 달려가서 내가 어릴 때 다녔던 고향마을 D분교의 교정을 다시 찾는다고 하더라도 내 눈앞에 펼쳐질 복사나무들은 지금보다 더 큰 실망과 환멸을 안겨줄 것이다. 그것은 어디선가 종소리가 울릴 때마다 내 기억 속에서 살아나는 D분교의 교정에서 무리지어 피어나던 복사꽃의 아름다움과 비교할 수 없기 때문이리라.

마르셀 프루스트가 《잃어버린 시간을 찾아서》에서 말한 것처럼 과거의 일들은 그 당시에는 아무리 힘들었어도, 시간이 지나 다시 기억 속에 떠오르면 그렇게 아름다울 수가 없다. 이것이 나만의 느낌은 아닐 것이다. 왜 그렇게 느껴질까. 프루스트는 다음과 같이 설명하고 있다.

인간의 순수한 삶이란 지극히 아름답고 행복하다. 그러나 순간마다 자신의 순수한 삶을 아름답게 느끼지 못하는 것은, 부질없는 인간의 욕망과 미래에 대한 무의식적인 불안이 섞여 있기 때문인지도 모른다. 오늘 아무리 괴로운 일도 시간이 지나면 삶의 불순물들이 시간과 더불어 제거되어 아름답게만 느껴지지 않는가.

그래서 20세기 미국의 유명한 극작가 손턴 와일더

의 〈우리 읍내〉에서는 젊어서 죽은 주인공들이 무덤을 상징하는 우산을 쓰고 무대 위로 나와서, 어릴 때 그들의 삶이 얼마나 아름다웠던지를 추억 속에서 다시금 이야기한다. 이를테면 아침에 배달된 우유와 대문 앞에 떨어진 신문을 줍던 일 그리고 친구 집 다락방에서 숙제를 같이 하던 일들이 얼마나 즐겁고 행복했던가를 향수에 젖어서 이야기한다.

그런데 왜 과거에 묻힌 일들 가운데서도 유년시절의 일이 더 아름답게 기억될까. 그것은 시인 윌리암 워즈워스가 말한 것처럼 유년시절이 도덕의 원천인 형이상학적인 '존재의 집'에 성년 때보다 더욱 가까워서 '어린이가 어른의 아버지'가 되기 때문일까, 아니면 인생이란 유년시절이라는 에덴동산에서 추방되는 과정이기 때문일까. 그 어느 경우도 삶을 살아본 사람이라면 모두 느낄 수 있는 마음의 풍경들이다.

그러나 형이상학적이고 인신론적인 차원을 떠나서 설명할 수 있는 또 하나의 길이 있을 수 있다. 돌이켜 생각하면 유년시절과 소년시절의 삶은 성숙하지 못한 면이 수없이 많지만, 성년의 삶보다 때묻지 않고 순수하다. 유년시절에는 인간적인 욕망이 없다고 누가 말할 수 있겠는가. 그러나 그것은 성인의 절제하지 못한 사욕이 아니라 희망과 가능성으로 표현할 수 있는 도덕성이 있는 욕망이다.

도덕성은 사랑과 평화를 조건으로 한다. 사랑과 평화는 곧 자신의 욕망을 절제하고 자기 자신을 타인과 나누어 가짐으로써 얻을 수 있는 투명하고 고요한 마음이다. 다시 말해 프루스트가 지적한 아름다운 삶을 더럽히는 사욕이 유년시절에 가장 적은 것만은 사실이다.

발터 벤야민의 말처럼 어린아이들은 수집을 좋아한다. 그러나 어린이가 수집한 물건들은 상품이 아니며, 다만 칸트가 말한 '사심 없는 기쁨'을 가져올 수 있는 아름다움의 대상일 뿐이다. 어떻게 생각하면 성자(聖者)의 행위는 사욕이 많은 어른에게보다 어린아이에게 가깝다고 할 수 있을 것이다.

의식 있는 도덕적인 삶을 살고자 하는 사람들은 어린 시절이 성년시절보다 성자가 될 수 있는 기회가 더 많았다는 것을 기억할 것이다. 그래서 캐서린 맨스필드의 〈원유회〉에 나오는 어머니는 햇빛 속의 화려한 파티가 끝날 무렵 길 아래 사는 가난한 이웃집 사람이 죽었다는 소식을 듣고 어린 딸 로라로 하여금 음식 바구니를 만들어 어두운 밤길을 걸어서 상가인 빈민가를 찾도록 한다.

또 플로베르는 《감정교육》이라는 작품의 마지막 장면에서 절친한 친구 사이였던 프레데리크와 데로리에라는 인물들이 우정을 돌이켜보도록 한다.

어느 날 그들은 고향에 있는 매춘부집에 남의 눈을 피하여 겁에 질린 채 나타난다. 그들은 자기네 정원에서 꺾은 꽃으로 부케를 만들어 손님임을 나타낼 뿐 아무 일도 하지 않는다. 이 이야기를 3년이 지난 후에도 여전히 같이 나누었다. 그들은 서로서로 자세하게 상대방의 회상을 보충해가며 이야기하였다. 그들이 이야기를 마쳤을 때 프레데리크는 “그 일이 우리 생애에 제일 좋은 일이었을 거야”라고 말했다. “그래, 네 말이 맞아. 그 일이 우리 생애에 제일 좋은 일이었을 거야”라고 데로리에가 맞장구쳤다.

이렇게 아름다운 일은 소설 속의 주인공들에게만 있는 사건이 아니다. 누구든지 자신의 유년시절이나 소년시절을 돌이켜보면 도덕적인 미담(美談)을 한 가지씩 갖지 않은 사람이 없으리라. 어른이 되면 인색해지지만, 어린 시절 거리에서 불쌍한 걸인이 구걸하는 것을 보면 버스표라도 그의 손에 쥐어주고 자신은 집까지 먼 길을 걸어와야만 했으리라. 그뿐 아니라 점심값마저 주고 굶는 경우도 없지 않았으리라.

그 옛날 시골의 뒷집에 살던 사촌누이는 네 살 때 어머니의 상여가 나가는 것을 본 후 앞길에 나가 놀다가 누군가의 꽃상여가 지나가는 것을 보고 집안으로 뛰어 들어와 어머니를 또 데려간다고 하면서 크게 울었다고 한다. 나 역시 어릴 때는 죽음보다 더욱 무서운 것이 없었지만, 고향 마을의 이웃집에 초상이 나면, 어른들에게 야단을 맞으면서도 그 집을 찾아가서 삼베옷을 입고 두건을 쓴 상주들 틈에 들어가서 함께 울었던 기억이 난다. 유년시절 나의 이러한 괴벽은 생에 대한 깊은 호기심 때문이기도 했지만, 그 밑바닥에는 죽은 자는 물론 시신 앞에서 곡을 하는 상주들과 슬픔을 함께하고자 하는 순수한 마음이 무의식적으로 숨 쉬고 있었기 때문이리라.

그리고 하녀가 저녁 땅거미가 마당에 질 정도로 늦게까지 건초를 만들 때면 풀 냄새가 좋아서이기도 했지만, 그를 도와 발목이 아프도록 작두를 밟았다. 어릴 때 기억으로는 어른들은 '하녀의 너그러움'을 질투하듯 답답하게 생각했지만, 나는 그녀가 누님같이 여겨졌고, 그 등에 업혀서 무명저고리에 배어 있는 땀 냄새를 무슨 향기처럼 맡았다. 가끔 시골의 와가(瓦家)와 오동나무 그늘을 생각하면 나무 냄새와 같은 그 땀 냄새를 지금도 누님의 향기처럼 기억한다.

비록 죄를 지은 사람일지라도 참회의 눈물을 흘릴 줄 안다면 어린 시절 자신의 모습은 천사와 같았다는 것을 기억할 것이다. 그때 그 시절, 때 묻지 않은 세상은 언제나 대낮처럼 밝았고 미래는 푸른 하늘로 향해 높이 서 있는 플라타너스처럼 무한히 싱그럽고 희망에 차 있었다.

오월은 '어린이의 달'이다. 소파 방정환 선생이 왜 오월을 '어린이의 달'로 정했는지는 잘 모르지만, 아마도 오월의 신록이 어린이들처럼 때 묻지 않고 푸르기 때문이리라. 오월의 창문을 활짝 열어보라. 오월의 대지야말로 천국(天國)의 땅임을 새삼 확인할 것이다. 오월에 피는 꽃과 신록은 때 묻지 않았던 유년의 세계로 다시 마음의 문을 여는 사람들에게 참된 아름다움으로 다가갈 것이다.

여름 소나기

계절이 바뀔 때마다 우리는 새로운 계절에 대해 아름다움을 느낀다. 나 역시 계절의 변화에서 오는 적지 않은 축복에 대해 고마움을 느낀다. 언제부터인지 모르지만 다른 어느 계절보다 여름이 찾아오는 것이 반갑고 고맙다.

내가 여름을 좋아하는 것은 소박하게 말해서 가난한 사람들을 두렵고 슬프게 하는 추위에서 자유로울 수 있게 하기 때문이기도 하지만, 여름이 지니고 있는 낭만과 무성한 변화 그리고 풍요로움 때문인지도 모른다.

어느 계절치고 낭만 없는 계절이 있을까마는, 여름은 한결 여유가 있고 풍성하며 인색하지 않아서 좋다. 오랜만에 휴가를 얻어 방학을 한 아이들을 데리고 여행길에 오르는 사람들의 마음은 물론, 솜처럼 피어오는 뭉게구름을 바라보며 싱그러운 푸른 벌판을 달리는 시냇물 소리를 듣는 사람들에게도 여유가 있다.

무더운 여름밤이지만, 모깃불을 피워놓고 대나무 평상에 누워 검은 밤하늘의 눈물 흘리는 별들 속에서 견우와 직녀의 별자리를 가늠해 보는 마음에도 여름만이 지닌 여유와 낭만이 있다.

여름의 저녁 바다 풍경은 또 얼마나 아름답고 로맨틱한가. 그것은 비극적인 무희 이사도라 던컨을 죽음으로 유혹할 만큼 아름답고 환상적인 것이 아닐까. 그녀는 오색 등불이 켜진 해변의 테라스에서 밤늦게까지 춤을 추고 달빛 속에 무개차를 타고 집으로 돌아오다 해풍에 나부끼던 흰 머플러가 차바퀴에 감겨 질식사하지 않았던가.

그러나 내가 여름을 좋아하게 된 이유는 현실 세계를 떠난 듯한 낭만과 조종(弔鐘)처럼 울리는 둔탁한 벽시계 소리를 들으며 권태감 속에 '대낮처럼 밝은 꿈'을 꾸는 낮잠을 즐길 수 있는 여유 때문이 아니라, 여름이 지니고 있는 무성한 힘의 풍요로움 때문이다.

여름날 고흐가 불타는 태양을 찾아 들판을 걸어 다니고, 고갱이 원시의 섬 타히티로 간 것도 태양빛의 풍요로움과 생명력 넘치는 원색적인 힘 때문이 아니었을까 생각해본다.

또 어릴 때, 시원한 나무 그늘 아래서 햇빛 쏟아지

는 길을 바라다보며 갑자기 굴렁쇠를 굴리든가, 해변의 뜨거운 모래밭 위로 마구 달리고 싶었던 일들도 태양 속에 불타는 뜨거운 정열의 마력 때문이 아니었을까.

어린 시절 언제나 자연과 친숙했고 또 그 속에서 살았던 나는 마치 태양의 아이처럼 여름 햇빛을 본능적으로 좋아했다. 생(生)의 마루턱을 오른 지금 생각해도 어릴 때의 내가 나무 그늘을 좋아했던 기억은 없고, 맑은 강물 속으로 들어갔다 나왔다 하면서 산 그림자가 드리울 때까지 온종일 바윗돌 위에 몸을 붙이고 햇빛에 등을 검게 태우던 일과, 지금은 돌아가신 삼베옷 입으신 할머니를 따라 '헛바퀴 도는 듯한' 뜨거운 태양 아래 할머니 친가인 진외가(陳外家)로 가기 위해 먼지 나는 하얀 길을 하루 80리나 걷던 일이 기억난다.

그때 석양 무렵 하얀 길이 끝나고 크고 작은 조약돌이 수없이 널려 있는 강가에 도착해서 세수를 하고 긴 징검다리를 두 개씩이나 건너서 진외가를 설레는 마음으로 찾아들었던 일보다 매미가 시끄럽게 울고 왕거미가 집을 짓던 그 뜨거운 황톳길을 걷던 일이 지워지지 않는 깊은 인상을 남겼다. 여름의 태양이 어린 나의 의식에다 화인(火印)과도 같은 뜨겁고 깊은 인상을 새겨주었기 때문일까.

불타는 듯이 작열하는 태양과 더불어 여름날의 풍요로움에 빼놓을 수 없는 것은 '은빛 햇살'처럼 갑자기 쏟아지는 소나기다. 타는 듯한 들판에 쏟아지는 빗줄기는 여름날 파초 위에 쏟아붓는 물줄기만큼이나 싱그럽다.

여름이라도 긴 장마철 처마 끝에 떨어지는 낙숫물 소리는 사람의 마음을 구슬프게 하고 무료함에 우울하게 만들지만, 천둥소리 요란하게 쏟아지는 소나기는 답답한 마음을 시원하게 해주고, 더위에 몽롱해지는 의식을 깨우고 몽환 속에 빛을 잃어가는 생명에다 새로운 충격을 주듯 늘어진 신경을 새롭게 긴장시켜준다.

그러나 여름의 생명력과 풍요로움을 피부로 느낄 수 있는 때는 소나기를 만나 몸을 흠씬 적실 때다. 이것은 경험해보지 않고서는 표현 못할 충격이다. 내가 소나기를 만나 온몸이 비에 젖었던 것은 초등학교 3학년 때의 일이다.

당시 나는 두메산골에 살고 있었기 때문에 읍내까지 십 리 길을 걸어 나와 학교를 다녀야 했는데, 어느 토요일 하굣길에 소나기를 만났다. 능금나무 과수원 옆에 있는 학교 교문을 나서자 은빛 같은 흰 하늘이 갑자기 납덩이같은 검은 구름으로 변하는 게 아닌가. 나는 너무나 무서워서 필통 속에서 연필 구르는 소리가 나는 책 보따리를 어깨에 가로 메고, 돌다리를 건너 산 너머 있는 집을 향해 뛰었다.

그러나 돌무덤이 있는 산모퉁이를 돌아서자 천둥소리와 함께 굵은 빗방울이 이마 위에 떨어지기 시작했다. 나는 길섶에 쌓아놓은 밀집 속에 들어가서 한참을 기다렸으나 장대 같은 비는 그치지 않고 계속 쏟아졌다. 그래서 나는 거기서 나와 빗속을 걸어서 가야만 했다.

처음에 굵은 빗발을 맞았을 때는 차갑고 무서웠으나, 옷을 흠뻑 적시고 난 후부터는 빗물이 이상하게도 따뜻해져 옴을 느꼈다. 빗물이 검은 고무신 속으로 들어가 질퍽거렸으나, 하늘에서 떨어지는 빗줄기는 오히려 감미로웠다.

빗줄기는 강가에서 미역을 감다가 동네 아이들과 물싸움을 할 때 맞았던 물줄기보다 더 부드럽고 따뜻했다. 자줏빛 입술을 한 채 집에 돌아와서 마른 옷으로 갈아입고 한숨을 자고 나서 미닫이문을 열고 밖을 내다보았더니 초가지붕 위로는 무지개가 섰고, 비구름은 하얗게 변해 앞산 너머로 달아나고 있었다. 시선을 돌리니 한결 더 넓어지고 풋풋해 보이는 오동나무 잎이 눈에 들어왔다. 그 순간 나 역시 소나기를 맞고 한 뼘이나 더 자란 것 같은 느낌이었다.

여름날 내륙에서 경험할 수 있는 풍요로운 자연의 힘은 태양과 소나기 그리고 하루가 다르게 무성하게 자라는 검푸른 잎들이지만, 바다에서 우리가 만나는 것은 거센 파도와 끝없이 펼쳐진 수평선이다. 바다는 여름의 육지처럼 갑갑함이 없다. 그래서 마음에 상처를 입었거나 슬픔을 견딜 수 없는 사람들이 곧잘 바다를 찾아가는지도 모른다. 바다는 생(生)의 한계에 부딪힌 사람들을 손짓해 맞이하지 않았던가. 신대륙을 찾아갔던 청교도들, 일본으로 건너갔던 백제의 유민들도 모두 다 바다에 그들의 운명을 맡기지 않았던가.

여름 바다의 힘과 아름다움은 파도에 있다. 쏴, 쏴, 밀려갔다 밀려오는 파도는 거대한 힘을 가졌다. 바람이 일지 않고 바다가 조용할 때 썰물의 파도는 은빛 나는 고기비늘과 같지만, 밀물로 밀려오는 파도는 그 아무리 잔잔하더라도 어린이들이 모래톱에 지어놓은 모래성을 무너뜨리기에 충분하다.

거센 파도는 거대한 배만큼이나 큰 흰 고목(古木) 둥치를 뿌리째 해안으로 실어다 놓는다. 삶의 파도에 지쳐 나약함에 젖다가도 여름날 해안에서 세찬 파도를 볼 때 우리는 스스로 놀라 부끄러움을 느끼지 않을 수 없다.

아무튼 끝없이 밀려오는 파도와 수평선 그리고 그 위를 나는 갈매기들에 대해 슬픔이 깃든 낭만과 풍요로움을 함께 느낄 수 있는 것은 여름 바다밖에 없다. 바다의 풍요로움은 바닷가를 찾아오는 사람들 가운데서도 찾아볼 수 있다.

여름날의 해변은 수많은 사람들로 뜨거운 광장을 이룬다. 그러나 우산 아래 모래 속에 몸을 묻고 찜질을 하는 주름살 깊은 할아버지가 있는가 하면, 그 옆에서 아이들은 모래 속에 손을 넣고 아버지와 어머니의 무덤이라고 속삭이면서 모래집을 짓는다.

그리고 저쪽에서는 한 쌍의 남녀가 비치파라솔 아래서 밀어를 나누고, 다른 한쪽에서는 젊은 사람이 슬픔에 젖은 채 외로이 앉아 그림처럼 수평선만을 뚫어지게 바라보고 있다. 몇몇 슬프고 외로운 사람

들도 있지만, 여름 바다는 바닷가에 모인 군중 때문에 풍요롭고 활기차다.

내가 여름을 좋아하는 것은 낭만도 낭만이려니와 싱싱한 생명력과 풍요로움 그리고 모든 것을 무성하게 자라게 하는 거센 자연의 힘 때문이다.

여름이면 햇빛 쏟아지는 하얀 길 위로, 은빛 소나기의 빗줄기 속으로 그리고 검푸른 바다 속으로 뛰어들고 싶은 욕망이 이는 것이 결코 우연은 아니다. 그 속에 우리를 새롭게 변화시킬 수 있는 어떤 우주적인 힘이 있기 때문이다. 그래서 여름은 그렇게 풍요롭고 여유로운 것인지도 모르겠다.

눈 오는 아침에

‘겨울 속의 봄날’이 무수히도 계속되더니 오랜만에 눈이 내린다. 밤늦게까지 하는 일 없이 책상머리에 앉아 있다가 선잠을 자서 몸이 개운치 못했으나, 아침에 창문을 열고 밖을 내다보니 흰 눈이 온누리를 덮고 있어 소년처럼 기뻤다.

벌써 눈은 뜨락에 서 있는 소나무와 잿빛 하늘을 배경으로 부챗살같이 아름답게 팔을 펼치고 서 있는 나목(裸木) 위에는 물론, 담 곁에서 작은 울타리를 이루고 있는 청죽(靑竹) 위에도 내려 눈꽃을 피우고 있었다.

눈이 온 세상은 깨끗하고 우아해서 아무리 보고 또 보아도 싫지 않다. 겨울이 지나고 봄이 와서 날씨가 풀리면, 따뜻해서 좋다고 하지만, 눈 녹는 것이 아쉽고 처마 위에서 눈 녹은 낙숫물 소리가 구성지게 들려서 싫을 때도 있다. 그래서 봄이 되면, 산정(山頂)에 덮여 있는 잔설을 바라보며 이러한 느낌을 가지게 되는 것은 지고한 아름다움을 지닌 눈이 우리 주변에서 녹아 없어져, 그것을 보기 위해서는 다시 겨울이 올

때까지 수많은 시간을 기다려야만 하기 때문일까. 아니면 그것이 쉽게 오르기 힘든 산정에 있기 때문일까. 그 어느 것이라도 좋으리라.

그러나 우리가 겨울눈을 좋아하는 까닭은 그것이 눈부시게 희고 깨끗하기 때문만이 아니라, 차가우면서도 따스하고 부드러운 느낌을 주기 때문이다. 그래서 T. S. 엘리엇은 눈을 죽음의 상징이라고 노래했지만, 그의 시 〈황무지〉 속에 나타난 한 여인은 유년시절, 사촌 집에 머물면서 알프스 산 속에서 썰매를 타던 기억을 잊지 못한다고 말하고 있는가 보다.

어린 시절 우리가 백작인 사촌 집에
머물고 있을 때
그는 나를 밖으로 데리고 나와
썰매를 태워주었지.
그때 나는 정말 놀랐지.
그는 말했다. “마리, 마리, 꼭잡아.”
그리고 우리는 아래로 미끄러져 내려갔지.
산 속에서 사람들은 마냥 자유롭기만 하지.
— 〈황무지〉 중에서

시인은 눈이 죽음처럼 지나간 과거를 나타낸다고 말하지만, 다른 한편으로 그것은 우리들에게 끝없는 낭만과 추억을 불러일으킨다. 눈이 이와 같은 기능을 하는 것은 우리가 잃어버렸던 태고의 순진무구한 전설들을 다시금 말해주며, 우리들을 때 묻은 현실 세계에서 잠시 벗어나게 해주기 때문인지도 모른다. 정말이지, 아무리 많은 죄를 짓고 마음이 어두워진 사람이라도 하늘에서 목화송이 같은 눈발이 하얗게 내리는 것을 보면, 순간적으로나마 온갖 시름과 번뇌를 잊고 마음이 밝아져 옴을 느끼지 않을 수 없으리라. 그리고 참회의 눈물도 흘릴 수 있으리라. 그래서 눈 오는 밤은 여명처럼 결코 어둡지만은 않은가 보다.

그러나 눈은 혼탁한 마음을 순간적으로 맑게 해주는 것만은 아니다. 사랑하는 사람을 만나면, 눈은 그들의 마음을 더욱 따뜻하고 밝게 해준다. 연인들은 둘이서 눈 오는 길을 걷기를 좋아한다. 그들은 하얀 눈길을 걸으면서 어디에서도 느낄 수 없는 순수하고 지고한 사랑을 느낀다. 왜냐하면 눈앞에 백색으로 전개되는 설경과 차가운 지성의 결정체와도 같은 눈발이 그들로 하여금 어둠에 싸인 마음을 밝게 함은 물론, 불꽃처럼 타오르는 정염을 억제하고 잠재우며,

절제의 미학을 잉태시키기 때문이다.

남녀 간의 숭고한 사랑도 충동적이고 혼탁스런 인간의 욕망을 억제하는 데서 온다. 어떤 의미에서는 그리움에 머무는 것이 순결한 사랑의 표현 그 자체가 아닐까. 왜냐하면 그리움은 맹목적이고 이기적인 사랑에 대한 욕망을 억제하는 곳에서 예술처럼 승화되어 나타나는 침묵의 목소리와도 같은 것이기 때문이다.

눈이 하늘에서 내려오는 여정(旅程)에서 느끼는 그 많은 아픔과 한을 극복하기 위해 얼마나 자기 통제를 치열하게 했는지는 빗물이 얼어 눈이 된 백색 속에 스펙트럼처럼 얼마나 많은 색채를 담고 있으며, 또 그것이 만든 결정체의 구소가 얼마나 단단하며 아름다운가를 생각하면 알 수 있으리라.

겨울나무에 핀 설화(雪化)는 흰 눈이 지닌 설제의 아름다움과 나목이 지닌 의미가 완전한 조화를 이룬 결과로 탄생한 것이다.

이러한 시각에서 보면, 비록 많은 시인들이 흰 눈을 죽음의 상징이라고 노래하지만, 그것은 인간의 성숙된 지성미를 나타낸다고 할 수 있다. 그렇다면 면 하늘에서 내린 눈이, 이 험난한 세상을 살아가면서 인간이 자신의 위엄과 아름다운 모습을 유지하기 위해 가져야만 하는 견인력이 얼마나 값지고 소중한 것인지를 말없이 가르쳐준다고 하겠다.

인간은 원죄로 말미암아 낙원에서 추방되면서 '완전한 상태'를 잃어버렸다고 한다. 그러나 눈 덮인 깨끗한 세계는 버림받은 인간이 자신의 힘으로 황량한 벌판에 이룩한 아름다운 신세계를 상징하기도 한다.

이렇게 눈 내린 창밖을 내다보고 있으니, 내가 다시금 태어나 새하얀 '신세계'에 들어온 듯하다. 아직까지 하늘에서 눈송이가 펑펑 내리고 있는 것을 보니, 눈 덮인 새 세상을 보는 것 못지않게 반갑고 고맙다. 쉴 새 없이 내리는 눈이 우리의 아픔과 슬픔을 위로하고, '가진 자와 못 가진 자'가 없는 아름답고 맑고 밝으며, 또 평화로운 세계를 만들어가고 있기 때문이다.

언덕 위에 서 있는 우리 집 창문을 통해 눈이 온 세상에 내리는 것을 하염없이 바라보며, '신세계'에 대해 수많은 상념에 잠긴다. 그래서 나는 눈이 계속해서 멀리 바라다 보이는 교회 첨탑 위에도 내리고, 묘지 위에도 내리고, 늪이 있는 갈대밭에도, 얼어붙은 강물 위에도 내리며, 파도치는 겨울 바다 위에도 내리고, 힘겹게 살아가는 달동네 사람들의 판잣집 지붕 위에도 내리고, 망향(望鄕)의 북녘 땅에도 내린다고 상상해본다.

눈이 이렇게 내리는 것을 보면, 흰 눈이 조국의 산하와 들을 하나로 덮어 비극적인 이 땅의 아픔을 잊게 해주고, 신세계와도 같은 보다 성숙한 통일된 국가를 만들어가고 있다는 생각이 든다. 우리 집 뜨락의 나목 위에 흰 꽃을 피우며 내리는 저 눈은 한라산에도 내리고, 금강산에도 내리고, 또 멀리 백두산에도 내릴 것이다.

그래서인지 눈 오는 날이면, 나는 다시 소년이 된 듯 이렇게 흐뭇하기만 하다.

일요일

미국의 어느 시인은 일요일을 '작은 영원'이라고 노래했다. 그렇다. 어떻게 생각하면 일요일은 시간 속에 있으면서도 시간 밖에 있는 것 같다. 빠르게 흘러가는 세월의 여울을 잠시 동안 피해 앉아 있는 듯한 일요일에는 비록 짧은 순간이지만 그 속에서 '시간의 빈터'처럼 영원의 세계와 이어지는 안식과 평화로운 사색과 꿈이 깃들어 있다. 그래서 성(聖)금요일이 되면 부활의 일요일이 가까운 토요일이 초조하게 기다려지고, 토요일이 되면 일요일을 위한 축제 분위기에 휩싸인다.

일요일 아침에 우리들은 무슨 시간의 공백을 만난 것처럼 늦잠도 자고, 또 교인들은 교회에 가고, 그렇지 않으면 조용히 앉아 차(茶)와 음악을 즐기며 황망한 시간 속에서 느끼지 못했던 삶의 진실과 아름다움을 즐긴다.

가을이면 더욱 좋으리라. 햇빛이 눈부시게 찬란한 정적의 일요일 하오에, 붉게 물들어 떨어지는 낙엽과 더불어 찻잔을 기울이면, 나는 마르셀 프루스트의 말처럼 잃어버린 시간 속에 묻어버린 수많은 영상들과 지문들의 명암을 회상 속에서 되찾는다.

일요일 날 푸른 가을 하늘로 높이 솟은 교회 첨탑에서 종소리가 들리면, 지금은 노파가 된 큰고모님이 주일학교에 나가던 처녀시절의 아리따운 모습이 생각나고, 소슬한 가을밤 텅 빈 노천극장에서 지금은 멀리 떠나 있는 벗과 듣던 그 둔탁한 저녁 종소리가 생각나고, 그 종소리에 부서진 수많은 이야기들이 흩어진 꽃잎과 낙엽을 싣고 오는 바람 소리처럼 들린다. 또 창밖으로 내다보이는 뜨락에 서있는 가을꽃들이 나의 시야에 들어오면, 침묵 속에서 나를 먼 과거로 싣고 간다.

청소년시절 집을 떠나 객지에 살면서 일요일이면 기차를 타고 고향집을 찾곤 했다. 기다림 속에 기차를 타고 두 시간을 달려 어느 쇠락한 간이역에 내린 나는 철길 침목의 콜타르 냄새가 짙게 묻은 자줏빛 국화꽃 향기를 숨 가쁘게 마셨다.

굽이쳐 흐르는 강줄기를 따라 뻗어 있는 어두운 산길을 무서움 속에 달려서 도착한 곳은 허물어져

가는 와가(瓦家), 바로 우리 집이었다. 호롱불이 켜져 있는 영창문을 열고 들어가면 물레질을 하다 말고 맞아주시던 할머니. 이 모든 것은 지나간 모습들이지만, 그래도 가을날 일요일이 되면 나의 사색의 골짜기를 찾아 수면 위에 비치는 그림자처럼 떠오른다.

그러나 일요일에 찾아오는 '시간의 빈터'는 잃어버린 환상을 좇는 유령의 시간만은 아니다. 그것은 쉴 사이 없이 달려서 지나온 길을 되돌아보고, 앞으로 가야 할 길을 생각하게끔 하는 시간의 마루턱과도 같은 것이다. 일요일이면 젊은이는 지나온 삶을 반성하고 소중한 삶을 어떻게 살아야 할 것인지 생각하고, 나이를 먹은 사람들은 그들대로 삶의 마무리를 어떻게 지어야 할 것인지를 조용히 생각해본다.

그러나 나 역시 어떻게 살아왔는지 이렇다 하고 내세울 수 있을 만큼 해놓은 일 없이, 일요일답게 보내본 적도 결코 많지 않다. 나는 주말이 아닌 여느 때의 일을 곧잘 주말로 미루어놓는다. 글 쓰는 사람의 일이란 언제나 고민스럽고 피곤한 일이지만, 나처럼 일요일까지 일을 미루어서 황금의 시간을, 일하는 것도 아니고 쉬는 것도 아닌 불편한 하루로 만들어버린다는 것이 삶을 얼마나 황량하게 만드는지.

그러나 부활을 위한 '작은 영원'의 시간을 지나친 나태와 흥분 속에서 휴식을 위한 휴식의 시간으로 보내는 것도 그렇게 뜻있는 일이라 할 수는 없으리라. 만일 어떤 사람이 일요일에 건강을 위해 맑은 공기를 호흡하고, 대자연과 만나기 위해서 등산을 한다면, 그는 일요일이 주는 시간의 풍요로움을 절반밖에 누리지 못하는 것이라 하겠다. 일요일의 등산은 그 시간이 주는 의미와 산을 타는 의미를 동시에 생각하며 이룰 때 완전한 것이 되리라. 막연히 보내는 시간과 사색이 깃든 시간은 결코 같을 수 없다.

그래서 일요일은 화려한 것보다 무겁고 우울한 것이 더 좋을 수 있다는 말이 생겨난 것 같다. 시인들과 사색하는 사람들이 화창한 봄날의 일요일보다 낙엽지는 쓸쓸한 가을날의 일요일, 또는 비 오는 '글루미 선데이'를 노래한 것도 이와 같은 이유 때문이다.

일요일에는 많은 사람들이 찾아 축하해주는 소란한 결혼식장보다 무겁고 경건한 슬픔의 검은 휘장이 드리워진 장례식에 가기를 더 좋아하게 된 것도 이와 같은 이유 때문일까.

19세기 미국 소설가 헨리 제임스가 영국에 머무르면서 그와 지극히 사이가 나빴던 이웃 사람의 외아들

장례식에 참석하고 돌아와, 그의 하숙집 주인에게 "감정이 있는 곳에 내가 있다"고 한 말이 새삼 생각난다.

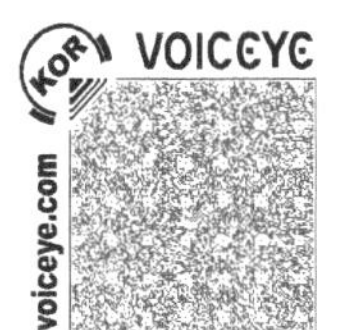

2부

작은 곱사등이

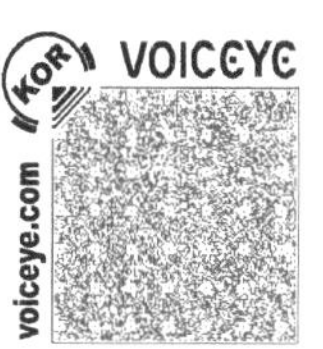

절제의 미학

샌프란시스코에서 그리 멀지 않은 스탠퍼드대학에 머물 때, 나는 그곳의 날씨가 너무나 좋아 팔로 알토 대학가를 즐겨 걸었다.

여느 때와 마찬가지로 어느 일요일 오후 산책을 나갔다가 팔로 알토 역 부근에 있는 어느 낡은 고미술점 하나를 발견했다. 진열장 안을 들여다보았더니 주변의 밝은 풍경과는 대조적으로 이색적인 부처의 좌상이 놓여 있고 옛 사람들이 쓰던 장신구 등이 진열되어 있었다. 나는 야릇한 향수를 느끼면서 가게 안으로 들어가 보았다. 거기서 조형미가 뛰어난 상형문자가 새겨져 있는, 직선으로 깎은 청동 위에 앉아 있는 이집트 여인상 하나를 발견하고, 그것이 지닌 기하학적인 아름다움에 마음이 무척 이끌렸다. 그러나 값이 200달러가 훨씬 넘어 살 엄두를 내지 못하였다.

몇 개월이 지나 팔로 알토를 떠날 때쯤 되어 다시 들렀더니 그 여인상은 이미 팔리고 없었다. 나는 천재일우로 발견한 소중한 아름다움을 상실한 듯, 한참이나 아니 지금도 잊지 못하고 아쉬워하고 있다.

이러한 나의 경험은 수년 전 어느 추운 겨울날 우연히 장한평에 나갔다가 한 욕심 많은 골동품가게 주인이 가야시대 항아리를 잠깐 보여주고는 얼른 숨기던 경우와 마찬가지였다. 그 주인에 따르면, 그 항아리는 어려서 죽은 어린이의 시체를 담아 땅 속에 묻었던 것이었다. 하지만 그런 사연은 아랑곳없이 흙빛이 잘 살아 있고 조형미가 뛰어났다.

내가 옛 장인들이 만든 이러한 예술품들에 강렬한 인상을 받고 유난히 마음이 이끌리는 것은 그것들이 지니고 있는 단순하면서도 기하학적이고 원시적인 아름다움 때문이다. 다시 말하면, 내가 원시적인 조형물 가운데 나타난 기하학적인 미를 사랑하는 것은 그 안에서 늪과도 같은 인간의 감상적인 경험을 통제하고 무한한 공간을 축소해서 압축할 수 있는 절제의 미학을 발견할 수 있기 때문이다. 전쟁 속에서 요절한 천재 비평가 흄이 원시적이고 기하학적인 예술에서 외부 세계와의 단절을 의미하는 '공간의 부끄러움'은 물론, 지나친 욕망으로 빚어진 원죄 문제를 속죄하려는 종교적인 의지마저 감지할 수 있었던 것도 결코 우연한 일이 아닌 듯하다.

태곳적부터 영겁으로 불고 있는 광막한 이집트 사막의 무서운 바람 속에서도 차가운 바윗돌 위에 단정히 정좌하고 있는 그 여인상의 경건한 모습과 어린 나이에 죽은 아이의 몸과 영혼을 담고 수천 년 땅 속에 묻혀, 그 무서운 시간의 무게를 이겨내고도 한 점 흐트러짐 없이 나의 눈앞에 나타났던 그 항아리에서 그렇게 심오한 아름다움을 느낀 것은 구도자의 금욕주의와도 비교할 수 없는 여물고 단단한 절제의 미학이 나의 영혼을 울려주었기 때문이 아닐까. 나이가 들면서 유난히 옛 장인들의 손길이 깃든 고미술품을 사랑하게 된 것은 어떤 예술작품에서보다 강인한 인간 정신을 발견할 수 있기 때문이다.

그리스 시대의 아름다운 비너스상이나 힘센 근육을 자랑하는 로댕의 〈생각하는 사람〉이 아니라도 좋다. 역사를 엮고 문명을 일으킨 인간의 지혜를 간직한 대학 도서관이라면 어디에서나 흔히 마주치는 학자들의 조상(彫像)이면 충분하다. 그들은 짧은 생애, 제한된 시간 속에서 인간으로서의 책임을 다하며 외길을 걸은 역사의 거인들이다. 그래서 그런지 그들의 흉상을 대하면 기하학적인 미에 가까운, 절제되고 강인한 인간 정신의 아름다움이 배어나온다.

그래서 나는 훌륭한 조각품을 볼 때마다, 인간이 지닌 가장 아름답고 숭고한 모습들이 굳어져서 죽음의 시간과 싸워 이기고 있는 것을 발견하고 깊디 깊은 승리감과 즐거움을 느낀다. 파블로 피카소도 이러한 현상을 발견했기 때문인지 만년에 가서, 비록 구리와 돌은 아니었지만 리놀륨 판화를 그렸다. 죽음을 앞둔 그는 유년시절의 고향을 회상하면서 원색의 메타모르포제(metamorphose)인 뛰어난 갈색과 흑색을 사용해 스페인의 정열적이고 아름다운 풍경을 자연이 아닌 인간 공간에다 독특하게 창조했다. 그래서 나는 예술가가 창조한 아름다움은 신이 창조한 아름다움과 다르다는 것을 알고, 또 더 훌륭하게 느낄 때도 있다. 물론 신은 우리가 이해할 수 없는 아름다움으로 가득 찬 우주를 창조했지만 말이다.

눈을 뜨면 자연 어디에서든지 무한한 아름다움을 발견할 수 있다. 무성하게 피어오르는 뭉게구름이 있는 하늘에도, 굽이쳐 흐르는 강물에도, 아니 차가운 겨울 하늘을 향해 손을 펼치고 있는 나목 한 그루에도 아름다움이 있다. 그러나 자연에서 볼 수 있는 아름다움은 거대한 우주 공간에 뿌리박고 있기 때문에 인간 세계의 공간으로 가져올 수는 없다. 이를테면, 파도 소리가 들리는 바닷가 모래밭에 흩어져 있는 아무리 아름다운 진주조개라도 그것을 집으로 가져와서 책상 위나 벽난로 위에 놓고 보면 그 아름다운 빛을 상실하고 만다. 들에 핀 풀꽃 한 송이도 꺾어서 가져오면 그러하고, 가을날 아름답게 물든 단풍잎 하나도 그러하다.

어떻게 생각하면 인간은 '자연의 미'를 인간적인 공간 속으로 가져올 수 없기 때문에, 그것에 대한 '모방'을 통해서 예술을 시작했고, 불완전한 자연의 미를 완성시키는 것이 예술인지도 모른다. 그래서 살아 있는 유기체로서 자연이 지니고 있는 미는 인간이 백지와도 같은 무(無)의 공간에서 새로이 창조한 예술적인 미와는 다르다.

예술가가 창조한 화폭이나 조각된 형상들은 실제로 자연처럼 살아서 숨 쉬는 유기체는 아니지만, '에스프리(esprit)'라는 이름의 인간 정신으로 가득 찬 '유기체 아닌 유기체'로 구성되어 있다. 그래서 훌륭한 예술가들이 만든 작품 하나하나에는 표현하고자 하는 대상은 물론 그것을 나타내는 색채나 선에도 숭고한 인간 정신이 숨어 있다. 우리의 시야에 조형물로 뚜렷하게 나타나지 않는 풍경화 한 점이라도 그러하다. 저 유명한 모네의 〈수초〉를 예로 들어보자.

그 인상 깊은 그림을 보는 사람이라면 누구나 화폭에 그려져 있는 수초가 실제의 그것보다 빛이 짙고, 더욱 아름답다고 느낄 것이다. 모네가 여름날 연못에서 자라는 수초를 그렇게 아름답게 그릴 수 있었던 것은 있는 그대로가 아니라, 생명력을 상징하는 물 위에 떠 있는 수초 가운데서 직관적으로 발견한 내면적인 본질을, 그의 상상력은 물론 에스프리와 함께 오는 육감적인 감수성으로 표현할 수 있었기 때문이다. 이런 과정을 거쳐 불완전한 대상은 완전한 예술로 다시 태어난다. 치열한 절제의 미학 속에 농축시킨 선과 색채로 변형시켜 불완전한 대상을 완전한 것으로 만들었기 때문이 아닌가 한다.

또 그가 화폭이라는 탁월한 구도 속에서 발견한 수초의 놀라운 아름다움을 발견했을 때는 그것이 지니고 있는 깊고 푸른빛과 젊고 아름다운 인간이 지니고 있는 풋풋한 생명력과 비교하려는 생각도 없지 않았을 것이다. 고흐가 자연 가운데에서 타고 있는 불꽃을 발견하고 그것을 화폭에 옮겨놓아 탁월한 예술작품을 창조한 것도, 불타는 듯한 〈해바라기〉처럼

자신의 뜨거운 정열과 생명력 속에서 불타버려야만하는 비극적인 운명을 그 속에서 직관에 가까운 에스프리로 발견했기 때문일 것이다.

또 나는 피카소가 '청색시대'에 그린 명화 〈인생〉과 〈곡예사 가족〉이란 작품을 무척 사랑하는데, 그것들 안에서 황량한 자연이나 불행한 사회 환경과 싸우면서 힘겨워하는 경건한 인간의 우울한 모습 가운데서 인간의 양심과 동정을 불러일으키는 도덕적인 절제의 미학을 발견할 수 있기 때문이다.

샤갈의 그림이 우리의 마음에 와 닿는 것도 그것이 비록 초현실주의로 환상적인 면을 지니고 있지만, 다른 화폭에서 찾아볼 수 없는 신비스럽고 완전한 평화 속에서 인간의 구원 문제를 종교적인 바탕 위에 원시적인 색채로써 탁월하게 형상화했기 때문이다.

이러한 미학적인 현상은 동양화의 경우에도 마찬가지다. 나는 인간을 자연 가운데서 왜소하게 그리거나 인간을 자연과 일치시키는 동양화에 대해서는 별다른 감동이나 미적인 아름다움을 발견하지 못한다. 그러나 갈매색 푸른 하늘을 등지고 웅장하게 솟아 있는 큰 산의 자태를 힘찬 선으로 그린 산수화와 넓은 절벽 끝이나 혹은 넓은 여백의 공간을 두고 청초하게 자라난 난초 등에서는 지고한 아름다움을 발견한다. 그것들은 모두 다 죽음과도 같은 자연주의적인 어려움 속에서도 인간 의지와 지조를 굽히지 않는 엄정하고 우아한 모습들을 격조 높게 형상화했기 때문이다.

그런데 동양 예술 가운데 무엇보다 나에게 크나큰 미학적 충격을 가져다주는 것은 한지 위에다 침묵을 말하는 검은 먹으로 힘차고 단정한 미학으로 고고하게 써내려간 서예다. 자크 데리다의 '글쓰기'에 대한 근원적인 이론을 빌려오지 않더라도, 그것은 항상 곧게만 자라는 대나무를 그린 묵화와 함께 고매한 인간 정신을 탁월하게 표현하고 있다.

글쓰기가 바로 자연을 초월한 인간 영혼의 시원(始原)과 깊은 관계를 맺고 있다는 것을 생각하면, 그것은 어느 그림 못지않게 흰 여백이라는 자연 공간을 인간 정신과 얼로써 가득 채우고 있다고 볼 수 있다. 특히 내가 나이가 들면서 훌륭한 서예에 대해서 남다른 아름다움을 느끼는 것은 그것이 무서운 절제 속에서만 발견할 수 있는 기하학적인 은유의 미학을 지니고 있기 때문이다. 그래서 옛 선비들은 서예를 서도(書道)라고 말했나 보다.

조용히 우리 주변을 돌아다보면 인간적인 절제의 미학이 없는 곳에는 결코 아름다움이 존재할 수 없다는 것을 발견하게 된다. 왜냐하면 거기에는 미에 있어서 가장 중요한 절제를 통한 균형과 조화 그리고 투명한 빛이 없기 때문이다. 생명력이 자연이나 예술 가운데서 아무리 중요한 요소라도, 그것이 절제를 잃고 나타나면 광란스럽고 추해 보이며, 아름다운 꽃이나 유월의 싱싱한 나뭇가지에서 볼 수 있는 그 아름다움을 결코 지닐 수가 없다. 한 송이 꽃이 필 때는 그 뒤에 얼마나 뜨거운 정열이 불타고 있겠는가! 그러나 그 꽃은 그것을 기하학적인 구도와 틀 속에 압축하고 절제시켜, 독특한 빛으로 형상화시키기 때문에 그것이 우리들 눈앞에 그렇게 고와 보이는 것이다.

그런데 꽃은 살아 있는 생명이지만 잠깐 피었다가 시들어버리는 반면, 예술가가 화폭에 그린 꽃은 눈으로 볼 수 없는 에스프리를 지니고서 더욱 진한 빛으로 영원히 불타고 있다. 그림 속의 꽃에는 자연과 다른, 결코 꺼지지 않는 인간 영혼이 깃들어 있기 때문이다.

인간 정신이 자연보다 훌륭한 미를 창조하는 데

얼마나 중요한 역할을 하는지는 미국 시인 월리스 스티븐스의 〈항아리의 일화〉에서 잘 설명되고 있다. 그는 이 시에서 항아리 한 점을 벌판의 언덕 위에 올려놓았더니, 그것이 황량한 들판에 탁월한 질서를 형성했다고 들려준다. 항아리는 인간이 만든 하나의 정물에 지나지 않지만 항아리가 그곳에 놓여졌을 때 황량한 벌판이 언덕을 둘러싸게 만드는 결과를 가져와서 무질서했던 황야의 모든 영역을 지배하는 미학적인 현상을 창조했다고 그는 노래한다. 아무리 거친 자연 공간일지라도 예술가가 창조한 조각품을 한 점이라도 놓으면, 그것이 자연과 독특한 조화를 이루어 아름다운 미적 공간을 창조한다.

그래서 나는 눈으로 볼 수 있거나 없거나 간에, 인간 정신이 깃들어 있고, 절제된 인간의 모습이나 그 그림자가 담겨 있는 곳에서는 어디에서나 견인적인 미를 발견한다. 생을 바라보듯 유리벽이나 유리창을 내다보고 있는 어린이들의 모습을 담은 사진에서도, 또 세월에 마멸되어 가는 주름이 깊은 인간의 숙명적인 모습에서도 나는 어쩔 수 없는 아름다움을 발견한다.

원시적인 이집트 여인상이나 뛰어난 조형미를 지

닌 원시인들의 토기에서 발견하는 기하학적 인 소박한 단순미를 낭만적이고 유기적인 자연의 아름다움보다 더욱 좋아하는 것은 자연인이면서도, 그것을 완성시키려는 인간적인 미학 의지를 지니고 있기 때문이다.

모래시계와 조각 인형(彫刻人形)

♠♠

비좁지만 나의 유일한 지적 공간이자 서재인 작은 방에 얼마간의 휴식 시간이 찾아오면 내가 고개를 들어 눈을 주고 사색하는 몇 개의 대상이 있다. 그 하나는 책상 위에 올려놓은 모래시계고 다른 하나는 고래뼈에다 부처 모양의 사람 얼굴을 새긴 조각품이다. 그리고 또 다른 하나는 종이에 유채로 그린 〈달과 까마귀〉라는 이중섭(李仲燮) 작품을 복제한 그림 한 장이다.

놋쇠로 만들어진 장고 모양의 모래시계는 어느 날 오후 이태원 거리로 산책을 나갔다가 중고품 가게에서 단돈 만 원을 주고 산 것인데, 나중에 집에 와서야 내가 큰 횡재를 했음을 알았다. 비록 소품이지만, 세월의 자국이 묻어 있고, 페르시아 지방이 아니면 스페인 어디에서인가 만든 것 같았다.

나는 책을 보다 지치면 그것을 뒤집어 세운다. 그러면 허리가 잘록한 유리병 위에서 하얀 모래가 천천히 흘러내리기 시작한다. 그러나 내가 잠시 동안 고개를 다른 곳으로 돌렸다가 다시 시선을 주면, 어느 사이에 모래가 병 아래쪽으로 모두 다 흘러내려 모래시계는 죽음과도 같은 정적을 유지하고 있다.

그 다음 나의 시선을 머물게 하는 것은 사람의 얼굴을 새긴 고래 뼈 인형이다. 그것은 뼈에다 온갖 고난과 시련을 이기고 살아온 중년이 넘은 사람의 얼굴을 새긴 것이어서 미라와 같은 모습을 하고 있지만, 그 뼈가 썩을 때까지 아니 영겁의 세월을 두고 그 얼굴, 그 모습을 유지할 수 있을 것이라고 생각하면 시선이 가지 않을 수 없다.

이 두 가지 소품은 길을 걷다가 우연히 들른 고물상 잡동사니 속에서 발견해, 책상 위와 서가 언저리에 하나씩 세워놓았지만, 뜻밖에 탁월한 대조를 이루어 나로 하여금 많은 것을 생각하게 한다.

나는 어느 사막의 나라에서 만든 듯한 모래시계에서 모래가 흘러내리는 것을 보고 시간의 흐름을 육안으로 볼 수 있다는 것을 느끼고, 그것을 우리들의 삶에 주어진 짧은 인생의 시간과 비유를 한다. 그리고 이와 대조적으로 고래 뼈에 사람의 얼굴을 새겨서 만든 조각품은 모래시계에서 흐르는 시간의 흐름을 극복하고 인간의 위엄을 유지하기 위한 표상을 나타내고 있기 때문에, 나는 그 뼈에 새겨진 얼굴을 보고 또 보며, 인간의 실체와 인간이 해야 할 의무가 무엇인가를 시간의 틈 사이에서 생각하며, 흐트러진 옷깃을 여미고 마음가짐을 새로이 한다.

또 피곤해서 고개를 들면, 복제품인 이중섭의 그림 〈달과 까마귀〉가 나의 시야에 들어와서 그것을 한참 동안 바라보며, 인간으로서 나에게 주어진 운명적인 과업에 대해 깊은 명상에 빠진다. 화폭 속에 그려진 몇 마리의 검은 새들은 신의 저주를 받은 듯이 검고 불결한 모습을 하고, 버림을 받은 듯이 춥고 황량한 구만리 장천 위를 서성이고 있다. 그러나 빛을 상징하는 노란 둥근 달을 향해 나는 자세를 취하고 있고 또 그들의 날개와 부리에는 무서운 진취적인 정신이 담겨 있는 듯하다.

그러나 또 한편 전선줄에 날개를 퍼덕이며 모여 앉은 몇 마리 까마귀들과 밝은 달을 반쯤 배경으로 해서 무서운 입을 벌리고 우는 듯이 날고 있는 까마귀 한 마리는 빛을 상징하는 노란색 둥근 달과 대조를 이루고 있다. 그 검은 새들이 빛을 내는 달을 막고 있거나 아니면 그것에 접근하는 길을 지키고 있는 듯해서,

그것을 볼 때마다 복잡한 우주의 신비와 존재의 문제에 대해서 깊은 생각을 한다.

그래서 치밀한 구도 속에 그려진 까마귀들은 내가 어렸을 때 기억하고 있던 무서운 검은 새들의 모습과는 달리, 알 수 없고 신비로운 어떤 진리가 숨어 있는 듯한 모습이라는 사실을 발견하고 적이 놀란다. 그 결과 나는 몇 해 전에 작고한 현대문학 비평계의 대부(代父)였던 예일대학 폴 드 만(Paul de Man) 교수의 "태양은 그림자 속에 숨어 있고…… 진리는 오류 속에 숨어 있는 것"처럼 예지와 통찰력은 보이지 않고 눈먼 상태 속에 숨어 있다는 말을 반추하곤 한다.

우리의 인생은 아름답든지 혹은 추하고 슬프든지 간에, 모래시계 속의 모래알처럼 소금씩 쉴 사이 없이 흘러 종말을 향해 움직이고 있다. 우리는 이러한 현상을 지금 거울에 비친 내 모습과 퇴색한 묵은 사진첩 속에 담긴 나의 모습을 비교할 때 비로소 발견하지만, 보통 때는 이렇게 엄연하고 무서운 사실에 대해 눈먼 상태에 있다.

이와 마찬가지로 우리는 왜 인간으로 태어나서 어두운 바다에 몇 개 안 되는 진리의 입자를 찾아 거센 파도 속을 헤매다가 시간의 물결 속에 소리 없이 침몰해야만 되는가를 깨닫지 못하고 살아간다. 그래서 우리는 인간이 왜 이렇게 살아가야만 하는지를 아는 것은 인간을 창조하고 정해진 운명의 길을 자기도 모르게 걸어가게 만든 신(神)밖에 없다고들 말한다.

나는 종교를 갖고 있지 않지만, 신이 인간으로 하여금 스스로 발견하게끔 한 것은 아마도 "오류 속에 진실이 있고, 그림자 속에 태양이 있다"는 사실이 아닐까 하는 생각을 자주 한다. 이러한 모순된 사실을 일찍 깨닫고 의연하게 시간과 싸우면서도 감상에 젖지 않고 자기 절제를 하며, 어둠 속에서 계속 빛을 찾는 사람은 시간과 싸워 늙어도 추하게 보이지 않고 원숙하며 더욱더 큰 인간의 위엄을 보인다는 것을 나는 가끔 발견한다.

어떻게 생각하면 인간의 역사와 문명이란 것도 이와 같은 사람들에 의해 이룩된 것이리라. 그러나 이러한 사실에 눈먼 사람들은 자신을 허무감 속에서 지나치게 낭비한다. 내일을 모르는 탕아들은 그들의 생이 끝없이 계속될 줄로만 알고, 자신을 절제하지 못하고 호랑이 등 위에 올라탄 사람처럼 무절제한 생활을 한다. 그들은 무절제한 생활이 더욱 큰 허무로 끝난다는 사실을 깨닫지 못한다.

이러한 경우는 나이가 든 눈먼 사람에게 더 위험할는지도 모른다. 이순(耳順)이 지났지만 세상 이치에 눈을 뜨지 못한 어떤 사람이 잠을 자다 일어나 자신의 삶이 얼마 남지 않았다는 것을 갑자기 깨닫고 허무의 늪에 빠져 무기력하고 추한 향락 생활에 탐닉하다가 인생을 깨끗하지 못하게 마치는 것을 본 적이 있다. 자기에게 주어진 시간의 한계를 똑바로 인식하고 그것을 담담하고 용기 있게 받아들이는 자세만이 역설적으로 자신의 참모습과 인간 가치를 영원히 지키는 길이다. 20세기 아일랜드의 민족시인 윌리엄 버틀러 예이츠가 죽기 전에 다음과 같이 자신의 묘비문을 쓴 것은 우리들로 하여금 자기 주변을 경건한 마음으로 되돌아보게 한다.

삶과 죽음에
차가운 시선을
던지며,
말 탄 자는 지나간다!

나는 오늘도 책을 몇 줄 읽다가 피곤해지면, 책상 위에 올려놓은 황금빛 나는 모래시계를 한 번 뒤집어

놓고 수없이 많은 작은 모래알들이 허리가 잘록한 유리병 밑으로 흘러내리는 것을 유심히 바라본다. 그러고는 고래뼈로 만든 나상(裸像)에 새겨진 슬프게 보이지만 절제된, 중년이 넘은 남자의 얼굴을 미라 바라보듯 한참 동안 응시한다. 그리고 나서 좀 거리를 두고 벽 정면에 걸어놓은 이중섭의 그림 속에서 둥근 달 주변에 모여 앉아 있는 몇 마리의 까마귀와 달을 향해 울며 날고 있는 검은 새 한 마리를 바라보며, 나의 마음속에 수많은 자화상을 그렸다가 지운다.

그러나 내가 마음속에 그렸다가 지운 그림이나 끌질을 했다가 허문 조각품은 내가 숨 쉬고 있는 이 작은 지적 공간에서 항시 나의 시선을 끌고 있는 세 가지 작은 '수집품'들을 닮은 모습을 하고 있었다. 만일 삶이란 것이 무(無)의 공간에다 어떤 형상을 부여하고 그것을 실현하는 과정이라면, 내가 그리고 새기려는 것은 시간 속에서 시간을 이기기 위해 죽음의 뼈에다 아름답고 위엄 있는 사람의 얼굴을 끌질하며, 차갑고 황량한 밤하늘이지만 외롭게 달을 지키거나 또 달을 향해 나는 검은 새처럼 빛이 오는 이상(理想) 세계를 향해 가고 있는 인간의 형상일 것이다.

작은 곱사등이

♠♠

독일의 유명한 민요집 《소년의 마적》에는 카프카가 즐겨 읽었다는 다음과 같은 민요가 있다.

내가 지하실에 내려가
포도주를 좀 꺼내려 할 때,
작은 곱사등이 거기 있어
나의 술 항아리를 가로채네.

내가 부엌에 들어가
수프를 만들려 할 때,
작은 곱사등이 거기 있어
나의 작은 그릇을 깨뜨렸네.

내가 방에 들어가
잠자리를 만들려 할 때,
작은 곱사등이 그곳에 있네
온몸을 흔들며 웃고 있네.

내가 걸상 위에 무릎을 꿇고
기도를 올리려 할 때,
곱사등이 사나이가 방 안에 있네
귀여운 아이야, 네게 간청하노니
작은 곱사등이를 위해서도 기도해주렴.

이상한 내용을 담은 이 독일 민요는 망각 속에 묻혀 있는 인간의 심리가 취하고 있는 부조리한 양상을 우화적인 인물을 통해 탁월하게 형상화하고 있다. 여기서 지하실과 방은 인간의 내면세계고 '작은 곱사등이' 사내는 저주받은 인간이 지닌 악마적인 요소를 나타내는 상징적 이미지인 듯하다.

이 독일 민요가 형상화하고 있는 우리의 내면세계는 지극히 우울하다. 그러나 우리가 이 민요에 대해 저항할 수 없을 정도로 마음이 끌리는 것은 그것이 진실이기 때문이다.

어렸을 때 우리는 이러한 어두운 현상을 외면 세계에 있는 힘으로 막연히 생각하고 두려워만 했지만, 그것은 외면 세계뿐만 아니라, 우리의 내면세계에도 있다.

오늘날 과학이 아무리 발전하였다고 하더라도 천

둥과 번개, 홍수와 가뭄 같은 것을 정복하지 못하는 것처럼, 인간의 내면세계에도 완전히 억제할 수 없는 무서운 힘이 있다. 그 힘은 개인적인 영역 속에 있어 보여도 오히려 개인의 의지 밖에 있는 것 같다. 이를테면 카인이 동생인 아벨을 죽였다든지 혹은 맥베스가 던컨 왕을 살해한 행위, 또 로미오와 줄리엣을 죽음으로 몰아넣은 것은 모두 인간이 이해할 수 없는 어떤 어두운 힘이 작용한 것이 아닌가. 많은 신학자와 철학자 그리고 시인들은 이러한 무서운 힘을 에덴동산에서 추방된 사탄의 힘과 관련지어 생각한다.

이러한 문맥에서 볼 때, 이 독일 민요에서 기도하는 사람은 '작은 곱사등이'와 별개의 존재로 생각되지만 상호 밀접한 관계가 있다고 말할 수 있겠다. 민요 속의 주인공이 아름답고 경건한 모습으로 기도를 하는 것도 그의 마음속에 '곱사등이'가 상징하는 것이 존재하기 때문이다. 이러한 현실은 역사적인 풍경 속에 언제나 나타난다. 사람이 태어나서 일정한 시간을 살다가 죽고, 또 태양이 아침에 찬란하게 솟아올랐다가 지는 일을 끝없이 반복하는 것은 신이 만든 우주 가운데에 '곱사등이'와 같은 불완전한 존재가 있기 때문이 아닐까.

우리는 저주받은 듯한 '곱사등이'를 보기 싫어한다. 그러나 만일 이 우주나 인간 가운데 '곱사등이'와 같은 존재나 현실이 없다면 어떻게 될까. 우리는 햇빛 찬란한 아침과 붉게 물드는 석양의 아름다움도 보지 못할 것이다. 또 신에게 경건한 마음으로 기도하는 사람의 모습도 보지 못할 것이다. 우리가 날이면 날마다 잘못을 저지르고 기도하면서 반성하는 생활을 하는 것도 모두 다 '곱사등이'와 같은 불완전한 존재 때문이리라. 여기서 '작은 곱사등이'는 우리 일을 방해하지만, 자기 자신에 대해 기도를 드려달라고 하는 것은 그가 저주만을 받을 악마가 아니고, 역사적 현실처럼 착하고 선한 존재로 발전할 수 있는 가능성을 가지고 있기 때문인 듯하다.

위선적인 사람들은 자신들의 내면세계엔 '작은 곱사등이'와 같은 존재가 없다고 하며 외부적으로 나타난 불완전한 형태나 모양을 저주하고 그것으로부터 멀리 떨어져 있고 싶어한다. 그러나 그들은 자신의 내면에서 이러한 '작은 곱사등이'를 만나게 될 것이다. 인간의 외면 세계와 내면세계에서 '작은 곱사등이'를 만나도 아무런 관심을 보이지 않고 자기 자신

은 물론 그들에게 아무런 도움을 주지 못하거나 기도를 드리지 못하면, 그는 결코 인간이라고 말할 수 없다. 인간은 불완전하기 때문에 인간이다. 완전한 존재를 향해 반성하고, 용서받기 위해 기도를 드리지 않는 사람은 참다운 인간이라고 말할 수 없다.

참다운 인간은 자신의 불완전함을 언제나 솔직히 받아들이고 겸허한 자세로 '작은 곱사등이'에서처럼 자기 자신에게 기도를 드려야 한다. 사실 투명하게 생각해보면, 다른 생명의 시체로 만든 음식을 먹는 것도 죄고, 죽음을 전제로 하는 생명을 탄생시키는 것도 죄다. 그러나 엄격한 의미에서의 죄를 짓지 않으면, 인간은 결코 존재할 수 없으리라. 불완전한 죄나 혹은 신으로부터의 억압은 모순된 것이지만 그것은 삶의 조건이고 인간의 조건이다. 불완전함이라는 모순은 분명히 부조리한 것이지만, 그것은 인간만이 지닌 귀중한 재산이라고 생각해야만 하겠다.

완전한 것을 사랑하기는 쉽지만, 불완전한 것을 사랑하기는 어렵다. 그러나 불완전한 것을 사랑하고 그것을 보다 나은 모습으로 만들기 위해 기도드릴 때 우리는 그곳에서 참된 인간 가치를 발견할 수가 있다. 인간 스스로는 불완전하기 때문에, 자신이 불완전하다는 것을 받아들이지 않으려고 한다. 그러나 자신이 불완전하다는 것을 느끼고 인식한다면 불완전한 것을 받아들일 수 있는 가능성이 열린다. 어떻게 생각하면 우리가 일하는 것은 이러한 가능성을 실천하는 길이고 방법이다.

언제나 우리의 내면과 주변을 돌아보고 완전하고 아름다운 것보다 누추하고 불완전한 것에 시선을 주고 사랑하며, 그것을 위해 기도를 하자. 이것이 신의 길이 아닐지라도 인간의 참된 길임을 우리는 알아야만 하고 또 받아들여야만 한다.

아이가 보기에는 초라하게만 보이는 '작은 곱사등이'가 '온몸을 흔들고 웃고' 있는 것은 자신에 대한 자조의 웃음일까 아니면 아이의 기도와 더불어 그의 곱사등을 펼 수 있다는 희망 때문일까. 어떠한 경우라도 좋다. 다만 우리가 해야 할 것은 그 '작은 곱사등이'를 위해 경건하게 기도하는 것이다.

수집가의 변(辯)

지난 어느 여름 미국에 얼마 동안 머물 기회가 있었을 때 워싱턴 국립미술관을 찾아 하루를 보낸 적이 있다. 그런데 그 미술관에 소장되어 있는 예술품들은 이방인인 나를 무척 초라하게 만들었다.

그것들이 가져다주는 미학적인 충격 때문에, 나는 피로한 줄도 모르고 오후 늦게까지 서성거렸다. 문이 닫힐 무렵, 5층에 있는 작은 화랑에서 데이빗 스미스라는 유명한 미국 현대 조각가의 유작(遺作)들을 보게 되었는데, 순간 눈앞에 전개된 광경이 너무나 인상적이어서 나는 그곳을 떠날 수가 없었다.

하늘 가까이 있는 듯한 그 다락방 예술 공간에 작고한 작가의 흑백 작업장 사진과 함께 전시된 작품들은 모두 다 못 쓰게 된 쇠붙이 조각들을 땜질하여 엮어 만든 것이었다. 나는 그 작품들에서 무한한 아름다움과 존재의 의미를 발견하고, 폐품이 된 고철(古鐵)로 어떻게 저렇게 의미심장한 미(美)를 창조할 수 있을까 하고 놀랐다.

그날 밤 나는 모텔로 돌아와서 잠자리에 누워 그 못 쓰게 된 쇠붙이 조각으로 작품을 만들었을 것이라고 상상이 되는 작업실과, 내가 어릴 때 보았던 마을 대장간의 풍경들을 비교하면서 오랫동안 깊은 생각에 잠겼다.

그런데 요즘 나는 그 폐품처럼 보이는 쇠붙이로 만든 조각품들에서 보았던 미적 질서와, 산책을 나갔다가 수집한 수집품들 사이에 어떤 유사함이 있다는 것을 어렴풋이 느낀다.

언제부터인지 모르지만, 나는 생활에 피로가 쌓이고 원고료라도 손에 들어오는 날이면 무심히 산책 삼아 거리로 나가 중고가구점이나 골동품 가게를 찾는 버릇이 있다. 그 결과 내가 살고 있는 집 거실이나 서재에는 남들이 싫증을 느껴서 팔았으리라고 생각되는 물건들이 여기저기 놓여 있다. 미학적 식견이 있는 분들도 우리 집을 방문하면, 그것들을 보고 아주 값이 비싼 것인 줄 알고 놀라면서 어디서 구입했느냐고 묻는다. 나는 그들이 놀랄 충분한 이유가 있다고 생각한다.

물론 내가 수집한 것들은 먼지가 쌓이고 초라한 가게의 진열장에 늘어놓은 수많은 잡동사니들 가운데 묻혀 있던 것들이다. 내가 그것을 발견하게 되는 것은 직감과도 같은 느낌 때문이다.

산책을 나갔다가 마음에 드는 수집품 하나라도 발견하게 되면, 그날은 늦게까지 기분이 좋다. 장 발장이 사제관에서 훔친 은촛대가 아닌 무쇠로 만든 촛대, 아니면 사진 액자, 혹은 정물 하나라도 좋다.

언젠가는 동료 한 분이 궁금하게 생각하기에 함께 나갔는데 내가 먼지투성이 잡동사니들 속에서 더러워진 백랍으로 된 작은 액자 하나를 집어 얼마 안 되는 값에 구입하는 것을 보더니 하찮은 듯이 웃었다.

그러나 그것을 집으로 가져와서 먼지를 닦아내고 몇 년 전에 찍은 사진을 넣어 서재의 벽에 세워두었더니 목각으로 된 새로 구입한 액자보다 훨씬 더 품위가 있고 우아해 보였다. 그래서 다음에 나의 동료인 그분이 보면 또 한 번 놀랄 것이라고 생각했다.

남들이 싫증을 느껴 헐값에 팔아버린 물건들에 대해 나는 권태감은커녕, 새로운 가치와 아름다움마저 발견하는 것은 무엇 때문일까. 나는 이러한 경우를 두고, "번쩍이는 모든 것이 금은 아니다"라는 말과 아울러 "번쩍이는 것이 금일 수도 있다"는 논리를 경험으로 깨닫는다. 사람들이 어떤 사물을 보고 그것을 가지고 싶어할 때는 그것이 발하는 빛 때문에 순간적으로 눈이 멀 수가 있다. 그러나 그것을 소유하고 익숙해지면, 그 빛은 안으로 들어가서 꺼진 듯이 보이지 않게 된다. 그래서 그들은 그것들에 대해 곧 염증을 느껴 버리고 다른 새로운 것을 구할 욕망으로 불타오른다.

다시 말하면 그들이 소유하고 있다가 팽개쳐버린 물건들 가운데 그들이 진심으로 추구하던 미가 없었던 것은 아니다. 다만 그것이 물질적인 탐욕이나 성급한 미적 감각을 가진 사람들의 눈에는 보이지 않았을 뿐이다. 그것은 오직 사심이 없는 텅 빈 마음으로 작은 것에 대한 아름다움을 느끼면서 산책을 하는 사람들에게만 현현(顯現)의 빛처럼 순간적으로 나타나 보일 뿐이다.

이를테면 갈매기가 날고, 소년 소녀들의 맑은 웃음소리가 들리는 여름 해변의 아름다움도, 공원에서 수없이 피고 지는 꽃들의 아름다움도, 마음을 비우고 그곳을 산책하는 사람들이 아니고서는 볼 수 없다.

그래서 가치가 없다고 생각되는 기이한 물건들을 수집한 독일의 유명한 평론가 발터 벤야민이 지적

한 것처럼, 내가 산책을 하면서 수집한 것들은 어린이들이 수집하는 그것들과 유사하거나 일치한다고 생각한다.

"수집은 어린이들이 가장 좋아하는 것으로, 그들에게 물건들은 아직 상품이 아니며 그 유용성에 따라 평가되지 않는다."

이러한 물건들 속에서 그들이 구하는 것이 무엇인지 명확하지 않지만, 그것은 아마 칸트가 말한 이른바 '사심없는 기쁨'에 대한 인식을 요구하는 어떤 아름다움이다. 그래서 이러한 수집은 어떤 목표를 위한 수단이 아니라, 그 고유한 가치를 지니고 있는 어떤 대상을 하나의 물체로서 되찾는 행위와도 같은 것으로 생각되기도 하고, 과거라는 바다 밑으로 내려가서 그 속에 숨어 있는 산호와 진주를 캐는 것과도 같다.

산책자가 진주를 캐는 사람처럼 (교환가치를 위한) 아무 물질적 욕망 없이 과거의 먼지더미 속에 묻혀 있는 아름다운 촛대나 세월의 때가 묻은 도자기, 토기 한 점이라도 발견한다는 것은 그것을 통해 옛날 그대로의 과거를 소생시키기 위한 것도, 사라진 시대의 부활에 기여하려는 것도 아니다.

그것은 수집가가 '시간이 가져오는 황폐에 굴복하지만, 부패의 과정은 결정(結晶)의 과정'이라는 것을 확신하고, 또 한때 살아 있던 것이 가라앉아 용해되는 깊은 바다 속에서 무엇인가 '바다의 작용에 의한 변화'를 겪고도 환경에 정복당하지 않은 채로 남아서 새로운 모양의 형태를 결정한 후 망각이라는 시간의 바다에서 현재의 시간으로 끌어올려지기를 기다리는 값지고 기묘한 어떤 것, 어쩌면 어떤 영원한 근원 현상과 만나 친숙한 관계를 맺는 것이다.

그래서 나는 뭇 사람들의 시선이 지나갔는데도 발견되지 않고 버려져 있는 사물의 편린들이 지닌 영원한 빛을 위해 낡은 사진첩이나 서재에 피난처를 제공해주고, 그 가운데서 데이빗 스미스와 같은 현대 조각가들이 여러 가지 버려진 쇠붙이를 구성해서 새로운 아름다움을 창조하는 듯한 기쁨을 맛본다.

혹자는 왜 이러한 미를 발견하고 창조하는 일이 골동품과 같은 옛날의 물건들을 수집하는 데서 일어나는가 하고 의아해 할 것이다. 그러나 헤겔이 말한 대로 미네르바의 부엉이는 어두워져야만 비상을 시작한다. 그래서 수집가는 소멸 속에서만 이해될 수 있다.

아무튼 조용한 시간, 나의 시선이 머무는 곳에는 삶의 무게로 질식할 것 같을 때, 모든 것을 훌훌 벗는 텅 빈 마음으로 산책을 나간 길에서 직관적인 느낌으로 만나 숱한 내밀한 이야기를 나누던 정물과 그림 그리고 추를 흔들며 둔탁한 종소리를 내는 벽시계, 그 옛날 서양에서 샘물을 길어올리던 밧줄이 달려 있는 두레박이 놓여 있다. 그래서 그것들은 나의 지난날에 대한 수많은 상념들의 영상들로서 추억의 밀물을 막아주는 방파제가 되고 있다.

내가 밤늦은 시간 이것들을 바라보며 가끔 발터 벤야민이 옛날에 수집한 서책(書冊)들에서 다음과 같이 느꼈던 것과 같은 경험을 하게 되는 것도 이와 유사한 이유 때문이리라.

이것은 상념이라기보다는 영상이며 추억이라 할 수 있다. 그 많은 것들을 발견할 수 있었던 여러 도시들의 추억들, 기가, 나폴리, 뮌헨, 단치히, 모스크바, 피렌체, 바젤, 파리 그리고 뮌헨의 호화스러웠던 로젠탈의 방들이며, 지금은 고인이 된 한스 하우에가 살던 난치히, 스톡홀름, 남베를린 쉬센쿠트의 곰팡내 나는 지하 책방, 또 이 책들이 머물러 있었던 방들, 뮌헨에서의 학창시절 내 초라한 살림집, 베른의 내 방, 브리엔츠 호숫가 아젤트발트에서의 고독 그리고 마지막으로 지금 내 주위에 쌓여 있는 수천 권의 책들 가운데 불과 네댓 권만이 자리잡고 있던 내 소년시절의 방 — 이 모든 추억들이 수집가에겐 더없는 행복이며 한가로운 사람의 지고(至高)한 기쁨이다.

음악과 나의 삶

요즘 나는 취침하는 시간 이외에는 차를 마시고 음악을 들으며 노역(勞役)에 가까운 글을 쓰거나 책을 읽는다. 그러나 차 마시는 시간은 하루에 다섯 잔을 마신다고 해도 그 시간은 얼마 되지 않는다. 책을 읽고 글을 쓴다고 해도 휴식은 하게 마련이다.

밀실과도 같은 작은 공간인 서재에 있게 되면, 온종일 음악과 함께한다. 차를 마실 때도, 책을 읽을 때도, 글을 쓸 때도 나는 음악에 귀를 열어놓는다. 또 잠이 오지 않아 불면증에 시달릴 때도 음악을 듣는다. 그래서 전축을 끄지 않고 깜빡 잠이 들었을 때 새벽의 꿈속 이디선가 음악 소리가 멀리서 들리는 것 같아서 눈을 떠보면, 머리맡에 놓아둔 라디오에서 나는 소리라는 걸 깨닫고 현실로 돌아오곤 한다.

음악은 언제나 이렇게 나의 생활 깊숙이 들어오고, 나는 그것에 침윤(浸潤)되어 있음을 느낀다. 그래서인지 음악을 꺼버리면 고독해지고, 가까이에서 말을 걸어주던 벗을 잃어버린 듯이 절박하고 황량해진다. 친구가 많지 않음에도 내가 그다지 고독을 느끼지 않는 이유는 아마 음악이 벗이 되어주기 때문인지도 모른다.

그렇다면 음악이란 무엇일까? 왜 그것은 우리의 마음을 그토록 끌어당기며, 아플 때는 위무까지 해주는 걸까? 해박한 음악 이론가나 철학자는 무엇이라 말할지 모르지만, 나는 그것이 영혼 깊은 곳에서 들려오는 소리일 뿐만 아니라, 아름답고 슬픈 우리 삶 그 자체의 진실한 모습과 우리가 살고 있는 신비로운 자연 현상을 소리의 힘으로 전달해주기 때문이라고 생각한다.

"음악의 리듬은 신이 창조한 우주가 조화롭게 움직이는 소리에서 만들어진 것"이라는 말이 있다. 그래서 17세기 영국 시인들이 노래한 것처럼, 만일 인간이라는 생명체가 우주의 일부분인 동시에 축소형인 소우주라고 생각한다면, 인간이 살아서 움직이는 모든 소리는 음악의 기본이 될 수 있다.

나는 훌륭한 음악을 들을 때면 언제나 마음이 경건해진다. 그리고 음악이 곧 생 자체라고 생각할 때가 많다. 사실 위대한 작곡가가 만든 대서사시와도 같은 교향곡에 귀를 기울이면, 우리는 그 속에서 어린 아기가 요람에서 우는 듯한 소리는 물론 새들이 우는 소리, 파도가 치는 소리 그리고 천둥이 치는 소리 등, 심지어 꽃나무에서 꽃이 피는 침묵의 소리까지 들을 수 있다.

거칠다면 거칠다고 할 수 있는 생명이 넘쳐흐르는 자연의 소리들이 교향악 속에서 아름답고 우아하게 들리는 것은, 그것이 다른 소리들과 합쳐져서 탁월한 화음을 이루기 때문이다. 우주 속에서의 평화로운 조화란 창조의 과정 그 자체이기 때문에, 그것을 리듬 있는 소리로 형상한 음악은 인간은 물론 모든 생명체들에 중요한 영향을 끼친다고 생각한다. 요람 속에서 울던 아기가 엄마의 자장가 소리에 잠이 들고, 화초 역시 음악을 들려주면 성장이 빨라지고 꽃을 빨리 피운다는 과학자의 주장은 아마 위에서 언급한 사실과 무관하지 않으리라.

그런데 음악을 듣는 데도 책을 읽을 때처럼 이른바 음악 연령이 있는 듯하다. 나는 어린 시절에는 동요와 가곡을 좋아했고, 청소년이 되어서는 팝송이나 대중가요 등에 귀를 기울였지만, 클래식은 어려워서 듣지 못했다. 성년이 되어서는 클래식을 들어야만 된다고 해서 듣고 또 들었는데, 그제서야 클래식이 음악 예술이 도달할 수 있는 최고의 경지란 사실을 깨닫게 되었다.

음악을 듣고 노래를 부르며 인생을 살아가는 대부분의 사람들과 마찬가지로 나는 어릴 때부터 아무도 강요하지 않았지만 듣기 좋은 우수에 젖은 가곡이나 애절한 가요가 있으면 열심히 배워서 밤낮없이 불렀다. 그리고 스스로 감정에 취해 눈물을 흘리기도 했다. 그러나 감정이 차차 지성으로 무장되자 대중가요와는 거리가 생겼고, 클래식에 가까운 감미로운 경음악에 귀를 기울이게 되었다.

20대 후반, 미국에서 대학원 과정을 밟고 있을 때 영화 〈닥터 지바고〉와 〈로미오와 줄리엣〉을 본 적이 있다. 그때 아름다운 장면에서 흘러나오던 슬프고도 우수에 찬, 그러면서도 감미롭기 그지없던 음악들을 지금도 잊을 수가 없다. 요즘도 길을 가다가, 아니면 밤늦게 라디오에서 그 음악 소리가 들리면 나는 발걸음을 멈추곤 한다. 왜냐하면 그 음악은 나에게 심한 충격을 주었던 '의사 지바고'의 사랑과 죽음은 물론 불타는 태양 아래 친구를 위해 거리에서 결투를 하다가 무참히 칼에 찔려 죽은 검객(劍客) 머큐시오의 처절한 모습과, 로미오와 줄리엣이 사랑할 때와 죽을 때의 아름다운 영상들을 꿈처럼 되살려주기 때문이다.

나는 이러한 종류의 세미 클래식을 한동안 좋아하다가 고전음악의 세계로 침잠해 들어갔다. 처음에는 다소 어렵고 무겁게 느껴졌지만, 귀를 기울이면 기울일수록 마치 멀리서 힘차게 울리는 종소리를 듣는 것처럼 마음을 신비스러운 소리의 힘으로 정화시켜주는 듯한 기분을 느끼게 됐다.

물론 고전음악에 감정이 없다는 이야기는 아니다. 그러나 클래식을 듣고 생기는 감정은 차가운 지성으로 순화라도 한 듯, 그렇게 맑고 깨끗할 수가 없다. 그래서 고전음악을 들을 때면 나는 적지 않은 감정의 동요를 느끼지만 그것은 감상(感傷)의 늪에서 벗어난 것이어서, 그 속에 투명한 질서가 잉태되어 있음을 감지하곤 한다.

가끔 심포니 오케스트라가 연주될 때 피아노 소리에 귀를 기울이면, 맑고 영롱한 물방울이 비 온 뒤 씻긴 사월의 풀잎 위로 떨어지는 소리를 듣고 있는 듯한 착각을 할 때가 있다. 어렸을 때는 쇠붙이를 때리는 망치 소리처럼 여운이 없고 너무나 단조롭다고만 생각했던 피아노 소리에 여물고 단단한 지적인 우아함이 있다는 것을 발견하고, 구성진 감정의 늪 속에 빠져 있는 듯한 오르간 소리보다 더욱 좋아하게 되었다.

그렇다고 해서 지난날에 그렇게 많이 불렀던 동요와 가곡 그리고 한국의 애환이 담겨 있는 흘러간 대중가요와 팝송을 외면하는 것은 아니다. 어쨌든 나는 시간의 대부분을 오페라와 실내악 그리고 영혼을 뒤흔들어놓는 듯한 교향곡과 함께 보낸다.

특히 음악회에 가서 심금을 울리는 위대한 심포니 오케스트라의 연주를 들을 때 무대 위에서 검은 예복을 입고 다양한 연주를 탁월하게 해내는 악사들을 대하면 나는 그들과 말없는 대화를 나누고 있다는 듯한 생각이 든다. 이를테면 검은 연미복을 입은 은발의 노련한 지휘자의 몸짓과 지휘봉에 따라 수많은 연주들이 저마다 독특한 소리를 내면서도 자연의 소리보다 더 아름다운 조화의 화음을 창조해낼 때, 그들이 나를 위해 그렇게 연주하고 있다고 혼자 생각하며 감사하곤 한다.

이렇게 고전음악과 함께 있을 때면 주변에 별다른 친구가 없더라도 고독을 느끼지 않으며, 심원한 음악과 함께 대화를 나누면서 삶의 제한된 시간을 낭비하지 않고 보낸다.

시간을 초월해서 들을 수 있는 클래식은 나를 음률의 물결 위에 태우고 짧은 시간이지만 많은 것의 진수를 맛보게 해준다. 비발디와 브람스는 내가 음악을 통해 계절의 변화와 봄의 숨결을 느끼도록 해준다. 그리고 비제는 〈카르멘〉을 통해서 정열이 무엇인지를 감각의 불꽃을 동원해 더욱더 절실하게 느끼게 해주고, 베토벤은 교향곡 9번을 통해 우리들로 하여금 혁명의 대열에 참가해서 인간 승리를 경험하게 해준다. 또 차이코프스키와 라흐마니노프 그리고 드보르작 등은 삶 속에 담겨 있는 낭반적인 우수를 감상적인 눈물 없이도 경험하게 해준다. 어찌 이것뿐이랴. 모차르트의 조곡(組曲)은 죽음에서 느끼는 슬픔을 지성의 경지까지 끌어올려 주고, 멘델스존은 신에게 다가갈 수 있는 음악 소리까지 들려준다.

나는 비록 학교에 나가서 문학을 가르치고 틈틈이 몇 줄의 글을 쓰며 근근이 살아가지만, 지적 생활

공간인 나의 작은 책상 위에는 아직도 읽을 책이 쌓여 있고, 비록 낡은 전축이지만 쉬지 않고 음악이 흐르기 때문에 적이 행복함을 느낀다. 다른 사람들이 볼 때는 큰 행복이 못 된다고 대수롭지 않게 생각할지도 모른다. 그러나 음악은 작은 행복이기 때문에 나에게는 더욱 소중하고 귀하다. 음악 역시 너무 큰 것을 내게 요구하지는 않을 것이다. 왜냐하면 음악의 아름다움은 큰 것만을 요구하지 않는 절제 속의 화음에 있기 때문이다.

멋의 참모습

◆◆

인간은 누구나 자기 얼굴을 거울에 비춰보고 다른 사람들에게 아름답게 보이고자 한다. 이와 같은 욕망은 어디에서 왔을까. 이런 물음은 꽃을 찾아 청산을 나는 범나비가 왜 그렇게 아름다우며, 소리 없는 공작새가 순간순간 왜 그렇게 찬란한 날개를 펴며, 봄날 뜨락에 피는 모란이 왜 그렇게 짙은 향기를 뿜고 있는지에 대한 설명으로 답할 수 있으리라.

그러면 우리가 우아하고 품격이 있는 사람들에게서 느끼는 이른바 '멋'이란 것도 이 같은 원시적인 욕망에서 연유한 것일까. 따지고 보면 '멋'에 대한 욕망의 시원(始原)은 거기에 있다고 말할 수 있겠다. 그러나 우리가 지성적으로 느끼는 '멋'은 자신을 타인에게 아름답게 보이려는 단순한 욕망으로만 이루어진 것이 아니다. 다시 말하면, '멋'은 자신을 밖으로 나타내려는 충동에서 이루어지는 것이 아니라, 그것을 억제하고 여과시켜 문화적으로 승화시키는 비밀에서 얻어지는 것이다. 서양의 현자들은 '멋'이란, 감정이나 감성을 지성으로 교육시키는 데서 얻어지는 것이라고 말했다. 그래서 나는 멋을 지성과 감성의 우아한 조화라고 말하고 싶다.

머리가 희끗희끗한 대학교수가 낡은 책가방을 들고 교정 언덕길을 올라가는 모습이나 훌륭한 업적을 쌓은 위대한 과학자가 실험실에서 플라스크를 들여다보며 실험을 하고 있는 모습을 보았을 때, 또 루빈스타인 같은 위대한 음악가가 화려한 무대 위에서 흰 머리카락을 휘날리며 웅장한 오케스트라를 지휘하는 모습을 보았을 때 그리고 사색의 주름이 깊은 대시인이 숲 속을 산책하는 것을 보거나, 고흐와 같은 위대한 예술가가 거울 앞에서 자화상을 그리고 있는 모습을 보았을 때 우리는 멋있다고 말한다.

곰곰이 생각해보면 그들이 나타내는 멋이란 결코 일순간에 얻어진 것이 아니라, 수십 개의 성상을 머리에 이고, 수많은 세월과 싸우면서 자신의 욕망과 속된 감정을 밝은 직관과 통찰력 그리고 거기에서 얻어지는 지성으로 억제하고 승화시켜 얻어낸 결과다.

나이가 많이 든 경우가 아니라도 좋다. 유명한 발레단에서 춤을 추는 무희들은 젊고 아름답게 느껴진다. 그들이 찬란한 무대 위에서 〈백조의 호수〉를 춤

추며 우아함의 극치를 보일 때나 혹은 천재적인 젊은 피아니스트가 피아노의 건반을 누르며 환상적으로 연주할 때 그들의 손짓 또한 지극히 아름답고 멋이 있어 보인다.

그러나 이들 예술가들이 그들 앞에 앉아 있는 관객들에게 자랑스럽게 보이고 그들의 주의를 끌고자 하는 욕망을 갖는다면 그렇게 아름답고 우아한 율동과 몸짓은 나오지 않는다. 그것은 수없이 많은 시간 동안 자기 자신의 원시적인 여러 가지 욕망을 예술로 승화시키기 위해 노력을 거듭한 끝에 얻어진 결과다. 비록 그들의 우아하고 멋있는 예술이 수많은 관객들에게 보이고자 하는 원시적인 욕망에서 시작된 부분이 없지 않다고 하더라도, 그것은 자기 초월과 승화를 위해 안으로 굽어드는 구심적인 자기 억제와 구도자적인 자기 통제가 만난 곳에서 이루어지는 것이다.

그렇다. 멋은 나를 남에게 노출시키거나 드러내 보이기 위해 값비싼 새 옷을 사 입는다고 생겨나는 것이 아니다. 마음이 맑지 못하고 혼탁하거나 어두운 사람은 아무리 좋은 옷을 걸친다 하더라도 어색하거나 조야해 보일 뿐이다. 좋은 옷이 그의 내면의 움직임과 조화를 이루지 못하기 때문이다.

이와 반대로 내면이 맑고 밝은 사람은 아무리 하찮은 옷을 걸치더라도 훌륭하고 멋있게 보일 수가 있다. 왜냐하면 내면과 외면이 일치되지 않는다 하더라도 내면적인 힘이 외면적인 것에 작용해서 신비로운 조화를 만들어내기 때문이다. 예수님이 누더기를 걸치고도 그렇게 멋있어 보였던 것도 이와 같은 이유가 아니었을까. 책을 많이 읽으면 얼굴색이 변하는 것 또한 이와 같은 이유가 아닐까.

나는 유행을 유난히 좇으면서 새 옷을 번갈아 갈아입는 사람들보다 유행이 지나간 옷이라도 자기 몸에 맞고 어울리는 옷을 입는 사람들에게서 진정한 멋을 발견한다. 만일 촌로가 유행의 첨단을 걷는 옷을 걸치고 종로 거리를 배회한다면 얼마나 우습게 보일까. 아마도 그의 참된 멋은 흰 무명 옷에 한복 두루마기를 입고 검은 갓을 머리 위에 반듯하게 썼을 때 나타날 것이다. 이러한 경우는 나이 든 할머니의 경우도 마찬가지리라.

나는 관광버스를 타고 이곳저곳 이름난 명소를 찾아다니며 나들이하는 할머니의 번쩍거리는 비단옷보다 묵묵히 가정을 지키면서 자라는 손주들의 새 이빨이 돋아나는 것을 지켜보며 좋아하는 할머니의

때 묻은 흰 옷이 훨씬 멋있게 느껴진다.

그래서인지 나는 가끔 낡은 사진첩 속에서 어머니가 단정하게 흰 옷을 입고, 지금은 남의 집이 된 옛 시골집의 지붕과 추녀 끝을 배경으로 찍은 사진과 그 우람한 대청마루의 기둥 앞에 입을 굳게 다물고 찍은 인상적인 사진들을 들여다보기 좋아한다.

지난밤에도 늦게까지 잠이 오지 않아서 그 옛날 사진첩을 뒤적이고 있는데, 어느 사이 잔망스러운 딸아이가 내 방으로 들어와서 할머니의 옛 모습이 담겨 있는 사진을 보고 "우리 할머니 참 멋있다"고 해서 깜짝 놀랐다. 그때 나는 아무 말 하지 않고 사진첩을 덮었지만, 순진한 딸아이의 감수성에 이상한 부끄러움을 느꼈다.

나는 어머니가 요즘 강남에 사는 누이동생이 사다 드린 주황색 비단옷을 입으시거나 때늦게 양장을 하고 나들이하시는 모습이 어울리지 않고 멋이 없다고 생각한다. 그래서 화려한 비단옷보다 모직으로 된 번쩍이지 않는 회색이나 검정색 치마저고리 한 벌과 두루마기를 마련해 드려야겠다고 마음먹었으나, 뜻대로 되지 않는 것이 나의 형편이다.

멋에 대한 이야기가 옷에 대한 이야기로 흘러가버

렸지만, 멋은 결코 단순히 유행의 첨단을 따르거나 외양적인 화장에서 오지 않는다는 사실을 강조하고 싶다. 그것은 오히려 자신의 참모습을 발견하기 위해 거울을 들여다보는 욕망에서 나올지도 모른다. 지나친 화장은 자연스러운 개성미를 가려서, 우리를 멋있게 만들기보다 오히려 천박하고 추하게 만든다. 누누이 말하지만, 훌륭한 멋은 사치스러운 의복과 같은 겉치레에서 오는 것이 아니다. 그것은 품위 있는 태도와 몸가짐 그리고 용기 있는 행동과 기지에 넘친 유머에 있다.

시인 조지훈이 "멋에 대한 미감은 풍류, 화려, 뇌락(磊落), 경쾌, 율동, 초탈의 미(美)에서 느끼는 것이다"라고 말한 것은 이와 같은 뜻이리라. 조지훈 시인의 표현처럼, '멋에 대한 미감'을 발견할 수 있다고 생각되는 행동이나 몸가짐에는 가벼운 것 같지만 무서운 정신적인 힘의 무게가 담겨 있고, 내면적인 힘과 외면적인 힘이 함께 어울려 신비스런 조화를 이루고 있다는 것을 우리는 감지할 수 있다.

그래서 나는 멋이란 다른 무엇보다 인간의 존엄성과 깊은 관계가 있다고 생각한다. 인간도 자연의 일부고 군자 또한 어떤 의미에서 자연인인데, 자기 자신을 남에게 나타내 보이고 또 상태편의 관심을 끌려는 욕망이 없을 수야 없겠지만, 우리는 이성과 의지 그리고 슬기로운 지혜의 힘으로 그것을 억제하고 통제해서 인간적인 모습으로 승화시켜야만 하겠다.

자세히 관찰해보면, 심산유곡에서 이름 모를 수많은 풀꽃을 찾아 나는 범나비는 물론, 꽃부채보다 찬란한 날개를 쉴 사이 없이 펴는 공작새도 아름다운 멋은 있다. 그러나 그것들에게서 발견하는 자연의 멋은 격조 높은 품격과 영혼의 빛을 가진 인간의 몸가짐에서 발견할 수 있는 멋과는 결코 비교할 수가 없다. 그래서 인간은 꽃을 찾아 나는 나비와 둥우리를 치는 새들과는 달리 어릴 때부터 잔잔한 수면이나 거울 속에서 자기의 얼굴을 찾아보려고 하는지도 모른다.

정원을 가꾸면서

♠♠

내가 지금 살고 있는 집은 회칠한 퇴락한 집이지만 쉽게 이곳에서 떠날 수는 없다. 그 동안 땀 흘리며 가꾸어온 작은 정원 때문이다. 이곳으로 이사를 온 까닭은 샘터가 있는 아카시아 산이 가까이 있기 때문이기도 했지만, 황폐하긴 했어도 이 집의 정원이 좋아서였다.

처음에 이사를 왔을 때, 정원은 폐원(廢園)이었다. 마을의 전설처럼 고목(古木)이 되어 짙은 그늘을 드리우며 지붕을 덮고 있었을 느티나무도 베어져 없고, 뜰 가운데 분수에서도 물이 나오지 않았다. 그래서 나는 잘려나간 고목 자리에다 고향의 대숲에 백년 가까이 서 있던 모과나무를 옮겨다가 심고, 무성하게 자라는 라일락나무 옆 담 울타리 주변에는 소나무 몇 그루를 단풍나무와 함께 심어 정원을 '숲 속의 빈 터'처럼 만들었다. 또 처음부터 심어져 있던 모란 옆에는 장미와 난 그리고 작약 등을 심었다. 현관 입구 쪽으로는 참죽나무를 심고 그 위에 능소화 줄기

를 올렸다. 해마다 봄이 되면 일년생 꽃들을 쉬지 않고 심었다.

경제적 여유도 없던 내가 왜 이렇게 작은 숲을 이루려고 결심했을까. 처음부터 화려한 정원을 꾸미려고 한 것은 아니었다. 지나친 햇빛 때문에 창 곁에 나무 몇 그루를 심고 싶었을 뿐이었다. 그러다가 얼마 후 자연에서 인생에 필요한 지혜를 배울 수 있다는 것을 발견하고 정원을 가꾸기로 했다.

그때 고향의 오래 된 모과나무가 가을이 되면 대숲 위로 황금빛 모과들을 주렁주렁 달고 쪽빛 하늘 아래 서 있던 모습이 생각났다. 나는 그것이 누구에게 팔려가서 베어지지나 않을까 두려웠다. 그래서 곧장 시골로 내려가서 지금은 돌아가신 할아버지께 모과나무를 서울에 옮겨 심도록 허락해주실 것을 간곡히 말씀드렸다. 처음에는 언짢으셨던지 아무 말씀을 않으시다가 내가 서울로 떠나올 무렵에야 큰 결심을 하신 듯, “대숲 속의 모과나무를 서울로 가져가면 자라나는 아이들이 보겠지” 하고 말씀하셨다.

온갖 정성과 노력을 기울여 서울 집 뜨락에 옮겨 심은 그 모과나무는 그렇게 수려하고 아름다울 수가 없었다. 그 큰 나무는 밑뿌리에서 첫째 번 굵은 가지가 뻗어나온 곳까지는 조금도 흐트러짐이 없이 결곡하게 자랐다. 그 높이가 장대 높이만큼이나 되어서 키 큰 사다리를 놓지 않고서는 아무도 올라갈 수 없었다. 이 나무를 볼 때마다 나무의 둥치가 이렇게 조각품처럼 아름다운 것은 곧은 대나무 속에서 자랐기 때문이라는 할아버지의 마지막 말씀이 생각났다.

또 정원에 소나무를 심게 된 것은 곧게 자라는 대숲 속에서 자란 그 우람한 모과나무의 아름다운 모습을 보고 나무에게서 많은 것을 배울 수 있다고 생각했기 때문이다. 소나무는 옮겨 심으면 잘 살지 못한다고 하지만, 바위틈에서 푸르게 서 있는 그 모습을 생각하고 몇 그루의 소나무를 옮겨다가 심었다. 옮겨 심은 소나무는 처음에는 몸살을 앓듯 시름시름 하더니 몇 년이 지나자 고고한 제 모습을 되찾았다.

소나무는 일단 뿌리가 깊게 내리면 봄에 수탉의 벼슬 모양의 순이 세 가닥으로 길게 돋아나서 뜨거운 여름 동안 완전한 솔잎 모양을 갖춘다. 솔잎은 여름의 태양이 뜨거우면 뜨거울수록 붉게 타지 않고 푸른 빛을 발한다. 소나무의 푸르름을 더 많이 보려면 세 개로 돋아나는 순 가운데 하나를 잘라주어야 한다. 그러면 그곳에서 또다시 세 개의 새로운 순이 나와 아름다운 소나무의 모습을 이룬다. 이것은 장미의 순 자르기와 비슷하다. 차이가 있다면 장미는 꽃이 시든 가지를 잘라주는 것이고, 소나무는 어린순을 잘라야 하는 점이다. 순을 친 소나무와 순을 치지 않은 소나무는 1년 사이에는 별 차이가 없어 보이지만 시간이 갈수록 다른 모습을 보인다.

소나무가 아무리 비바람 눈서리에 강하다고 할지라도 햇빛을 보지 못하는 그늘에 서 있으면 죽는다. 이것은 소나무 그늘 밑에서 꽃나무는 물론 잔디가 싱싱하게 자라지 못하는 경우와도 같다. 이 얼마나 놀라운가. 이것은 비바람과 눈 속에서도 늘 푸르게 서 있는 소나무 못지않게 삶에 대해 많은 진리를 가르쳐준다.

그러나 그늘에서 자라는 식물이 없는 것은 아니다. 소나무 밑은 그늘이 지기 때문에 이끼식물이 아니면 맥문동 또는 바위틈에서 자라는 설화를 심어야 한다. 마치 소우주와도 같은 정원이라는 좁은 공간을 처음 가꿀 때는 그늘에 심을 풀이나 화초가 없을 것이라 걱정을 하지만, 그늘에서 자랄 수 있는 식물이 있다. 아무리 못생기고 볼품없는 꽃이라도 자연의 풍경을 유기적으로 아름답게 만드는데 제몫을 한다.

정원을 가꾸면서 배울 수 있는 삶의 지혜와 우주의 뜻은 이것만이 아니다. 불타는 듯이 뜨거운 한여름에만 피는 능소화는 그 찬란한 꽃을 붉게 피우기 위해 검은 참죽나무 둥치에다 몸을 감고 하늘 높이 올라갔다가 잠시 머물다 떨어져서 장렬한 죽음을 맞는다.

모란과 난초에게서도 배울 것이 있다. 모란은 오월에 잠깐 피었다가 지지만, 그 꽃향기는 멀리멀리 퍼져간다. 모란의 향기가 그렇게 멀리까지 갈 수 있는 것은 꽃이 피는 시간이 짧기 때문이 아닐까. 난의 경우도 마찬가지가 아닐까. 짙은 보라색 꽃을 피우는 난이 우아하고 아름답게 보이는 것은 짧게 피었다가 지는 운명 때문인지도 모른다.

어느 해 이른 봄, 우리 집을 자주 찾아주었던 마음씨 좋은 정원사가 심산(深山)에서 보았다는 창포과에 속하는 야생란 몇 뿌리를 가져다 심어주었다. 그것은 강인한 생명력을 가지고 해마다 유월이 되면 깨끗하고 아름다운 진보라 꽃을 피워 뜨락에 신선한 초여름 빛을 한껏 가져다준다. 지란(芝蘭)의 품위를 지닌 이 야생 란은 아이리스와는 달리 여름의 문턱이지만 차가움을 느낄 정도로 청초하다.

이 야생 란의 꽃을 볼 수 있는 시간은 봄바람 속에

소리 없이 피었다 져버리는 목련꽃만큼이나 순간적이다. 그 꽃이 그렇게 덧없이 빨리 지는 것은 너무 오랫동안 피어서 지루하게 되는 것을 피하기 위함일까. 아니면 산 속에서처럼 그 고고함을 지키기 위해 고독의 절제와 견인력으로 자신의 얼굴을 감추어 버리기 때문일까.

우리 집 정원은 언제나 살아 있기 때문에 그 야생란이 지고 나면 수조(水槽)에 심어놓은 옥잠화가 그 아름답고 우아한 자주꽃을 피우기 위해 여름으로 자란다. 작은 연꽃을 닮은 옥잠화는 무더운 여름부터 따가운 햇살이 쏟아지는 초가을까지 물 위에서 자라지만, 그 꽃을 보기는 쉽지 않다. 마치 사람의 눈을 피해서 잠시 피었다가 지는 듯이, 무심코 창밖을 내다보면 그 얼굴이 보였다가 한참 후 돌아다보면 사라지고 없다. 그것이 장마 속에서도 꽃을 피우지만, 어두운 저녁이면 눈을 감고 아침의 밝은 빛 속에서 그 아리따운 자태를 나타내는 것은 달빛 비치는 어두운 밤에만 피는 달맞이꽃이나 상(喪)을 당한 여인과 같은 박꽃보다는 한결 건강하다고 생각된다.

붉은 단풍나무는 척박한 땅에서만 불타는 듯이 붉게 물이 드는데, 만일 습한 곳에 심어져 있게 되면 그것이 지닌 아름다운 붉은 색은 녹색도 아닌 칙칙하고 추한 색으로 퇴색되어 버리고 만다. 석류나무는 한 해 자란 가지에서는 결코 꽃을 피우지 않는다. 보석상자와 같은 석류는 몇 해 묵은 가지에서 붉은 석류꽃을 수없이 피운 후 몇 개만이 남아 열매를 맺는다. 또 늦가을에 피는 국화꽃은 초가을의 국화꽃보다 그 향기가 더욱 짙다.

나에게 삶의 원리와 지혜를 가져다주는 것은 정원에 서 있는 나무와 꽃들만이 아니다. 정원을 가꾸는 일 역시 언제나 심원한 진리를 가르쳐준다. 정원은 노력을 들인 만큼 기쁨을 가져다준다. 내가 꽃나무에 열심히 꽃을 피우면 나비가 날아와서 그 아름다운 날갯짓을 하고 벌들이 찾아와 붕붕거리며 자연의 음악소리를 들려준다. 잔디밭을 열심히 김 매어주고, 겨울 감나무에 빨갛게 익은 감을 따지 않고 몇 개 먹이로 남겨두면, 까치들이 날아와 인사를 한다.

나는 정원을 가꾸면서 세상이란 주어진 것이 아니고 스스로 만들어가고 또 누군가와 함께 만들어나가야만 한다는 것을 배운다. 우리의 삶도 이러한 노력과 다를 바가 있을까. 나는 아침마다 뜨락에 내려와 이와 같은 질문을 수없이 던진다.

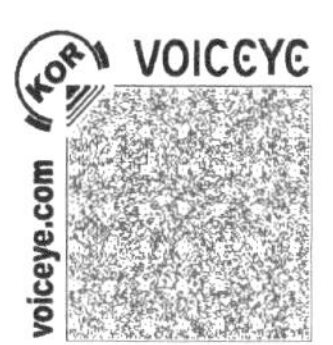

새벽 등산

♠♠

알피니스트들에게 산을 왜 오르냐고 물으면, "산이 거기에 있기 때문"이라고 대답한다. 지극히 모호한 말이지만, 그것은 산이라는 대상을 정복해야만 하는 그들의 욕망을 표현해준다. 그러나 이 말엔 설명할 수 없는 또 다른 의미가 숨어 있는 듯하다. 즉 그들은 자신들 앞에 저만치 높이 서 있는 산이 지닌 신비를 알고자 해서 산을 오르는지도 모른다.

그렇다. 산은 멀리서 그리고 가까이서 우리들 앞에 우뚝 서서 계절에 따라 변화를 보이면서 우리를 유혹한다. 그래서 산을 오르지 않는 사람들도 마치 어린 소년이 흘러가는 구름을 보듯, 아니 신비에 가득 찬 알지 못할 자기 앞의 생을 바라보듯 그것을 바라본다.

산을 오르지 않고, 또 산을 가까이 접해보지 않은 사람은 산이 지닌 그 신비를 발견하지 못한다. 그들은 "산에 무엇이 있는가. 그곳에는 나무와 바위, 가시넘불과 산짐승의 울음 그리고 태고의 정적밖에 없다"고 말할 뿐이다.

그러나 산을 알고 산을 즐겨 오르는 사람들은 산의 신비를 발견하고 그것과 더불어 호흡한다. 그들이 산과 더불어 나누는 침묵의 대화는 아무도 들을 수 없지만, 그것은 하늘보다도 높고 바다보다도 깊다. 우선 그들이 산을 가까이 대하고 오를 때는 어지러운 마음에서 벗어나 자연인 본연의 자세로 돌아가는 기쁨을 맛볼 수 있다. 그 기쁨이 얼마나 크고 깊은지는 직접 경험하지 않고서는 말할 수 없다.

나는 전문적인 등산가도 아니고 높은 산을 구름이 지나가듯 가볍게 넘어가는 신화 속 도인 또한 아니다.

그러나 얼마 전부터 불면증을 없애기 위해 새벽 등산을 시작한 이래 산이 지닌 무한한 아름다움과 신비는 물론 산을 오르내리는 과정에서 귀중한 삶의 철학을 터득하게 되었다. 그것은 정상에 오르면 내려와야 한다는 사실만이 아니다.

내가 오르는 산은 창문을 열면 바로 눈앞에 보이는 나지막한 야산에 불과하다. 그러나 이 백련산은 등산 경험이라고는 전혀 없는 나에게는 여간 높은 산이 아니었다. 어두운 새벽에 발바리 검둥이를 앞세우고 대문을 나서서 산을 줄달음치듯 오르지만, 산정까지는 한 시간이 족히 걸린다. 그리고 아스팔트 길만 천천히 걸어 다녔던 나에게는 비록 완만한 산길이라도 깎아지른 절벽길만큼이나 힘이 든다.

그러나 수은주가 영하 10도를 가리키는 날에도 빠뜨리지 않고 산 위에 올라가서 땀을 흘리는 나를 발견하였을 때 나는 잃어버린 삶의 기쁨을 되찾은 듯한 만족감을 느낀다. 심신을 허물어뜨리는 불면증 속에서 욕망과 좌절의 늪 속으로 빠져들어가던 불쾌감과 죄의식은 물론 미라처럼 나를 얽어매던 사슬도 사라지고, 새로운 세계에 들어온 듯한 느낌을 갖는다.

산 아래로 내려다보이는 불빛은 아테네 항구에서 보았던 그것처럼 아름다웠고, 새벽의 여명과 더불어 산 아래로 펼쳐지는 도시의 기하학적인 구도와 그 사이로 흐르는 한강의 은빛 물줄기는 잃어버린 유년 시절의 낙원을 연상시킨다. 옆으로 돌다보면 갈색 산등성이가 병풍처럼 도시의 주변을 둘러싸고 있다. 그리고 백련산 등산길은 산정 위로 2킬로미터 정도 서쪽으로 뻗어 있다.

그러나 이 산길은 올라갈 때의 경사진 험한 길과는 달리 '강나루 밀밭길'만큼이나 평탄하고 순탄한 느낌을 준다. 아무리 산정 위의 길이라 하더라도 오르내림의 기복이 없을 수는 없지만 가파른 산을 숨 가쁘게 올라온 사람에게는 산 위의 길이 그렇게 느껴진다. 산 위로 올랐을 때 나를 즐겁게 하는 것은 맑은 새벽 공기와 이름 모를 나목들, 오솔길을 따라 서 있는 억새풀 그리고 여기저기 솟아 있는 둥근 바위들이다.

언제부터인지 몰라도 산 위에 앉아 있는 바위의 얼굴이 좋아 보이고 여름의 푸른 억새풀보다 가을과 겨울의 억새풀에 마음이 더 간다. 산 속에서 추위와 바람, 고독과 싸우면서도 움직이지 않고 서 있기 때문일까. 아무튼 산 위에 무리지어 서 있는 갈색 억새풀들은 단순한 풀숲으로 보이지 않고 찬란한 황금빛을 발하는 장군의 수염같이 보인다. 그래서 매일 새벽에 오르는 산길이지만, 나는 산 위에서 억새풀만 만나면, 깊은 생각에 젖어 바쁜 아침 등산길의 발걸음을 늦춘다.

자작나무와 아카시아 숲을 지나고 마지막으로 소나무 숲을 거쳐 둥근 바위에 오르면, 어둠 속에 날이 밝아오는 것이 보인다. 북쪽 산기슭 아래 서 있는 수많은 침엽수 사이로 밝아오는 새벽의 자연만이 지닌 아름다운 빛이다. 그리고 어둠과 밝음이 교차하는 숲은 그 어느 것과도 비교할 수 없는 아름다운 자연의 풍경화를 그리고 있다.

나는 이것을 내려다보는 순간 나무와 나무 사이로 흐르는 엷은 신비의 자줏빛에 현혹되고 만다. 이 순간 나의 귀에는 아무것도 들리지 않고 마치 자연과 내가 일치된 듯한 무아(無我)의 경지에 빠진다. 그래서 새벽 달을 보고 산을 오를 때는 언제나 자작나무와 침엽수 숲 사이로 밝아오는 아침의 빛을 바라보기 위해 둥근 바위 위에 오랫동안 앉아서 깊은 생각에 빠진다.

산에 오르지 않는 사람에게 산은 단순히 바위와 나무 그리고 가시덤불로 되어 있다. 그러나 산을 오르는 사람에게 산은 단순한 바위와 흙더미가 아니라, 자연과 더불어 호흡하는 거대한 유기체다. 바윗돌 하나, 나무 한 그루도 산이라는 유기체 속에 있을 때 아름답지, 산으로부터 떼어놓으면 거기에 있을 때보다 결코 아름답지 않을 것이다.

남들이 이불 속에서 잠을 자고 있는 새벽에 높은 산정에 올라갈 수 있는 나 자신에 대해 감사한다. 때로는 나를 이곳으로 올려 보낸 불면증에게도 고마움을 느낀다. 나는 매일 어두운 새벽, 가파른 등산길을 오르내리면서 불면증의 악몽과 산 타기의 어려움을 비교하고 싶은 생각을 어렴풋이 갖는다. 왜냐하면 우리의 삶, 그 어느 곳에서는 아픔이 기쁨의 조건이라는 사실을 다시금 인식하기 때문이다.

'필요악이란 말도 이러한 모순된 삶의 구조에서 온 것이 아닐까' 하고 나는 매일 아침 새벽 산을 내려오면서 생각한다. 그리고 높은 산 위에 있는 것이 낮은 곳에 있는 것보다 왜 더 아름답고 찬란하게 보이는지 깨닫는다. 킬리만자로의 눈 속에 묻혀 죽은 표범은 이유가 있었기 때문에 그곳의 정상까지 올라갔으리라. 신비의 산꼭대기에 쌓인 차가운 눈이 그의 육신을 썩지 않게 만들 것이라는 사실을 알지는 못했더라도 그 정상의 아름다운 흰 눈이 그를 부르지 않았을까.

아침마다 두 시간씩 산을 탄다는 것은 여간 힘겨운 일이 아니다. 늦게 침상에 들어가 이른 새벽에 이불을 박차고 일어나기란 정말 힘겹다. 그러나 나는 산을 정복하는 기쁨과 시정 어린 맑은 새벽의 겨울 풍경이 산 위에서 나를 기다리고 있는 것을 너무나 잘 안다. 어찌 그 산의 마력을 멀리 할 수 있을까.

지금은 추운 겨울이지만, 봄이 오면 나뭇가지에는 새싹이 나오고 나무둥치는 소리를 내며 수액을 힘차게 빨아올릴 것이다. 그때 산에서는 짙은 송진 냄새

와 아카시아 향기가 맑은 공기 속에 싱그럽게 퍼질 것이다. 장군의 수염 같은 황금색 억새풀에도 속잎이 날 것이고, 길섶을 조금만 빠져나가면 이름 모를 무덤가에 부드러운 우단 잎 속에 싸여 있는 할미꽃도 찾아볼 수 있을 것이다.

산을 오르지 않는다면, 어떻게 이처럼 아름다운 신비를 발견할 수 있겠는가. 다가오는 새해에는 산 밑의 길 위에서 봄을 맞이하는 아픔 속에 신음하지 않고, 건강한 몸으로 산 위에서 봄을 맞이할 수 있기를 기대해본다.

산 속의 아름다운 풀꽃은 산 위에서만 수없이 피고 진다. 그래서 그것을 볼 수 있는 자는 산 위에 오를 수 있는 사람뿐이다. 신비스런 여명의 산 빛이 깨우쳐주는 것을 볼 수 있는 사람은 새벽에 산을 오르는 자뿐이다.

낙엽

♠♠

여러 해 전 어느 늦가을 오후, 잠시 머물던 스탠퍼드 대학에서 그리 멀리 떨어지지 않은 멜로 파크 부근에 위치한 어느 초라한 헌책방에서 우연히 파블로 피카소가 78세에 제작한 리놀륨 판화집을 한 권 샀다.

비록 복제한 것들이지만 그 책 속에 있는 아름답고 신비스러운 그림들은 내가 처음 대하는 것이기 때문인지, 생에 대해 많은 일깨움과 감동을 주었다.

이 화집 속의 판화들은 주로 삶에 취해서 춤을 추는 주신(酒神)의 마스크를 쓴 사람들의 추상적인 형상과 풍만하고 아름다운 여인 그리고 힘센 황소와 젊은 투우사에 관한 것이었다.

그런데 이러한 그림들이 나의 마음에 지울 수 없는 충격적인 인상을 준 것은 뜨거운 정열과 생명력에 넘쳐 푸른 하늘을 바라보며 검은 땅 위에서 나팔을 불며 춤을 추는 사람들의 아름다운 몸짓, 무서운 힘을 가진 황소와 희롱하듯 투우를 하는 투우사의 모습 그리고 악기를 연주하는 풍만한 여인의 나체와 젊은

여인의 우아한 얼굴들이 모두 흙빛으로 채색되어 있다는 점이었다.

짙은 황토색이나 회색 그리고 검은색은 생명력을 나타내는 원색과는 달리 보통 죽음을 나타내는 색깔이지만, 천재 화가 피카소가 그 흙빛으로 그린 판화는 누가 보아도 죽음이 아닌 생명력으로 가득 차 있었다.

78세의 피카소는 고향인 스페인 풍경을 회상하며, 왜 생명력을 원색이 아닌 흙빛으로 그렸을까. 아마도 그것은 그가 만년에 흙이 죽음이 아니라, 생명의 모태임을 우주적인 차원에서 깨달았기 때문이리라. 나 역시 피카소가 황색과 짙은 갈색 그리고 흑색으로 그린 이 심오한 판화를 보고 흙이 지닌 가치와 의미를 새로이 발견했다.

내가 흙이 지닌 이러한 숨은 뜻을 새삼스럽게 찾게 된 것은 샌프란시스코에서 그리 멀지 않은 이곳 스탠퍼드 대학촌인 팔로 알토의 거리를 걸으면서, 시야에 들어오는 아름다운 대상들로부터 흙과 나무 그리고 삶에 대한 명상을 위한 새로운 마음의 충전을 받았기 때문이다.

차가 없기도 했지만, 나는 초라한 숙소에서 학교까지 걸어가는 것을 좋아했다. 내가 머물던 아파트에서 그리 멀지 않은 곳에 버스 정류장이 있기 때문에 그곳에서 차를 타고 대학의 중심부까지 쉽게 갈 수 있었지만 나는 굳이 사오십 분을 걸어서 학교 정문 앞에 있는 팔로 알토 역까지 갔다.

거기서 나는 빨갛게 익은 사철나무 열매가 무리지어 열려 있는 생울타리가 바라다보이는 벤치에 잠시 앉았다가 진홍빛 대학 셔틀버스가 오면 그것을 타고 대학 도서관 앞까지 갔다. 바쁜 시간에도 이렇게 팔로 알토 역 벤치가 있는 곳까지 걸어간 것은 버스를 타고 가면, 학교 가는 길 주변에 있는 아름다운 풍경을 볼 기회를 모두 다 놓쳐버리기 때문이었다.

이른 아침, 멕시코 사람들이 많이 살고 있는 좁은 길목을 빠져나와 울창한 숲이 있는 계곡에 걸려 있는 나무다리를 건너서 인적이 드문 주택가를 한참 걸어가면, 팔로 알토 '다운타운'으로 가는 두 갈래 길을 만난다.

자동차가 별로 다니지 않는 주택가 도로를 따라 우체국 앞을 지나 팔로 알토 역까지 오면 40분이 족히 걸리지만, 그 길을 걷는 기분은 그렇게 상쾌할 수가 없었다.

그러나 학교 가는 길은 이른 아침보다 정오에 가까운 시간이 더욱 좋다. 비록 누추하지만 나의 보금자리인 침소에서 아침나절 책을 읽다가 정오쯤 되어 방문을 열고 아파트 나무 계단을 내려와서 학교로 가는 길을 나설라치면, 해가 하늘 높이 떠올라 찬란한 햇빛으로 빛나는 하얀 그 길이 그렇게 한적하게 보일 수가 없었다.

나는 길을 걸으면서 이따금씩 조용한 아스팔트 위를 쏜살같이 지나가는 청소년들의 자전거 바퀴가 투명한 햇살에 비쳐 은빛으로 빛나는 것을 보았다. 그리고 길 주변에 있는 붉은 지붕을 가진 아치형 하얀 집들, 푸른 하늘 위로 거인의 부챗살처럼 수많은 가지를 펼치고 있는 이름 모를 수많은 고목, 회색빛으로 퇴색한 나무십자가가 있는 작은 마을 교회, 계곡 갈림길에 장승처럼 서 있는 한 쌍의 키 큰 선인장 등이 반갑고 신비하게 나의 시야에 들어옴을 발견했다.

그래서 나는 반백이 되었지만, 룩색 모양의 책가방을 등에 짊어지고 여기저기 높다랗게 서 있는 야자수 위로 푸른 하늘을 바라다보면서, 그 아름다운 길을 걸었다.

이따금씩 그 지방 특유의 건축양식으로 지은 집들과 다채로운 꽃다발로 장식한 현관 그리고 풀 냄새 나는 정원들이 발걸음을 멈추게 했다. 한 번은 길을 걷다가 귤이 주렁주렁 무겁게 열려 있는 나무 밑 흙밭에 노랗게 잘 익은 귤이 탱자처럼 떨어져 있는 것을 보고는 며칠을 두고 그곳에서 발걸음을 멈추고 그림 속 정물을 바라보듯 보았다.

길을 걷다가 정원을 손질하는 중년 부인을 만나면, 그들은 친절하게 인사를 건네곤 했다. 또 얼마간 시간 여유가 있는 날이면, 학교 가는 길을 걷다가 주택가가 끝나고 다운타운이 시작되는 길모퉁이에 있는 다락방 모양의 헌책방에 들렀다.

어느 날에는 그곳에서 고흐의 자화상을 모은 화집과 비트겐슈타인의 자서전을 사들고 어두침침한 그 서점 문을 열고 나왔더니, 조용한 팔로 알토 거리에 비치는 정오의 햇빛이 너무나 찬란하게 빛나고 있어서 눈을 뜰 수가 없었다.

학교로 가는 길 주변에 있는 이렇게 아름다운 모습들은 나에게 언제나 적지 않은 정신적인 '행복한 충격'을 주었다. 특히 아름다운 작고 큰 나무들과 그 밑에 떨어진 추색(秋色)으로 물든 낙엽들 그리고 그 나무들과 가을에 피는 아름다운 꽃들을 뿌리에서부터 보이지 않게 감싸고 받쳐주는 검은 빛깔의 기름진 흙밭은 침묵을 지킨 채 말이 없지만, 나는 그것들을

사색의 대상으로 삼고, 그것들이 지닌 신비스러운 미를 생각하며 명상에 잠겨 그들과 끝없는 대화를 나누었다.

그해 11월이 끝나갈 무렵, 나는 역시 학교 가는 길에 어느 집 정원에 서 있는 아담한 나무 아래에 원색으로 아름답게 물든 기하학적인 별 모양의 잎새들이 검은 흙밭 위에 조용히 떨어져 아름다운 수를 놓고 있는 것을 보았다.

그래서 한참 동안 그 작은 뜨락에 낙엽 져 있는 아름다운 가을 풍경을 멍하니 바라보다가 그곳을 떠나 한 블록을 지나 학교 쪽으로 걸어갔더니, 다음 길목에서 있는 높다란 은행나무 숲에서 은행잎들이 무수히 떨어져 온 거리가 황금빛으로 불타고 있었다. 나는 그 황금빛 낙엽을 물끄러미 바라보다가 시간이 늦어 학교 가는 발걸음을 재촉해야만 했다.

그러다 그날 여전히 팔로 알토 역 앞, 그 벤치에 땀을 흘리면서 걸어오기까지, 조금 전에 보았던 그 낙엽들이 왜 유난히 아름답게 보이는가 하는 의문에 사로잡혔다. 나는 그날 밤 이국땅의 빈 방에서 고독을 씹으면서 자정이 넘도록 그 문제를 생각하느라 잠을 이루지 못했다. 심한 불면증 속에서 새벽녘 가까이 되어서야 겨우 나름대로 서툰 결론을 얻었다. 즉 가을에 떨어진 나뭇잎들이 그렇게 현란한 빛을 발하는 것은 팔로 알토 특유의 축복받은 따뜻한 기후와 찬란한 햇빛 그리고 구름 한 점 없는 푸른 하늘 때문이기도 하겠지만, 그것보다는 결코 얼지 않는 땅 속에서 모든 것이 유난히 잘 썩어 만들어진 검은 흙 때문이 아닐까 하는 생각이었다.

틀림없이 몇 년을 두고, 아니 수십 년, 수백 년을 두고 그렇게 불타는 듯이 찬란한 빛을 발하는 수많은 아름다운 낙엽들이 땅 위에 떨어져 밀알처럼 썩어, 하늘을 향해 자라는 나무들이 심어져 있는 흙을 더욱 검게 만들었기 때문이리라. 먼 훗날 언제 그곳을 다시 찾게 되면, 그해 늦가을 보았던 그 아름답고 찬란한 낙엽들보다 더욱더 아름다운 나뭇잎들이 땅 위에 떨어져 찬란하고 투명한 빛을 발하는 것을 보게 될 것이다. 왜냐하면 그해 내가 보았던 잎들이 해마다 무수히 떨어져서 흙 속에서 썩어, 그 나무들을 키우고 있는 땅 속의 흙이 더욱더 검은빛을 띨 만큼 기름지게 만들기 때문일 것이다.

그 후 얼마간 시간이 지나, 땅에 떨어진 그 찬란하고 아름다웠던 나뭇잎들이 결코 얼지 않는 팔로 알토 지방의 흙 속에서 모두 다 새까맣게 썩어갈 무렵, 나는 금세기 최고의 극작가 가운데 한 사람인 사무엘 베케트, 위대한 지휘자 카라얀, 소련의 과학자 사하로프가 죽었다는 소식을 들었다. 그리고 또 한국에서는 '평범한 것 가운데서 비범한 것'을 찾았던 일석(一石) 이희승 선생이 돌아가셨다는 슬픈 소식을 접했다. 고교시절에 그분의 수필집 《딸깍발이》를 읽고 한국인의 선비 정신이 무엇인지를 깨닫고 얼마나 깊은 감동을 받았던가.

또 나는 새해 이튿날 아침, 나를 무척 아끼고 이끌어 주셨던 벽안의 동료 신부 한 분이 지난 가을에 돌아가셨다는 소식을 뒤늦게 들었다. 연전에 회갑은 지나셨으나 돌아가셨다는 부음을 접하니 너무나도 슬펐다.

새해 인사를 온 유학생 제자에게 그 소식을 들었을 때는 충격 때문에 의식이 몽롱했고, 시간이 지날수록 가슴이 아파와서 소리없이 오열이라도 하고 싶었다. 정말이지 그 신부님이 돌아가셨다는 소식을 접했을 때 나는 그전 해 무더운 여름날 돌아가신 할아버지의 상여 뒤를 따랐을 때만큼이나 슬펐다.

다만 나는 창밖으로 몇 점의 구름이 떠 있는 겨울 하늘 아래, 거인처럼 팔을 펼치고 있는 나목이 된

잡목 숲을 바라보면서 카라얀, 사하로프, 베케트, 일석 선생 그리고 숨어서 일한 위대한 교육자였던 그 신부님의 생애와 내가 그해 늦가을 팔로 알토 거리를 걷다가 보았던 아름답고 찬란했던 낙엽들의 모습과 그것들이 썩어 된 흙의 비밀을 무심결에 비교하면서 깊은 상념에 빠졌다.

나 역시 얼마 있지 않아 쉴 새 없이 부는 바람과 강물처럼 흐르는 시간 속에서 하늘을 향해 높이 자라고 있는 나무에서 떨어지는 낙엽과 같은 처지가 되겠지만, 그분들이 일생을 두고 물들인 듯한 그해 늦가을의 잎새들만큼 아름답고 찬란하지는 못하리라.

비록 그분들은 가셨지만, 해마다 가을이 되면 그분들이 묻혀 있는 나무 밑 흙무덤 위에는 붉게 물든 또 다른 낙엽들이 꽃처럼 떨어져 아름다운 수를 놓을 것이라 생각한다.

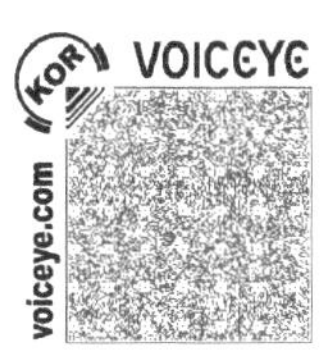

문명의 자취

여행을 하는 사람은 자유롭다. 칡넝쿨처럼 얽힌 갈등 속에서 살아가는 사람들도 도망자가 아니라면 여행길에서는 자유롭다. 나 역시 다른 사람들과 마찬가지로 여행길에 오르면 모든 것을 잊고 순간적으로나마 자유로워져서 새로운 것을 찾아 배회한다.

해외 여행길에 오르면 나는 조용한 미술관이나 박물관 그리고 유명한 대학 도서관을 즐겨 찾는다. 먼 나라를 여행할 때마다 어김없이 문화의 광장을 찾는 것은 특별히 시간 여유가 있어서라기보다는 자유로운 마음의 상태에서 인간이 상상력을 통해 이룩해놓은 위대한 예술품을 보고 잠자는 의식을 깨우칠 새로운 충격을 얻기 위한 무의식적인 갈망 때문이리라.

어느 해 여름방학 미국을 방문했을 때도 워싱턴 국립미술관을 찾는 것을 잊지 않았다. 나의 감수성은 흐르는 세월과 함께 무디어졌지만, 그래도 웅장한 화랑을 배회하며 여기저기 넓은 공간에 서 있거나 걸려 있는 위대한 예술품을 보았을 때 받은 충격은 더할 나위 없이 새로웠다. 그림 속에 담겨 있는 무수한 인간적인 표정은 실제 그것보다 한결 더 깊고 심오해서, 다시금 인간이 무엇인가 깊이 생각하고 또 생각했다.

크고 작은 수많은 화폭에 그려진 인간의 표정이 우울하면 우울해서 좋고, 화사하면 화사해서 좋았다. 또 자연의 풍경을 담은 화폭은 자연 그 자체가 전해주는 것보다 다른 차원에서의 아름다움과 신비를 나타내주었다. 모네의 수채화는 수초의 아름다움에 대한 새로운 인상을 나에게 심어주었다.

사색하는 인간의 모습과 세월과 싸우는 인간의 의연한 모습을 대리석이나 청동에다 조각한 미술품은 탁월하고 독특한 조형미를 통해서 인간의 특성과 개성을 우리 눈에 새롭게 조명하고 있었다. 특히 청동으로 빚은 조각품을 통해 인간의 얼굴에서는 쉽게 읽을 수 없었던 위대한 인간 정신과 그 깊은 의미를 찾아볼 수 있었다. 위대한 조각가들이 인간의 표정이나 모습 가운데서 순간적으로 나타나는 진귀한 일순을 포착해서 청동으로 영원히 고정시켜 놓았기 때문일 것이다.

그런데 내가 그때 워싱턴 국립미술관에서 발견한

새로운 충격은 그 아름다운 그림들과 정교하게 끌질을 한 생명력 넘치는 조각품에서만 오는 것이 아니었다. 그것은 미술관에 소장되어 있는 예술품에 얽힌 사연과 역사에서 비롯되었다.

물론 나는 넓은 화랑에 걸려 있는 훌륭한 그림들을 보고 그것들을 그린 화가가 누구인지를 발견하고 놀라움을 금치 못했다. 그들은 드가와 세잔, 고흐와 고갱 그리고 피카소와 샤갈 같은 화가들과 내가 익히 알고 있던 로댕 같은 조각가였다. 나는 그들의 이름 아래 또 다른 이름 하나가 새겨져 있는 것을 발견하고 유심히 보았는데, 그 이름들은 그 값진 그림들을 미술관에 기증한 사람들의 이름이었다.

그 값비싼 그림과 조각품을 기증한 사람들의 수가 적었더라면 그들의 이름을 무심히 보고 지나쳤을지도 모른다. 그러나 그렇게도 진귀한 미술품을 기증한 사람들이 수없이 많은 것을 보고 충격과 고마움을 느꼈다. 정말 나는 그곳에 소장되어 있는 대부분의 미술품들이 시민들의 기증품이란 사실을 알고 놀랐다.

미술관을 나와 폭염 속에서 거리를 걸으면서도 천문학적인 화폐 가치를 지닌 미술품을 서슴없이 국립미술관으로 보낸 사람들을 생각하니 나 자신이 부끄러웠다.

그날 밤 호텔로 돌아와서 자리에 누웠으나 낮에 미술관에서 본 값진 명화와 조각품들을 기증한 사람들의 이름이 자꾸만 떠올라 잠을 이룰 수가 없었다. 그렇게 값진 세계적인 미술품을 기증한 사람들이 남보다 특별히 부유하거나 미술품의 가치를 이해하는 능력이 부족했기 때문은 결코 아니었을 것이다.

아마 그것과는 정반대였을 것이다. 그들은 한때 소장했던 그림과 조각품들을 너무나 아끼고 사랑했기 때문에 그것들을 영구히 보존하기 위해서 나라에 기증했을 것이다. 그러나 그것만이 모든 이유는 아니었으리라.

그들은 소장하고 있었던 미술품을 통해 예술을 창조하는 인간이 얼마나 위대한지를 많은 사람들에게 알리고 싶었을 것이다. 아마 그들은 나와 같은 이방인도 그곳 미술관에 들러 위대한 예술가들이 이룩한 창조적인 업적을 통해 새로운 충격을 받고 인간 가치가 무엇인가를 새로이 확인하고 돌아가기를 바랐을지도 모른다.

나는 10여 년 전에 프랑스 퐁피두 현대미술관을 두 차례 방문할 기회를 가졌다. 거리의 악사들이 잿빛 구름이 드리워진 파리의 하늘을 등지고 미술관

앞에서 바이올린으로 슬픈 음악을 연주하는 것을 보고 생의 애환 속에 어린, 삶의 아픔과 아름다움을 느낀 적이 있었다.

미술관으로 들어가 벽에 걸려 있는 그림과 공간 속에 세워져 있는 수많은 조각품들을 보고 나는 감동적인 슬픔에 심하게 충격을 받았다. 그때에도 나는 피카소와 샤갈의 그림 앞에서 인간이 무엇이며, 삶이 무엇인지에 대해 수없이 혼자 물었고, 천재들 앞에서 내가 너무나 왜소한 데 대해 부끄러움을 느끼고 통곡하고 싶었다.

나는 워싱턴과 뉴욕을 거쳐 20여 년 전 공부했던 미국 남부의 유서 깊은 대학촌으로 내려갔다. 미국에 가면 이 대학촌을 찾게 되는 것은 내가 교직에 있기 때문이기도 하겠지만, 나의 젊은 시절을 학문에 대한 열망으로 불태웠넌 현장을 찾아보기 위함이다.

나는 울창한 원시림과도 같은 우람한 느티나무가 여기저기 서 있는 교정의 잔디밭을 지나 '지식의 샘'을 상징하는 올드 웰(Old Well) 샘터를 찾아 목을 축인 후, 조국에 대한 의무를 다하기 위해 맨발로 남북전쟁에 참가했던 젊은 대학생들의 동상 앞을 지나

육중한 돌기둥으로 세워져 그리스의 건축양식 모양을 한 '루이스 윌슨' 중앙도서관 문을 열고 들어섰다.

이곳은 내가 젊은 날, 밤낮없이 일하면서도 하루도 빠짐없이 찾던 곳이다. 이 커다란 도서관 건물 안으로 들어갔을 때 주변의 모든 것은 옛날과 다름없이 익숙했고, 내부의 공기는 뜨거운 태양 아래 후덥지근한 바깥의 대기와는 달리 시원하고 깨끗했다.

대리석 기둥 위 높은 천장에서부터 드리워진 거대한 촛불 모양의 샹들리에, 육중한 마호가니 책상들, 검붉은 가죽의자들 그리고 철창 속에 질서정연하게 꽂혀 있는 수많은 고서들이 남다르게 뜻있는 삶을 살다간 학자들의 초상과 함께 나의 시야에 들어왔다.

그러나 내 시선을 강렬하게 잡아끈 것은 1층 입구 계단과 움푹 팬 벽 안쪽에 세워놓은 '인간 정신'을 표상하는 여인상과 정숙한 대리석 복도 양끝에 세워놓은 한 쌍의 아름다운 소년과 소녀상이었다. 날개가 달린 그 아름다운 맨발의 여신상은 횃불을 들고 바윗돌 위에서 앞으로 나아가려는 자세를 취하고 있었다.

나는 여신상 앞에서 그 모습을 자세히 보며 인간과 인간 정신의 의미를 되새겨보았고 깊은 감회에 젖었다. 그리고 복도 한쪽 끝에 있는 조각은 르네상스시대의 어느 이탈리아 조각가의 작품으로 맨발의 아름다운 소년이 바윗돌에 앉아 발바닥에 박힌 가시를 손으로 뽑고 있는 모습이었다.

그 소년은 생을 상징하는 험난한 길을 걷다가 가시에 발이 찔렸지만 조금도 고통스러운 표정을 짓지 않고 미소를 머금고 있었다. 이 소년상과 숭고한 인간 정신을 표상하고 있는 아름다운 여신상은 내가 20년 전에 그곳에서 공부하고 있었을 때도 보았지만, 그때는 지금처럼 마음에 와 닿지 않았다.

그런데 놀라운 것은 그 우아하고 아름다운 여신상과 소년 소녀상 역시 대학에서 구입한 것이 아니라 기증받은 것이라는 사실이다. 조각품들 앞에 바윗돌처럼 서 있을 때, 그것을 기증한 사람의 이름이 녹슬지 않고 빛나는 황금빛 금속판에 깊이 새겨져 있는 것을 보았다. 그래서 나는 그곳에서 워싱턴 국립미술관에서 받았던 것과 똑같은 충격을 다시 한 번 받았다.

주(州)정부에서 2년 동안 개축을 해서 새로이 문을 연 참고열람실에 들어갔더니 대학에서 속세의 온갖 유혹을 물리치고 인간이 원시시대부터 오늘날까지 어떻게 문명을 발전시켜 왔는가를 젊은 학생들에게 가르치고 연구하며 외길 인생을 살다 간 위대한 역사학자 한 분의 흉상이 창 곁에 놓여 있었다.

검은빛 청동으로 조각되어 영원히 굳어진 그 노교수의 얼굴에는 여기저기 깊은 주름이 패 있었지만, 그 주름살은 시간의 힘을 이겨내고 있었고, 그의 표정은 조금도 흐트러짐이 없이 한없이 평화롭고 인자했다. 나는 검은빛 구리로 굳어진 그 역사학 교수의 얼굴에서 인간 정신이 무엇인가를 다시금 읽을 수 있었다.

살아보면, 인생은 짧고 학문과 예술을 이룩하기란 얼마나 어려운가를 절감하게 된다. 그러나 우리는 태어나면서부터 조상들이 이룩한 문명과 문화 속에 묻혀 살기 때문에 공기와 물처럼 그 가치를 인식하지 못한다.

원시시대부터 자연과 싸우면서 황무지를 개척하고 오늘의 인간 도시를 건설하며 문명을 발전시켜 온 사람들의 노력과 힘은 얼마나 위대한 것인가. 인간이 죽음과 싸우면서도 오늘날과 같은 역사와 문화를 창조한 것은 굴할 줄 모르는 인간 정신의 힘 때문이다.

그러나 인류의 문명과 문화는 그것을 창조한 사람들에 의해서만 이루어진 것이 아니다. 그것을 아끼고 보존하는 데 일생을 바친 사람들에 의해 현실로 살아남게 된 것이다.

나는 긴 여행을 마치고 돌아오면서 그 미술관이나 대학 도서관에 소장된 수많은 예술품과 귀중한 저서들을 남긴 사람들 못지않게 그것들을 아끼고 사랑하며 소중하게 간직해서 우리들에게 인간과 인간 정신이 무엇이며 또 인간이 무엇을 해야만 하는지를 말없이 가르쳐주는 숨은 사람들의 노력과 정성에 머리 숙여 경의를 표했다.

한국미의 재발견

오래 전에 미국에서 만났던 일본 도시샤대학 교수 한 사람이 학회 참석차 한국에 왔다가 나를 찾았다. 그에게 내가 해줄 수 있는 일은 국립박물관과 그 부근에 산재한 고궁 등을 통해 우리 문화를 보여주는 것이 고작이었다.

그런데 나의 이러한 작은 노력은 경복궁에서 명성황후를 시해하는 일본 낭인(浪人)들의 잔인한 모습을 담은 벽화와 우리의 오천 년 문화를 보고 간 일본인 교수보다 오히려 나에게 우리 문화를 생각할 계기를 마련해주었다.

경복궁 입구에서 외국 친구에게 주기 위해서 우리나라의 전통적인 기와지붕을 탁월한 구도로 담은 흑백 그림엽서 한 장을 집어들었을 때 나는 그것이 지닌 고전적인 아름다움에 새삼 놀랐다.

물론 현실은 영상(映像)과 다르다. 그러나 엽서를 가득 채운 하늘을 배경으로 완만한 곡선을 그리면서 신비스럽게 뻗어 있는 처마와 골의 기와지붕 풍경은

말할 수 없이 유연한 미를 나타내고 있었다.

나는 얼마나 오랫동안 태어난 나라의 아름다움조차 깨닫지 못하고 지내왔던가. 내가 그 엽서에서 발견한 한국의 미와 멋은 고궁의 처마가 열린 하늘과 너무나 놀라운 조화를 이루고 있는 데에 있었다. 다시 말하면, 하늘을 배경으로 뻗어 있는 지붕 처마와 하늘 아래 고즈넉이 앉아 있는 검은 골 기와 선과 지붕의 모습은 사람의 손으로 만들었지만 일본의 전통 문화와는 달리 인공적인 모습을 전혀 보이지 않을 뿐만 아니라 넓고 드높은 푸른 하늘과 완벽한 조화를 이루면서 자연스러운 미를 창조하고 있었다.

그래서 시인 조지훈이 '한국의 멋'에 대해서 다음과 같이 말했던 것 같다.

한국의 예술을 선의 예술이라고 하는 것은 정곡(正鵠)을 얻은 견해요, 또 그런 만큼 이것은 통설이 된 지 오래다. 한국의 역사를 가늘게 이어온 선의 역사라고 하거니와 한국의 선은 선 중에서도 곡선이다 …….

이 곡선미는 …… 우리의 공예품이나 회화에도 현저히 나타나 있다. 곡선 중에서도 현란한 곡선이 아닌 직선의 미묘한 변화로 휘어져 넘는 은은한 곡선과 반

월형의 호선(弧線)이 아마도 대표적인 것일 것이다.

직선의 각을 반원으로 약간 죽이는 것은 우리 목공예품에서 흔히 목도하는 바다. 우리 건축의 지붕과 부연 뺀 추녀의 날아갈 듯한 선, 장롱과 집기류의 가구에서, 소반, 기물(器物) 등 일상의 도구에서, 우리가 찾아내는 곡선미, 그것의 가장 일반적인 형태는 반원형의 호선이다. 또는 그것의 중복이다.

그 전형(典型)은 저고리의 깃과 소매 끝, 버선의 코와 뒤꿈치, 태극선(太極扇), 그림의 청(淸), 홍(紅), 황(黃)이 서로 물린 머리 모양이다. 이 호선의 미를 좋아하는 것은 유독 우리 민족만이 아니요, 일반 성향이긴 하다.

그러나 그것이 예술에서 현저한 기호와 이상 형태가 된 것은 우리 민족의 미의식의 경향이라 할 수 있다.

경복궁 지붕 처마의 아름다운 선과 가회동 부근에 모여 있는 한옥 지붕의 기왓장들을 보았을 때 내 마음은 이상하게도 고향에 돌아온 것처럼 평온해졌다. 한국인으로서 전통적인 우리의 아름다움에 대해 이와 같은 귀속감을 느끼는 것은 그것이 나를 모든 억압으로부터 자유롭게 해주기 때문일 것이다.

사실 생명력과 원숙함을 동시에 지니고 있는 우리의 전통 문화는 우리가 궁극적으로 귀속하게 될 자연적인 근원과 인공적인 것을 무리 없이 조화시키고 있다.

조지훈이 말한 대로 우리 문화에 나타난 "원숙성은 인공(人工)의 구극(究極)에 가서 체득한 자연의 기법과 규격이란 뜻"을 나타낸다.

이렇게 자연과 친화하면서 인간의 개성과 자유를 향유하는 한국의 미는 여인의 치마폭과 머리 모양에도 나타나 있다. 그 옛날 오월 단오절에 규수들이 창포물에 머리를 감고 햇빛 쏟아지는 들판이나 숲 속의 빈터로 나와 하늘 높이 그네를 탈 때, 그들의 옷고름과 다홍 치맛자락이 바람에 휘날리는 모습은 대자연과 얼마나 훌륭한 조화를 이루었던가. 또 망자(亡者)가 꽃가마와 닮은 꽃상여를 타고 무덤으로 가는 민속적인 풍경도 우리 문화의 뿌리가 자연과의 친화에 있다는 것을 여실히 나타내준다.

우리 전통 문화의 특징은 한국의 여인상에서도 나타난다. 할머니와 어머니가 식사 준비를 한 후 식탁에 숟가락을 놓고 가족을 기다리는 모습은 모든 것을 수용하고 받아들이는 자연과 닮았고 또 자연과 부드럽게 친화하려는 뜻을 담은 듯하다. 그것은 마치 가을의 모습처럼 거친 욕망을 승화시킨 원숙한 '도(道)'의 경지와도 비유될 수 있다.

한국의 미에 대한 또 다른 예는 우리 조상들이 입던 흰옷과 전통적인 주거 공간에서 찾아볼 수 있다. 격자무늬 창틀에 창호지를 바른 미닫이문과 한지로 도배를 한 벽이 있는 선비의 장판방에도 나타나 있고, 흰 눈이 덮인 장독대와 초가지붕 그리고 할아버지가 사용하시던 지묵에도 잘 나타나 있다.

어찌 이것뿐이랴. 원숙한 자연을 닮은 한국의 멋은 단순하고 소박하지만 우아한 조선시대 목기에서는 물론 초당에서 사용하던 호롱불이나 화롯불 그리고 달걀을 담으려고 엮어 만든 짚 꾸러미에서도 찾아볼 수 있다. 뛰어난 안정감 속에서 소박한 자연미를 지닌 뒤주가 놓인 대청마루가 아니라도 좋다. 봉선화와 석류꽃이 보이는 툇마루에도 자연과 가까이하는 한국적인 정서의 아름다움이 있다.

나는 어릴 때 전통적인 주거 공간 속에서 할아버지의 묵향을 호흡하면서 자랐지만 그것이 지닌 아름다움과 가치를 미처 깨닫지 못했다. 그 당시 나는 사랑방 벽장문에 초서(草書)로 날려 쓴 송시열(宋時烈)

의 글씨와, 군자(君子)의 모습을 닮은 늙은 호랑이가 그려진 민화를 보면서 자랐다. 그러나 나의 주변 풍경이 지니고 있던 격조 높은 아름다움의 깊이를 헤아리지 못했다.

이제 나이가 들어 우주의 움직임과 그 이치를 터득해감에 따라, 우리 조상들이 가꾸어놓은 전통미가 얼마나 높고 깊은가를 깨달을 수 있게 되었다. 나는 이러한 현상을 눈으로만 체험할 수 있는 것이 아니라 몸과 마음으로 체험할 수 있을 것 같다.

이를테면 조국을 얼마 동안 떠나 있다가 귀국해서 집으로 돌아오는 길에 멀리서 기와지붕이라도 바라다보게 되면 마음이 그렇게 흐뭇할 수가 없다. 서울에 살고 있을 때도, 살벌한 느낌마저 가져다주는 비정한 도시의 아스팔트 길을 걷다 대나무 숲 속에 고즈넉이 앉아 있는 와가(瓦家)가 눈에 띄면, 샘물을 찾은 듯이 마음이 그렇게 맑아질 수가 없다.

시골집 기와지붕과 대청마루 그리고 질그릇, 장독 등은 모두 다 거칠어진 내 마음을 달래주고 자제하게 해서 원숙하고 승화된 모습으로 영원한 자연과 더불어 말없는 대화를 나누도록 한다. 그래서 시골집에 가면 유난히 졸린 것은 결코 권태 때문이 아니라,

근원적인 자연과 대화를 나누기 위한 평화를 위한 무의식적인 갈구 때문이라고 생각할 때가 많다.

그런데 근자에 와서 한국인의 의식 속에 깊이 잠재워져 있으면서 우리에게 항상 친숙하고 평화로운 잠을 제공하는 근원적인 요소를 풍부하게 담고 있는 전통적 한국미가 우리 주변의 생활공간에서 점차 밀려나 박물관이나 고궁 그리고 민속촌 등에 한정되어 갇혀 있게 된 것은 참으로 안타까운 일이다.

전통적 한국미와 함께했던 전통적인 예절이 설 자리를 잃게 된 것 또한 슬픈 일이 아닐 수 없다. 오늘날 우리 사회가 이렇게 거칠어진 것도 전통적인 한국의 멋과 예절을 상실한 데서 기인한다고 생각한다.

일본은 우리와 달리 전통 문화를 보존하고 또 그것을 현대 문명에 접목시키기 위해 온갖 노력을 기울여왔다. 다시 말하면 그들은 전통 문화와 현대 문화를 훌륭하게 조화시켜 오늘날의 독특한 일본 문화를 창조해내고 있는 것이다. 또한 그들은 전통 문화를 통해 민족적인 일체감과 유대를 강화시키고 있다. 뿐만 아니라 그들은 그들의 전통적인 가면극 '노[能]'를 세계무대에 올려놓은 지 오래고, 꽃꽂이 문화를 서양 여러 나라에 수출한 것도 옛날이다.

우리가 전통 문화에 대해 새로운 인식을 가지고 그 속에서 새로운 미학을 발견해서 지속적으로 발전시켜 나가는 것은 조국애와 건강한 국민 정서를 위해서뿐만 아니라, 세계 속에 한국의 미와 얼을 심기 위해 무엇보다 필요하다.

아름다운 인간의 도시

1979년 유월의 일이다. 그때 나는 하버드대학 엔칭연구소 초청으로 미국에 1년 동안 가 있다가 한국으로 돌아오는 길에 혼자 유럽 여행을 하고 있었다. 여행이라야 하버드 엔칭연구소가 유럽 견문을 넓히라면서 건네준 얼마 되지 않은 여비에만 의존하였기 때문에 도무지 화려한 여행과는 거리가 멀었다.

그래서 런던까지는 간신히 비행기로 갔지만, 영국 내에서 이곳저곳을 다닐 때는 당시 대한중석 영국 출장소장으로 그곳에 머물고 있던 대학 동창의 도움을 받았다. 사전에 아무런 연락도 없이 찾았는데도 친구 부부는 나를 극진히 맞아주었다. 이국땅에서 10여 년 만에 가까운 친구를 만났기 때문이었으리라. 나는 그들의 친절한 도움으로 그 유명한 영국의 정원과 고색창연한 황색 토벽을 지닌 옥스퍼드대학을 찾아가 보았음은 물론 템스 강가에 우뚝 서 있는 빅벤 시계탑과 웨스트민스터 사원을 보고, 그리니치 천문대를 돌아보았다. 그리고 런던 교외 이곳저곳에 산재해 있는 고성들을 찾아보았다.

친구의 차를 타고 유서 깊은 역사적 현장과 그 주변에 펼쳐진 아름다운 전원 풍경을 바라다보면서, 이 나라가 세계적인 문호 셰익스피어와, 아인슈타인마저 그렇게 존경을 한 뉴턴을 낳았으며, 인간 문명에 큰 전환기를 가져온 산업혁명을 일으킨 진원지라는 사실을 새삼스럽게 깨닫고 황무지를 개척해서 이와 같이 아름다운 인간 도시를 건설한 인간이 얼마나 위대한가를 다시 느꼈다.

10여 일간 영국에 머문 후 다음 방문지인 프랑스로 가기 위해 런던 교외의 켄트 지방에 있는 친구 집을 떠났다. 친구 내외는 가까운 기차역까지 나를 바래다주고 혹시 여비가 떨어질지도 모르니 나중에 갚으라고 하면서, 기차에 오르는 나에게 미화 100달러를 쥐어주었다. 그리고 신앙심 깊은 친구 부인은 눈물까지 흘렸다.

나는 포크스턴에서 내려 도버 해협을 건너 프랑스 칼레로 가는 배를 탔다. 그리고 배 위에서 알게 된 젊은 일본인 부부의 도움으로 칼레에서 파리까지 올 수 있었다. 지도상으로 칼레와 파리는 그렇게 멀어 보이지 않았지만, 그래도 자동차로 가기에는 상당히면 거리였다. 나는 짐을 가득 실은 젊은 일본인 부부의 차 뒷좌석에 앉아 차창 밖으로 전개되는 프랑스의 들판을 바라보며, 그 나라 땅의 많은 부분이 농경지라는 사실을 발견하고 놀랐다.

저녁때가 되어서야 우리는 파리에 도착했다. 등불이 켜진 파리는 현란했지만, 나는 피로에 지쳐 있었고 숙소마저 찾지 못했기 때문에 그 아름다움을 느낄 수가 없었다. 나는 영어만 알았지 불어는 전혀 몰랐기 때문에, 주소를 적은 쪽지를 길가는 행인들에게 보이면서, 한국인이 경영하는 초라한 여인숙을 겨우 찾았다. 그러고는 다락방과도 같은 작은 방에서 프랑스 어느 지방 대학의 무명 화가 곁에서 하룻밤을 잤다.

이튿날 아침 간단한 식사를 하고 설레는 마음으로 지하철을 타고 파리의 중심가로 나갔다. 지하철에서 내려 땅 위에 올라오니, 파리의 아름다운 풍경이 커다란 화폭처럼 다가왔다. 나는 '행복한 충격'마저 느꼈다. 파리 특유의 고전적인 건물도 건물이려니와 건물 앞에 의자를 무리지어 내놓은 노천카페의 아름다운 풍경은 너무나 환상적이었다.

마침 해가 나와 있는데도 불구하고 소낙비가 순간적으로 지나가서 나는 카페에 무턱대고 앉아, 그림

엽서 몇 장을 사서 그리운 벗들에게 편지를 썼다. 그곳에서 우연히 스페인에서 온 작가 지망생을 만나 이야기를 나누다가 그 카페가 사르트르가 저녁이면 가끔 찾아와서 건너편에 있는 검은색 교회 지붕을 바라다보며 차를 마시고, 사색을 즐기던 곳이란 사실을 알고 놀랐다.

밤에는 다락방 여관에서 무명 화가와 불편한 잠자리를 나누었지만, 낮이면 파리 시내로 나와 루브르 박물관을 비롯해서, 로댕 조각 미술관, 아름다운 수초만을 그렸던 화가 모네를 기린 모네미술관 그리고 퐁피두 현대미술관을 돌아보면서, 인간이 창조한 문화를 만끽하고는 인간이 무엇인가에 대해 생각하고 또 생각했다.

나는 파리에서 10여 일 머문 후, 유럽 여러 나라를 횡단하는 열차를 타고 아름다운 전원의 나라 스위스를 거쳐 독일 뮌헨으로 갔다. 아름다운 음악의 고장인 뮌헨은 놀랄 만큼 깨끗한 도시였다. 나무 하나, 돌 하나에도 인간의 노력과 정성이 깃들지 않은 곳이 없었다.

뮌헨에서 실내악 연주를 들으면서 며칠을 보낸 후 밤차를 타고 한니발이 넘었다는 험난한 알프스 산 계곡을 빠져나와 이탈리아 로마로 향했다. 로마역은 내가 기대했던 것과는 달리 도둑고양이가 어슬렁거리는 지저분하고 암울한 곳이었다.

그러나 로마에서도 나는 역사 속에서 인간이 쌓아올린 위대한 문화유산을 보고 크게 놀랐다. 아니 크나큰 충격을 받았다. 그래서 시간을 아껴 문화 유적지를 찾아다니기에 바빴다.

로마에 온 지 사흘째 되던 날, 교황청 앞 광장에서 은빛 날개를 퍼덕거리며 나는 비둘기 떼가 아름다워 사진을 찍다가 알게 된 남아프리카공화국에서 온 어느 젊은이를 통해 그때 나의 여행이 지닌 의미와 불완전하지만 인간이 얼마나 위대하고, 인간다움이 얼마나 자랑스러운가를 새삼스럽게 깨달았다.

나는 교황청 광장 앞 그늘진 대리석 돌계단에 앉아 있다가 그 젊은 친구의 강요에 가까운 제안으로, 그곳에서 급행열차로 불과 한 시간밖에 걸리지 않는 폼페이 시로 향했다. 원래 지도 한 장을 가지고 이곳저곳을 물어 피렌체와 베네치아를 찾아갈 생각은 했었으나, 폼페이를 갈 생각은 없었다.

아무튼 그곳까지 가면서 그 청년이 남아프리카공화국에서 일어났던 흑백전쟁에 참전했다가 제대를 했는데 마음이 허탈해서 대학으로 곧바로 돌아가지 못하고 유럽 여행길에 올랐다는 사실을 알게 되었다.

우리가 폼페이역에 내렸을 때, 뒤로 바라다 보이는 베수비오 화산에서는 아직도 검은 연기가 피어오르고 있었다. 기록에 따르면, 이 도시는 옛날에 너무나 타락하여 신의 분노를 사 화산 폭발로 땅 속에 묻혔다가 오랜 세월이 지난 20세기에 와서 발굴되어 유적지로 보존되고 있다.

아무리 폼페이가 고도의 사적지로 유명한 곳이라지만, 그 현장에 도착했을 때 시야에 들어온 것은 웅장한 고대 도시 문명의 유적이 아니라, 폐허가 된 공간에 서 있는 불에 탄 검은 돌기둥 몇 개와 허물어진 돌담 사이로 무성하게 자란 잡초밖에 없었다.

나는 자못 실망을 하면서 돌아보고 난 후, 그 청년과 나폴리역에서 헤어졌다. 그리고 곧 이탈리아 북쪽에 위치한 르네상스 발생지인 피렌체를 찾았다. 석양이 깃들 무렵에 도착한 아름다운 피렌체는 폼페이와는 달리 인문주의의 꽃인 르네상스의 옛 문화를 어느 곳에서나 그대로 간직하고 있었다. 그곳에서는 유명한 사원의 돔, 바둑판과도 같은 좁다란 돌길, 미켈란젤로와 같은 유명한 조각가들의 작품들이 현대 속에서 살아 숨 쉬고 있었다.

나는 피렌체가 보여준 옛 문화의 아름다운 모습과 풍경에 너무나 큰 충격을 받아서 무의식중에 불타버린 폐허의 도시 폼페이와 비교하게 되었다. 인간이 아무리 부족하고 많은 죄를 지었다고 하더라도, 그토록 처절하게 노력해서 만든 도시를 땅 속에 묻어버린다는 것은 신의 잘못된 판단이 아니었을까 생각했다.

다시 봄을 맞이하며

♦♦

해마다 맞이하는 봄이지만 올해는 유난히 봄빛이 반갑고 고맙게 느껴진다. 내가 지금 이와 같은 느낌을 갖는 것은 지난겨울이 예년에 비해 눈이 너무 많이 왔다거나 수은주가 빙점 이하로 깊숙이 떨어지는 날이 많았기 때문이 아니다. 되돌아보면 지난겨울은 유난히 따뜻했고, '겨울 속의 봄날'이 많았다. 그래서 나는 몇 년 만에 눈이 쌓인 길보다 비에 씻긴 길을 걷는 흐뭇한 기쁨을 발견할 수 있었다.

영국의 유명한 시인 T.S. 엘리엇은 그의 작품 〈황무지〉에서 죽음의 땅에서 라일락이 구름처럼 피어나는 사월을 "잔인한 달"이라고 말하고, 바람 부는 봄날에 느끼는 아픔 때문에 차가운 눈 속의 낭만을 그리워하듯 다음과 같은 시를 썼다.

그리고 어린 시절 우리가
사촌인 그 백작의 집에 머물고 있었을 때,
그는 나를 데리고 나와 썰매를 태워주었다. 나는 놀랐다.

그는 말했다. “마리, 마리, 나를 꼭 잡아.”
그리고 우리들은 미끄러져 내려갔다.
산 속 거기서 너는 자유로움을 느끼지.
나는 대부분의 밤 책을 읽었고 겨울에 남쪽으로 갔다.

그러나 그는 이 시의 첫 부분에 속하는 “죽은 자들의 매장”에서 부활의 봄이 와도 죽음을 상징하는 눈에 대한 추억을 완전히 떨쳐버리지 못함을 안타까워하고 있다.

봄은 죽음의 벽을 깨고 피어나는 계절이기 때문에 아픔이 없을 수야 없지만, 그 속에는 새로운 꿈과 희망이 있다. 봄날에 꾸는 꿈과 희망은 들판에 피어나는 아지랑이처럼 흐릿하고 몽롱한 신비에 싸여 있어서, 사실주의자가 된 어른들은 그것을 현실이 아니라고 말하며 달갑지 않게 생각한다. 그러나 신비에 싸여 있는 꿈과 낭만은 그것대로 값이 있고 아름다움이 있다. 삶 속에 신비감으로 싸인 꿈과 낭만의 아름다움이 없고 힘겨운 노역(勞役)만 있다면, 그 누가 기꺼이 길고 긴 인생을 살아가려 하겠는가. 인생은 어떻게 생각하면 꿈속에서의 만남과 헤어짐의 연속이 아닌가.

나이가 들면 조춘(早春)에 가졌던 경험을 철없던 짓들이라고 애써 일축해버리지만, 신비감에 싸여 있던 어린 시절의 경험이 지닌 아름다움을 속내로는 부인하지 못하리라. 나는 지나간 과거의 경험들이 아무리 흐릿하고 몽롱한 것이었더라도, 그것들이 명료한 경험 못지않게 아름다웠고 뜻 깊다고 생각한다. 새로울 것도 없었는데 어린 시절에는 보는 것마다 새로웠고, 부닥치는 경험마다 신비스러운 아름다움으로 내 마음에 깊은 충격을 가져다주었다. 그때의 경험은 삶의 본질이 아니라 그림자일 뿐이라고 많은 철학자들이 말하지만, 따지고 보면 신비스러운 꿈과 희망에 싸인 삶 그 자체가 인생이다. 만일 그 시절의 삶 가운데 그러한 느낌들이 없었더라면, 우리는 그 이후의 삶을 그렇게 치열한 견인력으로 이어갈 수 있었을까.

초등학교시절 학기말에 도수 높은 안경을 쓴 무서운 선생님으로부터 우등상장을 받아들고 넝쿨장미가 피어 있는 울타리 안 시골집 마당에서 잡초를 뽑고 계신 할아버지에게로 달려가던 일, 나를 항상 괴롭혔던 심술쟁이 급우와 치열한 싸움을 벌여 이겼을 때의 승리감 그리고 처음 무대 연극을 보았을 때와 이성에 눈을 떴을 때 느꼈던 감미로움은 무엇에다 비유해서 표현할 수 있을까. 그것은 마치 서커스 무대 위에서 꽃부채를 쥐고 있는 '여곡마사(女曲馬師)'를 안고 백마를 타는 젊은 기수(騎手)의 모습과 '산책' 나온 길 위에서 애인의 손을 잡고 하늘을 날아오르는 여인의 모습을 담은 샤갈의 그림들에 비유할 만큼 환상적이다. 그래서 이것들은 내게 노년기의 그 어느 경험 못지않게 값진 것이다.

사실 따지고 보면, 명료하고 확실한 골격만을 추구해온 사실주의자가 된 나이 먹은 노년기 사람들도 미지의 신비감이 있는 내일이 없다면 오늘을 살아갈 수 없지 않을까. 그들이 지금까지 험난한 세상을 살아오면서 오늘을 견딜 수 있었던 것은 경이로운 아름다움과 유년시절의 꿈이 그들 삶의 지평에서 사라지지 않고 이어지고 있기 때문일 것이다. 비록 "내일 지구의 종말이 올지라도 오늘 한 그루의 사과나무를 심는다"는 말이 막연하기는 하지만 그 속에 봄날의 꿈과 같은 신비가 담겨져 있지 않은가.

신이 인간을 만들 때, 육체는 막대기 위에 누더기 옷을 걸치고 새 떼를 쫓는 허수아비처럼 만들었을지라도 마음은 유년시절의 아름다움을 생생하게 기억할 수 있도록 만들었다. 영겁으로 흐르는 시간 속에서도 마음이 흐려지지 않고 겨울 밤하늘의 차가운 별처럼 빛을 발하게 만든 것도, 비록 애환(哀歡) 속이지만 마지막 임종의 순간까지 어릴 때 발견한 삶의 무늬가 지닌 신비감을 잃지 않도록 하기 위함이 아니었을까. 이것은 어린 시절에 죽음과 장례식의 의미도 모르고 꽃상여나 영구차의 행렬을 신비스러움이 가득한 눈으로 바라본 것과 무엇이 다를까. 시작은 끝을 전제로 하지만, 인간은 끝이 있기 때문에 꿈이 깃든 새로운 시작에 의미를 부여하고 치열한 삶을 살아간다.

해마다 맞이하는 봄이지만 금년 따라 유난히 반갑게 느껴지는 것은 비록 그것이 아름다운 유년시절의 삶의 무늬처럼 찬란함을 가져다주지는 못할지라도 시간의 연장선상에서 새로이 꾸는 꿈이 주는 의미를 새롭게 일깨워주기 때문이다.

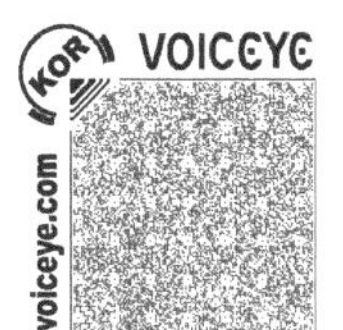

3부

겨울 속의 봄

색초를 가져온 수녀님

십 수년 전에 내 강의를 듣던 루시아라는 수녀가 마지막 졸업 논문을 제출하려고 내 방을 찾아와, 수녀원에서 만들었다는 아름다운 크리스마스 색초 한 자루를 놓고 말없이 가버린 일이 있다. 그 수녀가 나를 찾아왔을 때 다른 학생과 대화를 나누고 있었기 때문에, 나는 그를 뿌리치고 그녀와 이야기를 길게 나눌 수가 없었다.

나와 대화하던 학생을 보내고 연구실 문을 열고 나와 건물 밖으로 걸어나왔을 때 검은 수녀복을 입은 그녀의 모습이 텅 빈 운동장 끝으로 사라지고 있는 것을 가까스로 볼 수 있었다. 다시 내 방으로 돌아와서 의자에 앉은 나는 무슨 큰 죄나 지은 듯한 느낌을 금할 수 없었다. 그러나 곰곰이 생각해보니, 그녀에게 별로 할 말이 없었다. 그녀 또한 마찬가지였으리라.

나는 루시아 수녀가 내 방문을 열고 들어왔을 때 눈으로 반갑게 웃으면서 의자에 앉으라고 손짓을 했고, 그녀도 그 순간 맑게 웃었다. 만일 그녀가 나에게 하고 싶은 말이 있었다면, 그것은 그녀가 내 책상 위에 올려놓고 간 우아한 모양의 색초에 불을 붙이면 그 불빛이 얼마나 아름답고 찬란할지 평범하지만 숨은 진리에 대한 것이었으리라. 또 만일 그녀가 나에게 더 할 말이 있었다면, 춥고 어두운 밤에 그 색초에다 불을 켜면 더욱더 그 불빛이 밝고 따뜻할 것이라는 이야기였으리라.

나는 어느 날 그녀가 강의가 끝나는 시간에 교단 앞으로 나를 찾아와서 학교를 졸업하면 다시 대전으로 내려가서, 대학에 들어오기 전에 가르쳤던 초등학교로 돌아갈 것이라고 말했던 일을 기억하고 있다. 그녀가 시골로 내려간다는 말을 듣는 순간, 나는 왜 중학교나 고등학교로 일자리를 구해서 가지 않느냐고 말하려다 입을 다문 적이 있다. 지금 생각하면 그때 내가 왜 그런 생각을 했는지 부끄럽다.

혹시 2월에 있을 졸업식에 루시아 수녀가 다시 교정을 찾아오면 볼 수 있을지도 모른다고 생각했다. 그러나 졸업식 때에는 학생들이 모두 검은 가운을 입으니 검은 수녀복을 입은 그녀의 모습을 찾기가 쉽지는 않았을 것이다. 하기야 이름을 부르고 찾으면 찾을 수도 있었겠지만 그렇게까지 하고 싶지는

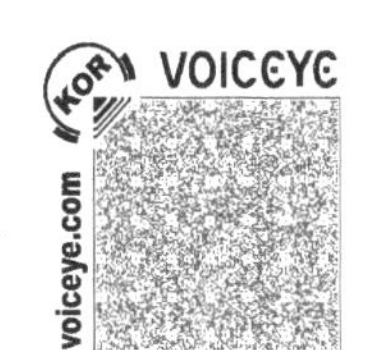

않았다. 내가 만일 루시아 수녀의 이름을 부르고 그녀가 간직하고 있는 아름다운 이야기를 다른 사람들과 나눈다면, 그녀를 싸고도는 달무리의 빛이 모두 다 부서져버릴 것이란 사실을 나는 너무나 잘 알고 있었기 때문이다.

나의 책상 위에 색초를 말없이 놓고 사라진 그녀를 위해 내가 해야 할 일은 다시 그녀를 찾아, 그녀가 내 방문을 열고 들어왔을 때 왜 그녀와 긴 말을 나눌 수 없었는지를 변명하는 것이 아니라, 다음에 이 학교를 찾아오는 신입생들에게, 아니 그녀를 떠나보낸 그 교실에서 다시 맞이하는 학생들에게 어느 해 크리스마스에 아름다운 색초 한 자루를 놓고 간 그 수녀님이 초등학교로 다시 돌아간 깊은 뜻을 전하는 것이라고 나는 생각했다.

어린이들은 아름답다. 아직 때 묻지 않았기 때문이기도 하겠지만, 어른들의 세계가 너무나 어두워서 더욱 아름답게 보인다. 새 학기가 되어 어린이들이 우리 집 앞 골목길을 메우며 학교 가는 모습을 바라보게 될 때, 그들의 모습이 아름다운 촛불의 무리들처럼 보이리라. 그리고 그 속에 하나의 큰 촛불이 타고 있다면, 그것은 루시아 수녀가 그날 내 책상 위에 놓고 간 별 기둥 모양의 그 큰 초가 아닐까 하는 환상에 사로잡힌다.

시간의 빈터

♦♦

사람은 누구나 바쁘게 일하면서 살아야만 역설적으로 마음이 평화롭다고 한다. 그러나 제한된 시간 속에서 아무리 열심히 살아가는 사람도 달력의 마지막 장인 12월이 벽 위에서 나목의 마지막 잎새처럼 무게를 잃고 걸려 있는 것을 보면 어느새 일종의 종말이 가까이 오고 있다는 느낌에 발걸음을 멈추고 힘겹게 살아온 길을 되돌아보며 말할 수 없는 향수에 젖는다.

분명히 12월은 1년 열두 달 가운데 일부분을 차지하고 있지만, 그것은 마치 일요일과도 같이 '시간의 빈터'처럼 느껴진다. 12월은 흐르는 강의 물굽이처럼, 일요일과 유사한 긴 '작은 영원'이다.

12월은 그 어느 때보다 슬프지만 경건하고 아름답다. 12월의 거리에 나가보라. 그러면 순간적으로 마치 '영원의 나라'에 온 것처럼, 어디선가 영혼을 울리는 조용하고 아름다운 크리스마스 캐럴이 울려 퍼지고 검은 제복에 붉은 천을 두른 모자를 쓴 구세군이 자선냄비를 세워놓고 사랑의 종을 울리는 것을 볼 수 있을 것이다.

또 아무리 상업적이라 하더라도 거리에 서 있는 집들과 건물의 창을 들여다보면, 붉은 포인세티아와 별, 종이꽃과 촛불들로 장식한 아름다운 작은 무대가 있어서, 우리들로 하여금 황량한 일상적인 세계와는 다른 '영원의 세계'로 들어온 듯한 느낌을 가져다준다.

12월은 '시간의 빈터'이기 때문에 아무리 각박하게 사는 사람들도 이때가 되면 마치 시간의 정점에 서 있는 것처럼 뒤를 돌아다 보고, 겨울 하늘을 나는 철새들처럼 무리지어 고향을 찾는다. 그리고 그곳에서 뿌리의 의미를 생각하고, 부모와 형제자매 그리고 지금은 늙은, 어릴 때 같이 놀던 죽마고우를 찾아 정담을 나누고 그 동안 살아가면서 입은 상처를 어루만지고 위무한다.

불행히도 고향에 가지 못하는 사람들이나 또 친구와 너무나 멀리 떨어져서 서로 찾아보지 못하는 사람들은 크리스마스카드와 연하장을 보내 시간 속에 퇴색해가는 우정과 사랑을 새로이 충전한다.

12월이 시간 속의 작은 영원이라고 느끼게 만드는 것으로는 첫눈을 빼놓을 수 없다. 눈은 겨우내 오겠지만 겨울의 시작인 12월에 첫눈이 오는 것을 바라보는 마음은 다른 때와는 다르다. 첫눈이 오는 12월의 어느 날 아침에 일어나서 창문을 열고 흰 눈이 온 누리를 하얗게 덮고 있는 것을 보았을 때 느끼는 마음은 분명히 속세의 것이 아니리라.

어찌 이것뿐이랴. 12월에 길을 걷다가 눈이 교회 첨탑 위에도 묘지 위에도 그리고 산에도 들에도 내리는 것을 보았을 때, 우리의 마음은 마치 온 누리가 '영원의 세계'에 들어온 것처럼 맑고 경건하며 엄숙해진다.

눈은 빗물이 하늘에서 얼어 내리는 단순한 자연현상이지만, 그것은 빗물처럼 애상에 젖지 않고 차갑다. 그리고 흰색이 지니는 스펙트럼으로 모든 것을 수용하고 감싸주는 따뜻하고 숭고한 아름다움을 지니고 있다.

어떤 사람들은, 눈은 아름답지만 그 차가움은 죽음을 의미한다고 말한다. 그러나 눈이 차가운 죽음만을 의미하는 것은 아닌 듯하다. 12월에 오는 눈은 비록 차갑지만, 그것이 나타내주는 정신적인 경지는 종말의 죽음이 아닌 성숙의 절정을 의미하는 죽음, 아니 재생을 전제로 하는 죽음이다.

아름다운 흰 눈이 내려 땅 위의 모든 더러움을 깨

끗이 감추어 '신세계'를 만드는 것은 바람 부는 봄과 뜨거운 여름 그리고 결실의 가을 뒤에 찾아오는 성숙한 계절의 상징이다. 밀밭을 가꾸는 농부들의 말처럼, 겨우내 내려 들판에 쌓이는 눈은 겉으로 보기에는 차갑지만 땅 속에 묻혀 있는 봄의 씨앗인 밀알을 온몸으로 따뜻하게 감싸준다.

눈이 결코 죽음만을 의미하지 않고, 죽음 가운데서 새로운 삶을 잉태한다는 것은 목을 잃은 유령이 말을 타고 달린다는 할로윈과 추수감사절을 지나, 눈이 오는 차가운 12월에 하느님의 메시아인 예수가 탄생한 성탄절이 있다는 것으로도 알 수 있다.

성탄절 새벽, 어디선가 가까이서 들려오는 성가대의 합창 소리는 게으름과 몽롱한 죄의식의 잠으로부터 우리를 일깨워서 평화의 나라로 인도해주는 '영원의 세계'에서 들려오는 노랫소리와 같다. 그래서 12월의 눈길을 걷는 것은 헛된 욕망으로 가득 찬 때묻은 마음을 씻고 '영원의 세계'를 걷는 것과도 같다.

아무리 심술궂은 사람이라도 흰 눈이 오는 길을 걸을 때는 마음이 착해지고, 아무리 이기심이 강한 사람도 〈성냥팔이 소녀〉의 이야기를 생각할 때만큼은 마음을 비우고 동심으로 돌아간다.

톨스토이의 자화상인 네플류도프 백작이 유형(流刑)의 길을 걷는 카추샤를 보고 걷는 속죄의 길이 눈길인 것도 결코 우연이 아닌 듯하다. 만인 네플류도프 백작이 카추샤를 따라가기 위해 차갑게 얼어붙은 눈길이 아니라 타히티와도 같은 열대의 나라, 남국의 밀림 속을 헤매야만 했다면 그의 인간적인 편력은 달라졌을지도 모른다.

그러나 12월의 풍경은 눈 속에 있는 '시간의 빈터'에서만 볼 수 있는 축제일의 아름다움과 휴식의 공간에서 즐기는 춤과 노래만이 있는 것은 아니다. 그것은 겉으로는 종말의 시간처럼 보이고 또 그렇게 느껴지지만, 새로운 출발을 위한 반성의 휴면기다. 그래서 12월의 아름다움 속에는 내면으로 젖어드는 숭고한 아픔과 절제된 아쉬움으로 이루어진 말 못할 숨은 슬픔이 있다.

고향으로 가는 막차를 타기 위해 기차역으로 달려가는 사람들의 군상에는 물론, 담배 연기 자욱한 선술집에도 휴식을 위한 정지된 시간이 있지만, 거기에는 또한 상실과 후회, 낭만과 우수가 깃든 슬픔의 술잔이 있다. 그러나 그것은 다른 계절의 시간에서 볼 수 있는 권태와 좌절, 감상적인 눈물로 얼룩진 술잔이나 광란적인 분노의 고함소리로 이루어진 미움과 저주의 그릇이 아니다. 그것은 오히려 반성과 죄의식에서 오는 슬픔과 미완성에 대한 아픔의 술잔이다.

아무튼 12월이 부분적인 성숙을 의미하며 재생을 약속하는 '작은 영원'이 아니라 결코 현실로 돌아올 수 없는 기나긴 영겁의 '영원'이라면, 12월의 풍경은 그렇게 아름답지 못할 것이다.

아마도 12월의 아름다움은 다시금 새로움을 약속하는 성숙 속의 미성숙, 아니 완성 속의 미완성, 즐거움 속의 고뇌 때문인지도 모른다. 아니 12월의 풍경이 지니는 아름다움의 정수는 미완성의 본질 그 자체다. 왜냐하면 12월은 그것으로 끝나는 것이 아니라 다음 해 1월로 이어지기 때문이다.

12월 거리에 울려 퍼지는 우수에 찬 음악과 교회의 종소리 그리고 첨탑 위의 별들이 제야의 종소리처럼 아름답고 슬픈 여운을 가지고 있는 것은 그것들이 종말을 의미하는 완성의 표상이나 축가만이 아니라 내일을 약속하는 미완성의 진혼곡과도 같기 때문일 것이다.

유형의 길을 걷고 있는 인간은 운명적으로 절대적인 완성 단계에는 도달할 수 없다. 그래서 인간은 항

상 기쁨 속에서도 슬픔을 느끼고, 또 슬픔 속에서도 기쁨을 느끼는 역설적이고 이원적인 존재다. 그러나 그러한 운명 때문에 인간적인 삶의 풍경은 더욱 아름답고 값지게 보일지도 모른다.

'시작의 빈터'이자 '작은 영원'인 12월의 세계가 종말에 대한 감상적인 슬픔으로만 보이지 않고, 고요한 어둠 속에서 스스로 몸을 태워 주위를 밝히는 촛불처럼 아름다운 빛을 보이는 것은, 그것이 결코 영원한 죽음 자체를 의미하지 않고, 새로운 생명을 잉태하기 위해 어둠과 싸우는 비극적인 숭고함을 지니고 있기 때문이다.

비극의 드라마가 지니는 아름다움은 시간의 흐름이 없는 영겁의 세계인 천국에는 없다. 그것은 다만 지상에 있는 순간적인 '작은 영원'과 그것을 발견하려는 인간의 처절한 노력과 그것을 축하하는 찬란한 카니발에 있다.

12월 풍경이 어둠 속에서도 그렇게 경건하고 아름답게 느껴지는 것은 영원한 종말을 거부하는 인간의 저항의식이 '작은 영원'인 12월의 빈터에서 그 조용한 빛을 발하기 때문이리라.

어린이와 종이연

어제는 마침 일요일이라 아카시아 나목들이 숲을 이루고 있는 뒷산 언덕에 올라갔다가 산기슭에서 하얗게 내려다보이는 조그마한 초등학교 운동장에서 몇 개의 종이연들이 낮게 떠오르는 것을 보았다. 그래서 산을 내려오는 길에 반쯤 열려진 학교 뒷문을 통해 교정으로 들어가 보았다. 그때 눈앞에 펼쳐진 광경은 놀랍게도 나를 유년시절로 되돌아가게 했다.

산 위에서 보았던 것과 같이 좁고 닫혀진 공간에서 어린이들이 머리 위로 연을 날리고 있었다. 그러나 아이들은 연을 하늘 높이 날게 할 수가 없어서, 운동장을 이리저리 뛰고 있었고 그것을 본 나는 안타까운 마음마저 들었다. 비록 닫혀진 벽과도 같은 도시 공간에 살면서도 전통적인 연을 하늘로 띄우려는 어린이들의 노력이 고마웠다. 그래서 내가 마음대로 하늘을 높이 날 수가 있다면, 어깨에 메고 달리는 듯한 아이들의 연을 수직으로 높이 끌어올려 주고 싶었다.

이러한 마음이 든 것은 어릴 때 연날리기의 기쁨을

알았기 때문이기도 하고, 그 경험이 무의식적으로나마 성장 과정에 적지 않은 영향을 끼쳤다는 생각이 들었기 때문이다.

산골아이로 유년시절을 보낼 때, 나는 새해 정월이 되면 연을 날리곤 했다. 겨울이 되면 툇마루 밑에 할아버지가 간수해 놓으신 대나무 막대를 끄집어내어 낫으로 쪼개어서 댓가지를 마련했고, 무명실로 단단히 매어 틀을 만들고, 그 위에다 여물고 질긴 한지를 풀로 발라서 연을 만들었다. 그리고 할머니를 졸라 명주실 타래를 얻어 다락방에 숨겨놓았던 수레바퀴 모양의 실감개에 연줄을 감았다. 나는 그것을 가지고 추운 줄도 모르고 차가운 바람이 부는 논 마당으로 나가 하늘 높이 연을 날렸다.

추수가 끝나 벼 그루터기만 남은 텅 빈 논밭을 가로지르며 하늘 높이 연을 날리는 기분은 세상의 온갖 속된 것을 다 잊게 하고도 남음이 있었다. 처음 연을 하늘로 띄워 올리기는 쉽지 않지만, 일단 바람을 받아 연실을 끌고서 거울처럼 맑은 쪽빛 하늘로 깊숙이 날아오르는 연을 보면 그것보다 더 아름다운 광경이 없을 것만 같았다. 그래서 차가운 공기를 마시면서 바람을 타고 맑고 푸른 하늘을 자유롭게 날아오르는 종이연을 바라보다 노루꼬리만큼 짧은 겨울해를 보낸 적도 한두 번이 아니었다.

그런데 연날리기는 혼을 빼앗아갈 만큼 흥미로운 것이었지만, 결코 쉬운 일이 아니었다. 처음에 연을 하늘 높이 띄워 올리기도 어렵지만, 하늘 높이 떠 있는 연과 나를 연결시켜주는 실이 끊어지면 산 너머 어디론가 사라져버리든가, 아니면 올라갈 수도 없는 나뭇가지에 걸려서 찢어져버리고 말았다. 나는 이렇게 연을 잃어버리거나 망가뜨려 할아버지께 걱정을 들으면서도 새로운 연을 만들어 하늘 높이 날리고 또 날려 보냈다.

설날에 이어 새해를 축하하는 축제일이 계속되면, 아이들은 양지바른 돌담 곁에서 엽전을 한지에 싸서 만든 제기를 차거나 자치기, 썰매타기 등과 같은 겨울 놀이를 했지만, 어린 시절 나는 왜 그렇게 혼자 외로이 산자락의 그림자를 좇으면서 연날리기를 좋아했었는지 모르겠다.

그러나 오랜 세월이 지난 지금 생각하면, 내가 연을 만들어 수백 길이나 되는 긴 명주실에 매달아 구만리 장천의 하늘 높이 띄워 올리기를 좋아한 것은 아마도 연이 나의 이상, 아니 인간의 이상적인 욕망을 상징해주고 있었기 때문이었는지도 모른다. 밤하늘에 찬란히 빛나는 별들이 인간의 희망과 이상적인 목표를 나타내주지만, 그것들은 언제나 인간이 도달할 수 있는 영역 밖에 있지 않은가.

연은 비록 종이로 만든 것이긴 하지만, 그것이 상징하고 있는 인간의 이상과 희망은 언제나 나의 손에 쥐어져 있는 실감개에 연결되어 있다. 공허하고 추상적인 이상보다 현실에 뿌리를 둔 이상과 꿈을 나도 모르게 소중하게 생각했기 때문에 실에 연결되어 푸른 겨울 하늘을 날아오르는 연을 그렇게 좋아했는지도 모르겠다.

연실이 세찬 바람으로 인해 끊어져 연이 산 너머 어디론가 사라져버리거나 높은 나뭇가지에 걸려 찢어졌을 때는 말할 수 없는 슬픔에 빠졌지만 나는 곧 잊어버리고 새것을 만들었다. 지금 생각하면 어린 마음이었지만, 날아가 버린 연에 지나치게 집착하는 것은 현실에 바탕을 두지 않은 이상을 좇는 것과도 같고, 과거에 매달려 눈물을 흘리는 감상주의와도 같다고 느꼈기 때문이리라.

돌이켜 생각해보면, 옛 시절 우리 조상들이 물려주었던 민속놀이에는 어린이들의 사행심을 조장하거나 가상으로라도 살인 행위를 연습하게 하는 오늘날의 전자오락과는 달리 높은 이상을 가지고 삶을 성실하게 살아가게 하는 지혜와 철학이 담겨 있었던 것 같다.

내가 유년시절에 가장 즐겼던 연날리기는 그만두더라도, 빙판 위 팽이치기 놀이를 한 번 생각해보자. 수십 년 전까지만 해도 겨울철에 강이나 연못 그리고 논에 얼음이 두껍게 얼면 어린이들은 썰매를 타거나 팽이치기를 즐겼다. 강가에 얼어붙은 얼음이 아무리 미끄럽다고 하더라도, 썰매는 움직여주는 힘이 없으면 앞으로 가지 못하고, 얼음 위의 팽이 역시 채찍으로 치지 않으면 돌아가지 않고 쓰러진다. 팽이는 가만히 있으면 얼음 위에 설 수 없지만, 연속적으로 가해지는 채찍의 때리는 힘을 받아 돌아갈 때는 똑바로 서서 평화로운 잠을 자는 듯한 아름다운 모습을 보여준다. 소나무 둥치를 톱으로 자른 후 원추형으로 갈아서 밑바닥에 거친 못을 박고 그 위에 질 나쁜 크레용으로 얼굴을 못생기게 그렸지만, 채찍으로 매를 맞고 빠른 속도로 돌아가는 팽이는 그렇게 아름다운 얼굴을 해보일 수가 없었다.

나 역시 어린 시절 얼음 위에서 팽이가 돌아가는 아름다운 모습이 보고 싶어, 다른 아이들처럼 열심히 채

찍질을 했지만, 팽이가 실존적인 기쁨을 느끼고 있을지도 모른다는 생각을 하지는 못했다. 다만 정지했을 때는 그렇게 거칠었던 모습이 움직이며 돌아갈 때는 어떻게 그렇게 아름답고 우아한 모습을 나타내 보일 수 있을까 의아하게 생각했을 뿐이다. 그러나 내가 자란 후 카뮈가 실존주의 철학을 설명하기 위해 시지프스 신화를 이야기한 것을 읽었을 때, 채찍으로 심한 매를 맞으며 차가운 얼음 위에서 돌아가는 팽이의 모습이 왜 그렇게 아름답고 평화스러워 보이는지를 깨달았다.

일요일 아침이지만 내 책상 위에는 해야 할 일들이 산더미처럼 쌓여 있었다. 그러나 나는 어린이들이 연을 띄우려 분주하게 움직이는 학교 운동장으로 내려가 땅에 떨어진 종이연 하나에 끊어진 실을 다시 연결시켜, 어린 소년의 머리 위로 다시 날도록 해주었다. 실이 너무 짧아서 그 연이 소년의 머리 위로 높이 날 수는 없었지만, 아이는 그렇게 행복해할 수가 없었다.

연들이 분망히 나는 손바닥만 한 운동장을 뒤로 두고 언덕길을 내려오면서 아이들의 어깨와 머리 위로 나는 종이연에 실은 꿈과 희망들이 꼭 현실로 여물 수 있기를 바라면서 지나온 세월을 잠시 더듬었다.

겨울 속의 봄

마침 일요일이라 아이들을 데리고 집 뒤에 있는 아카시아 산으로 올라가 가슴을 열고 신선한 공기를 마시면서, 멀리서 반짝이며 흘러가는 강물이라도 내려다보고 싶었다. 그러나 아이들은 이미 어디론가 나가고 없다.

아이들은 키만 컸지 아직도 철이 없었다. 간밤에 서울로 출장왔던 시골 삼촌이 주고 간 돈 2만 원으로 새 운동화를 한 켤레씩 사가지고 돌아와서는 그것을 신은 채 방과 마루를 돌아다니며 킬킬대며 소란을 피웠다. 그 광경을 지켜보던 내가 "조용히 해라" 하고 야단을 쳤더니, 아이들은 슬며시 대문 밖으로 나가버렸다.

순간 나는 이상한 외로움을 느꼈다. 그리고 왜 내가 새 신을 신고 좋아하는 아이들과 마음을 함께하기는커녕 그렇게 폭군(?)이 되어 언성을 높였던가 후회하며 곰곰이 생각해보았다.

그것은 무엇보다도 새 신발에 대한 아이들의 순진한 마음을 이해하지 못했기 때문이었다. 왜 나는 아이들의 마음을 이해하지 못하였을까.

돌이켜 생각해보면, 어릴 때 나는 할아버지가 오일장에서 사다주신 검정 고무신을 가지고서도 그렇게 좋아하지 않았던가. 그때 나는 그 검은 신을 신고, 호롱불 아래서 물레를 잣고 계시던 할머니 앞으로 거인처럼 큰 그림자를 벽에다 그리면서 걸어 다녔다. 검정 고무신이 흰 고무신으로 바뀌고, 도시로 나와 운동화를 새로 신었을 때도, 나이가 들어 대학에 들어가서 구두를 새로 사 신었을 때도 기분은 마찬가지였다.

그래서 아이들에게 무척이나 미안한 마음으로 그들을 기다렸다. 괴롭고 어두운 생을 사는 동안 몇 개 안 되는 삶의 아름다운 순간들을 아이들로부터 빼앗았다는 것은 아이들의 삶을 너무나 황량하게 만드는 것이라는 생각이 들었기 때문이다.

이 험난한 세상을 살아가는 동안 몇 번 주어지지 않는 아름다운 순간들을 은혜로운 마음으로 받아들여 자유롭게 마음껏 즐기지 못한다면, 우리는 살아 있지만 죽은 것과 마찬가지라고 말할 수 있다.

그렇다면 내가 아이들에게 무의식적으로나마 강요한 것은 내가 지금 이 순간에도 그렇게 벗어나려 하는 살아 있는 죽음의 상태가 아닌가. 나는 비록 아이들이 새 신발을 신고 방안을 돌아다니는 것을 보고 야단을 치기는 했지만, 아이들이 앞으로 살아가면서 우연히 만나게 되거나, 혹은 부딪히게 될 삶의 아름다운 편린들을 깊게 느끼고 경험해야만 된다고 말해 주고 싶었다.

나는 아이들을 웃고 싶을 때 마음껏 웃고, 울고 싶을 때 마음껏 울고, 무서울 때 무서워하고, 행복할 때 행복해할 줄 아는 사람으로 만들어주고 싶었다. 감상적인 태도를 좋아하지는 않지만, 처음부터 아이들을 '아예 애련에 물들지 않는 바위'로 만들지는 말아야 한다고 생각했다.

아이들이 돌아오자 나는 조금도 화를 내지 않고 비둘기 같은 남매를 부드러운 마음으로 감싸주며 집 뒤에 있는 아카시아 언덕으로 데리고 갔다.

민둥산처럼 생긴 겨울산의 아카시아 숲길을 걸으면서, 나는 머리가 이렇게 희어질 때까지 경험하고 느꼈던 삶의 아름다운 풍경들을 아이들에게 이야기해주었다. 내가 경험하고 잃어버렸던 아름다운 삶의 순간들을 낡은 사진첩을 넘기듯이 이야기하는 순간, 나는 그것들을 복원해서 다시금 찬란하게 경험해보고 싶다는 욕망과 추억으로 얼룩져갔다.

나는 아이들에게 즐거울 때는 마음껏 즐거워하라

고 말하면서, 어렸을 때 객지에만 계셨던 아버지께서 설을 쇠기 위해 고향집으로 오셨을 때 얼마나 즐겁고 행복했는가를 말해주었다.

시골의 초시(初試)였던 할아버지와 할머니 그리고 어머니와 함께 지냈던 어린 나는 아버지가 서울에서 내려오시면 너무나 좋았다. 아버지가 나를 위해 설빔을 사오신 것도 아니었지만 그래도 마냥 좋아서 강가로 나가서 얼음을 지치면서 혼자 웃으면서 낄낄거렸다.

나는 아이들에게 나를 길러주신 할머니께서 꽃상여에 실려 황톳길 산모퉁이를 돌아가시던 일과, 험상궂은 인부들이 젊은 나이에 죽은 마음씨 좋았던 사촌형을 땅 밑으로 하관할 때 가장 슬펐다고 말하고 싶었으나, 이제 겨우 삶에 눈을 떠가는 아이들에게 죽음에 관한 슬픈 이야기를 하지는 않았다. 그러나 내가 미국에서 고학하고 있을 때 아버지의 부음을 받았고, 그 슬픔의 물결이 얼마나 높았던가를 이야기하고 말았다.

그리고 가장 무서웠던 때를 이야기하면서 산불이 나서 불타던 밤, 눈 덮인 들판에서 늑대 울음소리를 들었던 일과 여름에 강물이 불어 다리가 없어진 강을 건너기 위해 철교를 건넜던 이야기를 해주었다. 붉은 흙탕물이 바다처럼 넘쳐흐르고, 기차가 언제 올지도 모르면서 500미터가 넘는 철교의 검은 침묵을 징검다리 건너듯 엉금엉금 건너야만 했을 때 느꼈던 무서움과 두려움은 정말 순수한 것이었다고 말했다.

나는 내가 처음으로 알게 된 여인의 귀밑머리가 얼마나 아름다웠으며, 그녀의 치마폭에다 얼마나 많은 꽃을 따다 주고 싶었는지를 이야기해주고 싶었지만, 아이들이 자라면 스스로 알게 될 것이라고 생각하면서 입을 다물었다.

그러나 나는 아이들에게 새벽에 일찍 일어나 산 위에 오르면 여명의 아름다운 빛을 볼 수 있다는 사실과, 물안개 자욱이 끼어 있는 봄의 들판을 뚫고 나오면 시야에 열리는 풍경이 얼마나 상쾌하게 느껴지는가를 말해주었다. 그리고 눈 덮인 푸른 소나무의 기상과 이른 봄날 따스한 창가에 놓인 구근(球根) 속에서 하얀 꽃을 피우는 히아신스의 우아한 아름다움을 볼 때 얼마나 하느님께 감사하는지도 이야기해주었다.

봄날에 구름처럼 피는 라일락과 오월이면 뒷산 언덕을 하얗게 뒤덮는 아카시아 향기가 얼마나 신선하고 감미로운가를 이야기하고 사월의 비 개인 가로수 길을 마음껏 달려보라고 말해 주었고, 여름날 파초 위에 굵은 빗방울이 떨어질 때 느꼈던 생명력의 아름다움이 무엇인가를 설명해주었다. 그리고 여름에 국화를 열심히 가꾸면 스산한 늦가을 정원을 낙엽 태우는 냄새와 함께 그윽한 향기로 가득 채울 수 있다고 말하면서 싱그러운 국화꽃 향기가 얼마나 지고한가를 일러주었다.

강한 독을 지닌 듯 시큼하고 짙은 향기를 뿜는 국화를 가꾸는 기쁨이 어떠한 것인가를 설명하면서, 왜 '햄릿과 리어왕이 행복했는가'도 말해주었다. 내가 처절한 비극 속에 깃들어 있는 기쁨이 무엇인가를 '겨울 속의 봄날'이 지닌 의미와 함께 열심히 설명을 하고 그 뜻을 수없이 강조했을 때 아이들은 다만 의아해하기만 했다. 그러나 나는 아이들이 내가 권유한 대로 열심히 그리고 치열하게 살아가면 틀림없이 그 뜻을 이해할 수 있으리라고 생각하며, 나목이 된 아카시아 숲을 빠져나와 집으로 돌아왔다.

아이들에게 말하지는 않았지만, 내가 조금 전 뒷산 겨울 아카시아 숲 속을 거닐면서 들려준 이야기는 새해를 맞이하면서또 한 발자국 삶 속으로 발걸음을 내딛는 그들에게 주는 나의 간절한 선물이기도 했다.

작은고모와 고향집

오늘날과 같이 아파트 속의 핵가족 시대에 살고 있는 사람들은 대가족 제도가 지닌 좋은 점은 전혀 알지 못하고 그것이 지니고 있는 모순점만을 들추어내기 일쑤다. 물론 대가족 제도 속에 살면, 개인의 자유가 제약을 받고 고루한 인습에 얽매여서 자질구레한 일에 신경을 쓰게 마련이다. 그러나 대가족 제도에도 좋은 점이 적지 않다. 우선 대가족 제도는 우리들에게 혼자서 살아가는 삶보다 공동체 속에서 살아가는 즐거움과 지혜를 가르쳐준다.

인간은 개인의 자유를 필요로 하지만 혼자 살아갈 수가 없고 함께 살아가야만 할 운명이다. 혈연을 중심으로 한 대가족 제도가 바로 이상적인 사회가 될 수는 없지만, 적어도 한 사람의 개인이나 핵가족보다 많은 사람들이 한 울타리 속에서 사랑과 믿음으로 서로를 도우며 살아가는 사회제도의 원형이었다.

다른 것은 몰라도 과거의 우리나라 대가족 제도는 사회의 원초적인 기본 형태로서 우리의 선친들에게

사랑과 희생 그리고 복종의 미덕이 무엇인가를 가르쳐주었다.

오늘날과 같이 대가족 제도가 해체된 사회에서 살아가다 보면, 옛날에 부모 다음으로 가깝게 느껴지곤 하던 삼촌이나 고모와도 소원해진다. 대가족 제도의 집안에서는 맏아들이 나이가 많으면, 그는 여러 동생들의 대부(代父)가 되게 마련이고 그렇게 되면 맏조카는 삼촌과 고모 사이에서 형제자매와 같은 관계를 맺게 된다.

삼촌과 조카는 같은 남자이기 때문에 경우에 따라서는 서로 무관심할 수도 있고, 또 화목하지 않은 가정에서는 재산 상속 문제 등으로 나쁜 감정을 가질 수도 있다지만, 출가를 전후한 고모와 조카 사이의 정은 더없이 순결하고 낭만적인 경우가 많다.

나는 삼촌이 없는 집안에서 태어나 아버지와도 일찍이 사별을 했기 때문인지, 작은고모는 나에게 눈물겨울 만큼 극진하고 따스한 사랑과 관심을 베풀어주었다. 내가 작은고모에게 때로는 어머니처럼, 때로는 큰누님처럼 깊은 정을 느낀 것은 다음과 같은 두 가지 이유 때문에서인 것 같다.

첫째 나는 어머니 품에서보다 내가 초등학교 4학

년 때 돌아가신 할머니 무릎에서 더 많이 자랐다. 어머니 품속에서 잠을 잔 기억은 없고 할머니의 품에서 잠을 잔 기억만 남아 있다. 왜 할머니하고만 잠을 잤는지 모르겠다. 아마 누이동생이 연년생으로 태어났고, 또 아버지가 할머니의 외아들이신데 언제나 멀리 떠나서 객지 생활을 하셨기 때문이리라.

할머니가 세상을 떠나시고 나니, 할머니가 그토록 사랑하며 아끼시던 작은고모에게 더욱 깊은 정이 가지 않을 수 없었다. 할머니가 돌아가시기 얼마 전에 시집가는 작은고모의 치맛자락을 붙잡고 소리 없이 우시던 모습이 지금도 생생하게 떠오른다. 작은고모가 나를 그토록 아끼고 사랑하게 된 것은 돌아가신 할머니께서 나를 그처럼 끔찍하게 생각하셨기 때문이 아니었을까.

내가 작은고모에 대하여 남다른 속정과 존경심을 가지게 된 또 하나의 이유는 작은고모가 언제나 대숲 속의 고향집을 생각나게 하는 따뜻한 정취와 고고한 한국적인 고전미를 지니고 계시기 때문이다. 작은고모는 신식 교육을 받았고 양장을 하고 계시지만, 몰락하기 전 우리 집이 지녔던 조선시대의 격조 높고 아름다운 고풍을 지니고 있으시다. 이를테

면 고모님의 조용한 표정과 흐트러지지 않는 마음은 수심이 깊은 강물처럼 조용히 그리고 맑게 흐른다.

고모님은 넉넉지 못하고 집안 사정이 복잡한 댁으로 출가를 하셨지만, 한 번도 불평하는 일 없이 집안의 모든 어려움을 인종으로 이겨내셨고 후에는 어머니와 오빠를 잃고 허덕이는 친정 가문에 꿈나무를 심는 일을 게을리하지 않으셨다. 또한 6.25 때문에 뜻했던 의학 공부를 마치지 못한 것을 한스러워 하셨지만, 밖으로 내색하는 일이 없으셨다. 고모님은 주변 사람들의 육신의 아픔을 고쳐주지는 못하셨지만, 상처 입은 마음을 위무해주는 일은 결코 잊지 않으셨다.

나는 고모님을 뵈올 때마다 고모님의 깊고 조용한 표정과 말씀 한 마디 한 마디에 부끄러워진다. 남다른 수양과 인내로 인해 몸에 젖어 흐르는 고모님의 겸허한 몸가짐은 이유 없는 나의 오만과 허위의식을 무너뜨린다.

고모님께서 고모님 댁은 물론 기울어졌던 친정집을 일으켜 세우기 위해 얼마만큼 인종의 세월을 보내오셨는지는 이루 다 말할 수가 없다. 한 번 참기도 어려운 세상이라고 하는데, 우리 고모님은 백 번은 참고 지내오신 분이다.

내가 고모님께 변함없이 가까운 정을 느끼고, 또 고모님이 한국 여성으로서 이렇게 훌륭한 인격과 품격을 갖추게 되신 것은 아마도 지금은 퇴색해버린 대가족 제도의 미덕이 낳은 결과이리라. 만일 어린 시절 요즘처럼 핵가족 제도 하에서 생활을 했더라면, 이렇게 향기 짙은 고모님의 품격을 결코 접해볼 수 없었을 것이다.

오늘날 우리는 옛날 제도라면, 아니 전통적인 것이라면 무조건 고루하다 생각하고 쉽게 팽개쳐버리지만, 우리들이 버린 전통문화 속에는 현대인의 눈으로는 쉽게 발견할 수 없는 깊은 의미와 인간적이고 낭만적인 가치가 담겨 있다.

이제 우리 집도 팔순을 지내신 할아버지께서 돌아가시고, 작은고모님마저 세월 따라 우리에게 멀어지신다면, 할머니가 살아계셨던 유년시절의 그 아름다웠던 고향집 풍경과 꿈을 다시는 찾아볼 수 없을 것이다. 그러나 작은고모님은 현대화된 비정스러운 도시 가운데서 질식할 것만 같이 살아가는 나에게 아직도 남아 있는 대숲머리의 고향집 풍경의 잔영이며 또한 마음의 고향이다.

멀리서 가까이서

♦♦

몇 해 전 겨울 장한평의 어수룩한 석물(石物) 가게에서 쓰러져 누워 있는 돌장승 한 쌍을 사가지고 돌아온 일이 있다. 그것을 실어오는 날 눈발이 날리고 날씨가 유난히 추워, 굳게 얼어붙은 땅을 파고 그것의 제자리를 찾아 세워놓을 수가 없어서 출입구 계단 가까이에 있는 흰 벽에다 기대어놓고 보았다.

처음에 장승은 새로운 느낌으로 신기하게 보였지만, 며칠을 지내고 나자 너무 가까이 두고 보아서인지 끌질을 한 얼굴의 윤곽마저 없는 것 같아 곧 권태로움을 느끼고, 내 처지에 거금 10만 원을 그것에 투자한 것을 적지 않게 후회했다.

그래서 나는 몇 번 주저한 끝에 그들에게 묻은 세월의 먼지와 이끼를 씻어내어 그 속에 숨어 있는 돌의 결과 무늬라도 볼 수 있었으면 하는 욕망에서 그것들을 비눗물로 씻어 내렸다. 그러나 그 순간 내가 얼마나 절망하였던가는 이루 다 말할 수 없다.

그런데 내가 왜 이와 같은 어리석은 짓을 했던가는

두말할 나위도 없이 그 장승들을 너무나 눈 가까이 두고 보았기 때문이리라. 아무리 훌륭한 그림이나 조각품이라도 확대경으로 들여다보듯이 너무나 가까이 두고 보면, 붓 자국 얼룩이나 끌질 자국만이 커 보이기 일쑤다. 그래서 훌륭한 예술품일수록 거리를 두고 바라보지 않으면 안 된다. 적당한 원근법에다 배경이 되는 물체마저 갖는다면 더욱 좋으리라.

그러나 대부분의 사람들은 내 경우처럼 귀중하다고 생각하는 물체를 너무나 가까이 두고 보기 때문에, 그것이 지닌 참된 가치를 충분히 알지 못한다. 마찬가지로 많은 사람들이 가까운 사람이나 어떤 대상을 너무 가까이 두어 문제를 일으키는 경우가 적지 않다. 어떤 사람은 부(富)에 너무 가까이 집착하기 때문에 부의 노예가 되어버리지 않으면, 그것이 파놓은 수렁에 빠지게 되고, 또 어떤 사람은 사랑에 너무 가까이 접근하다가 오히려 사랑 때문에 죽기도 한다. 또 다른 사람은 자신을 멀리하거나 버리지 못하고 자아에 너무 탐닉하여 '나르시스의 전설'에서처럼 스스로 죽음을 부르곤 한다.

나 역시 아끼고 사랑하는 것을 멀리 두지 못하고 가까이 두었다가 참혹하고 절망적인 경험을 했던 일이 한두 번이 아니다. 장승에 진정한 가치를 더해주는 이끼와 세월이 쌓인 흙먼지를 씻어버렸기 때문에 다시 수많은 시간을 기다려야만 하게 된 것이다. 언젠가 나는 "옛 애인은 만나지 말아야 한다. 만나면 그 모습은 누더기와 같다"라는 옛말을 믿지 않고, 대학시절에 좋아한 여인을 만난 적이 있다.

어느 가을날 헤어진 지 20년이 지난 후에 다시 만난 그녀의 얼굴은 서머싯 몸의 작품 〈빨강머리〉의 마지막 장면에 나오는 여인을 연상시키리만큼 알아볼 수 없게 변해 있었다. 그때 내가 느낀 체험은 정말 참혹하고 처절한 것이었다. 우리가 서로 헤어져야 했던 것은 6.25와 같은 시대적 상황 때문이 아니라, 단순히 그녀의 변심 때문이었다.

당시 나는 시골에서 서울로 올라와 학교를 다니고 있었는데, 그녀가 나에게 꽃처럼 가까이 다가와서 남다른 관심을 보이곤 했다. 그래서 우리는 얼마 동안 서로 같이 앉아 책을 읽기도 하고 이야기를 나누면서 서로의 마음에 깊은 우물을 팠다. 그러나 내가 군에 입대해서 수많은 고통 끝에 장교 제복을 입고 돌아왔을 때, 그녀는 "사랑하고 싶지만 사랑할 수 없는 사람"이란 말을 남기고 내게서 사라졌다.

나는 한동안 심한 열병을 앓았다. 그리고 20년의 세월을 보내면서도 그녀의 아름다웠던 모습들을 마음 한구석에서 지운 적이 없었다. 오랫동안 먼 나라에서 공부하고 돌아와서도 서울 거리를 거닐라치면, 혹시 그녀의 모습을 발견할 수 있지 않을까 하는 막연한 기대감이 들어 혼자 부끄러워한 적도 있었다. 그러나 언제나 거리에는 사람들의 물결만 흘러갔고 나의 빈 마음은 채워지지 않았다.

그런데 내가 마흔 고개의 마루턱을 넘던 어느 날 아침 책상에서 글을 쓰고 있는데 어디에선가 전화가 걸려왔다. 바로 그녀였다. 신문에서 내 이름을 보았다는 것이다. 그녀는 나를 만나고 싶어했다.

내가 그녀를 다시 만났을 때 얼마나 좌절하고 실망했는가는 앞에서도 이야기했지만 비만해진 그녀의 얼굴에 새겨진 세월이 스쳐간 거친 자국도 자국이려니와, 교통사고로 생긴 흠 자국이 그 고왔던 입술 언저리에 남아 옛 모습을 무참히 짓밟고 있었다. 나는 그녀와 20년 만에 잠시 해후를 하고 돌아오다 마음이 너무나 쑥스럽고 쓸쓸해서 그녀에게로 다시 가까이 가서 그녀의 상처 입은 얼굴을 들여다보았던 것을 후회했다.

나는 그날 오후, 너무나 오랫동안 보지 못했던 그

녀를 만남으로써, 젊은 시절부터 내 마음속에 무의식적이지만, 등불처럼 지니고 다녔던 몇 개 안 되는 아름다운 영상들 가운데 하나를 무참히 부숴버려야만 했고, 그것 때문에 삭막해진 나의 삶이 더욱더 빈곤해진 것을 느꼈다.

내가 어떤 대상과 너무나 가까이 있음으로 해서 느낀 절망감은 그 명암의 색채는 달라도 지난해 돌아가신 할아버지에게서도 비슷하게 나타났다. 일찍 돌아가신 아버지가 외아들이고, 내가 맏손자이기 때문인지 할아버지께서는 어릴 때부터 나를 끔찍이 생각하고 위해주셨다. 그러나 나는 성장하면서 할머니가 돌아가신 후의 할아버지의 삶에 대해 조금은 회의적이었는데, 더욱이 철이 들어 할아버지가 소작인들을 거느린 지주였다는 사실을 알고는 그렇게 좋아했던 할아버지에 대해 자못 비판적인 시각을 가지게 되었다.

할아버지는 돌아가시기 몇 년 전부터 고향에 내려가 여생을 보내셨는데, 우리들이나 친척들이 할아버지를 뵈러 내려갔다가 곁을 떠나올 때면 가끔 눈물을 흘리셨다. 그러나 나는 어리석게도 할아버지가 살아계셨을 때는 그 눈물의 의미가 무엇인지 충분히 깨닫지 못했다. 그때 나는 다만 인간은 죽음 앞에서도 눈물을 보이지 말고 위엄을 지켜야 한다고 생각하며 할아버지의 속마음을 깊이 헤아리지 못했다.

모순과 허물투성이인 내가 이렇게 할아버지에 대해 잔인할 정도로 원칙만을 고집했던 것은 아마 할아버지가 너무 가까이 계셨다고 생각했기 때문이 아니었을까. 나는 할아버지가 갑자기 돌아가시고 장맛비 속에서 장례식을 치른 후에야, 비로소 그 눈물의 의미를 깨달았다.

할아버지의 눈물은 결코 죽음이 두려워 흘린 눈물이 아니었다. 그것은 할아버지께서 '사는 것이 죄'인 삶을 힘겹게 살아오시면서 느낀 아픔에 대한 눈물인 동시에 외로움과 후회가 섞인 회한의 눈물이었다.

지금 나는 할아버지가 다시 살아오시면 잘 모실 수 있으리라 생각하지만, 막상 할아버지를 곁에 가까이 모시게 되면, 할아버지 눈물의 참된 의미를 발견할 수 없을지도 모른다.

가정과 벗의 경우도 마찬가지다. 우리는 객지에 나가보아야만 집이 얼마나 좋고 따스하며 또 벗이 얼마나 소중한가를 알게 된다. 헤엄을 잘 치는 사람은 물에 빠져 죽고, 나무를 잘 타는 사람은 나무에서 떨어져 죽는다는 말은 무엇을 의미하는 걸까…….

"사람은 죽어야만 그 값을 안다"는 옛 격언은 무수한 세월을 두고 쌓아올린 경험에서 나온 말이다. 이것 역시 사람과 사람, 사물과 사물, 대상과 대상 사이에 일정한 거리가 존재할 필요가 있다는 말로 해석될 수 있겠다.

인간 정신을 일깨운다는 종의 경우도 마찬가지다. 멀리서 은은히 들려오는 종소리는 깊고 유연해서 마음에 와 닿는 몫이 그 어느 것보다 크지만, 종을 치는 사람 곁에서는 그런 은은한 소리를 들을 수 없는 것이다.

어떻게 생각하면, 신은 자신의 모습을 드러내지 않고 인간으로부터 거리를 두고 숨어 있기 때문에, 위엄과 정신적인 가치를 유지하는 것이 아닐까. 그렇다면 신은 자기의 모습을 감추고 있다는 점에서도 인간보다는 현명하다.

오늘은 날씨가 따뜻하고 얼어붙었던 땅이 녹았기에 계단 앞에 세워두었던 돌장승을 상당한 거리를 두고 옮겨놓았다. 하나는 담장 밑 대나무 생울타리 곁에, 다른 하나는 나의 시야에서 더욱 멀리 떨어진 마당 모퉁이에 세워두었다. 그리고 창문을 열고 그것을 멀리서 바라보니, 가까이 있을 때는 보이지 않았던 새로운 윤곽이 그 석상의 얼굴에 살아나고 그것이 지닌 숨은 미와 영겁을 두고 기다리며 서 있는 장승의 의미를 읽을 수가 있었다.

그래서 나는 '일정한 거리'는 사물에 대한 인간의 지나친 욕망을 차단하고, 그것 때문에 어두워진 우리의 시계를 밝게 해서 인간으로 하여금 사물의 본질을 엿보게 하는 것이 아닌가 생각한다.

겨울 창문을 열고

겨울에 내가 즐겨 바라보는 대상 가운데 하나는 아무도 눈을 주지 않는 나목이다.

많은 사람들은 겨울에 푸른 상록수를 좋아하고 그것을 높이 찬양하지만, 나에게는 차가운 바람과 눈으로 퇴색되어버린 낡은 옷을 입고 혼자 서 있는 상록수보다, 깨끗이 옷을 벗고 매서운 바람과 내리는 눈발을 온몸으로 받으며 잿빛 하늘을 배경으로 부챗살 모양의 앙상한 나뭇가지를 펴고 서 있는 나목의 모습이 한결 더 결곡하고 대견스러워 보인다.

눈꽃을 피우지 않으면 벌거숭이로 원시적인 아름다움을 지닌 나목에 대해 내가 눈을 뜨게 된 것은 그것이 지닌 여물고 단단한 절제의 미(美)를 깨닫고 난 이후부터다.

인간은 끝없는 욕망의 굴레를 쓰고 살아가는 존재지만 언제나 그 지나친 욕망 때문에 좌절하기 마련이다. 언제인지 모르지만 풍성하고 낭만적인 꿈을 좇다가 의미 없는 감상의 늪에 빠져 눈물로 세월을 보내고 있던 어느 겨울, 질식할 것만 같아 차가운 창문을 열고 밖을 내다본 적이 있었다.

그때 내 시야에 들어온 것은 회색빛 하늘에 기하학적인 아름다움을 펼치고 서 있는 나목이었다. 그때 그 겨울나무는 여름의 푸르른 꿈을 모두 다 잃어버리고 정말 외로워 보였다.

그러나 그것을 한참 응시하고 있자니 문득, 그것이 자신의 외로움을 스스로 다스리는 미학을 지니고 있다는 사실을 발견할 수 있었다. 다시 말하면, 나는 그 벌거숭이 겨울나무에서 자신의 외로움과 고뇌를 절제로 이겨내면서 그 자신의 흩어지지 않는 아름다운 형태를 광활한 하늘에다 부각시키고 있는 모습을 본 것이다.

어찌 그것뿐이랴. 나는 그때 홀로 서 있던 나목이 치열한 자기와의 싸움을 통해 감상적인 고독을 훌륭히 이겨냄은 물론 그 단단한 모습으로 바다보다 넓은 하늘이라는 무한한 공간에 삼켜지지 않고 스스로 자기의 위치를 흔들림 없이 지키면서 조화라는 또 하나의 아름다움을 창조하고 있음을 보았다.

올 겨울에도 그때나 다름없는 나목은 세찬 바람과 온누리를 뒤덮는 흰 눈 속에서도 한 방울의 눈물은커

녕 자신의 운명에 대해서 한 마디 불평 없이 주어진 땅 위에 저렇게 평화롭게 서 있다.

겉으론 저렇게 말없이 굳은 표정을 하고 서 있지만, 식어가는 생명의 불을 봄까지 보존하기 위해 얼마나 어려운 시련과 각고의 시간을 보내고 있을까.

겨울나무는 말이 없다. 말이 없기 때문에 연약하지만 의연해 보이고, 바위산 못지않은 가치와 위대함을 보인다. 그래서 나는 오늘도 겨울 하늘이 내다보이는 창문을 열고 그곳에 서 있는 나목을 바라보면서 절제의 아름다움과 그 의미를 반추하며 지난날의 나를 반성한다.

세상을 살다 보면 아쉬운 일이 너무나 많다. 그러나 그것들이 아쉬움 속에서 흘러가야만 했기 때문에 그대로의 아름다움을 유지할 수 있었고, 또 나 자신을 그 소용돌이의 물결 속에서 구할 수 있었던 것이다.

정말 인간은 원죄 때문에 절대적인 것은 기대할 수 없고, 또 기대하지 말아야 될 운명에 놓인 것이 아닐까. 인간에게 가장 값진 사랑마저도 지나치면 불타버려 절망의 재로 끝나버리기 마련이다. 어차피 모든 것은 사계(四季)의 수레바퀴처럼 변화하고 소멸해버리지만, 지나침은 언제나 그 길을 재촉하고 만다. 그래서 때때로 나는 불러도 대답 없는 이름에 절망하지만 그 이름에 감사한다.

10여 년 전 어느 학회에서 사회를 맡아보다 강연을 하던 발레를 하는 여교수 한 분의 다소곳하지만 풋풋한 우아함에 무척 마음이 이끌린 적이 있었다. 그때 그 선생님의 인상적인 모습이 마음 한구석에 깊이 자리 잡고 있었기 때문인지, 오랜 시간이 지나 유럽 여행길에 올랐다가 시간의 공백이 생겼을 때나도 모르게 어두운 성채에 여명이 밝아오는 풍경이 담긴 엽서 한 장을 보낸 일이 있다.

무더운 뉴델리 공항에 누워 있는 무거운 거인들의 군상들을 보고 존재에 대한 물음을 반문했던 그 우울한 그림엽서 한 장으로 충분했으리라. 그러나 파리의 여름 거리를 헤매다가 갑자기 소나기를 만나 빗줄기를 피하기 위해 들어간 어느 카페에서 먼저 보낸 그 엽서의 암울한 내용에 대한 자의식 때문에 또 한 장의 그림엽서를 썼다.

그러나 나는 그 여선생님을 향해 엽서 두 장을 쓰면서도 결코 응답을 기대하지는 않았다. 다만 마음이 가는 대로 붓을 움직였을 뿐이었다. 그런데 뜻밖에 그 해 늦가을 서울에서 그 여선생님에게서 고맙다

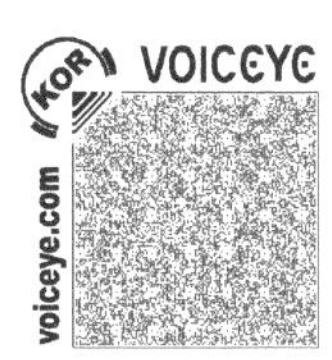

는 전화를 받았다. 그리고 그 후 구름다리를 건너다가 길목에서 우연히 두 번씩이나 해후하게 되었다.

그것이 인연되어 우리는 그 해가 저무는 세밑에 만나 계절의 아름다움을 이야기하며 저녁 식탁을 함께 나눈 적이 있다. 정말 단 한 번의 너무나 작은 일이었다. 그러나 나는 그날 저녁 흐르는 불빛에 비쳤던 그 여선생님의 꽃치마에 새겨진 아름다운 무늬를 지금도 기억한다. 마치 누군가 그녀의 치마폭에 찬란한 꽃을 아름으로 따다 놓은 것만 같았다.

그 후로는 그 여선생님을 다시 만난 적이 없다. 10년이란 긴 세월을 보내면서 내가 한 일은 몇 번 계절이 바뀔 때마다, 아니 사진첩에 붙여놓은 사진의 얼굴들이 퇴색되어감을 느낄 때마다 망연히 '시간의 빈터'를 찾아 아무 기다림도 없이 묵은 그림엽서 몇 장과 크리스마스카드 몇 장을 그 여선생님에게 쓴 일밖에 없다. 그리고는 산과 같은 침묵이 있을 뿐이었다.

벌써 30년 가까운 세월이 지났으니 그 선생님도 많이 변했으리라 생각된다. 그래서 유월이 되어 담장에 핀 들장미꽃이 비 오듯 떨어지면 그 속에서 시간의 무게를 이기면서 발레리나 선생님이 춤을 추는 환상에 사로잡힌다.

나는 나목과 더불어 '님의 침묵'과 하느님의 침묵의 뜻을 이해하고 그 높은 의미를 깨닫고 있지만, 아직도 나 자신은 그 절제의 미학을 배우지 못하고 '인생의 가시밭길에서 피를 흘린다'.

나는 아직도 작은 일에도 마음이 쉽게 흔들려 분노하며, 돌부리에 걸려 생채기만 나도 아프다고 소리친다. 또 내가 가는 길 위에 어둡게 그림자를 드리우는 장애물만 있어도, 그것을 견디거나 피해 가지 못하고 이웃 마을로 외어 다니는 부끄러운 모습을 보인다. 그렇지만 나는 이 겨울을 보내며 창 너머 저쪽에 매섭게 차가운 바람을 맞고 얼음덩어리를 짊어지고서도 말없이 움직이지 않고 서 있는 나목을 대할 때마다 부끄러움을 느낄 줄 안다.

나는 저렇게도 쓸쓸한 겨울의 벌판에서 옷을 벗은 벌거숭이 나목을 바라볼 때마다 화려하지 않지만 단아하고 견고한 아름다움이 어디에서 오는 것인지를 깨닫는다. 그것은 잃어버린 여름의 꿈에 연연해하는 모습을 조금도 보이지 않고, 눈 내리는 겨울 속이지만 시간의 흐름과 더불어 오는 봄빛을 기다리며 수줍음의 공간 속에서 새로운 꿈을 안으로 잉태하고 있다.

나목은 삭막한 겨울 풍경 속에서 침묵을 지키면서

절제의 철학 속에서 안으로 스미는 우아한 아름다움을 보이지만, 아무도 그것을 유심히 바라보지 않는다. 그러나 나목이라는 겨울나무는 결코 사람들이 자기에게 관심의 눈길을 보내주기를 기대하지 않는다. 겨울보다 더 차가운 무관심 속에서도 그 누구를 탓하거나 불평함 없이 아무도 보지 않는 새로운 '숨은 꽃'을 피우기 위해 오늘도 묵묵히 봄을 기다릴 뿐이다.

그래서 나는 앙상한 부챗살 나목 앞에 서면 저절로 고개가 숙여지며 삶의 본질과 진실이 무엇인가를 새삼 느끼게 된다.

아카시아 산으로 오르는 우리 집 앞길

내가 오랜 세월 동안 이곳저곳으로 전전한 끝에 마지막으로 정착한 곳은 성미산 아카시아 산기슭의 하얀 집이다. 우리 집은 오랫동안 집의 외벽(外壁)에 회칠을 하지 못해 쇠락해 보이지만, 몇 년 만에 어렵게 회칠을 해놓아도 초등학교 후문으로 들어가는 길모퉁이에 위치하고 있기 때문에, 짓궂은 아이들이 하꼿길에 낙서를 하고 그림까지 그려놓는다. 그래서 처음 이곳으로 이사를 왔을 때는 어딘가 인적이 드문 호젓한 곳으로 다시 이사를 갔으면 하는 유혹을 여러 번 느꼈다.

그러나 이곳을 떠나지 못하는 것은 언덕 위에 있는 초등학교를 지나면 뻗어 있는 아카시아 산으로 오르는 비탈길에서 수많은 사람을 만날 수 있는 기쁨 때문인지 모른다. 아침과 대낮은 물론, 새벽이나 늦은 밤에도 대문을 열고 나가면 비탈길을 오르내리는 사람들을 만날 수 있다. 이른 새벽에 잠에서 깨어 조용히 대문을 열고 나가도 반드시 두세 사람이 산을 향해 비탈길을 오르는 모습을 볼 수 있고, 불면증에

시달려 잠을 이루지 못해 밤늦게 나가 보아도 데이트를 하는 연인들이나 그 누군가가 천천히 산을 오르는 것을 볼 수 있다. 물론 등교 시간이면 학교 가는 어린이들이 왁자지껄하게 이 길을 메운다. 나는 이렇게 어떤 때는 젊은이들이, 어떤 때는 중년의 사람들이, 또 어떤 때는 몸이 불편한 노인들이 이 길을 걸어 산으로 오르는 것을 본다.

나는 혼자 걷는 길을 좋아하면서도 대문을 열고 산으로 오를라치면, 나와 같이 오를 사람이 있었으면 하고 바라게 된다. 그것은 아마도 내가 길 위에 있는 다른 사람들과 무의식중에 느끼는 동질감 속에서 '인생의 무게'를 함께 느끼기 때문인지도 모르겠다. 어떻게 생각하면 나만이 힘겨운 산길을 오르는 게 아니라는 것을 그들에게서 확인하기 때문인지도 모르겠다.

사실, 나는 대문 밖 산으로 오르는 길 위의 모든 사람들 가운데서 나의 어제와 오늘 그리고 내일을 읽는다. 월요일 아침 바쁘게 학교를 향해 언덕길을 오르는 아이들과 토요일 오후, 하굣길에 게으름을 피우면서 하얗게 회칠을 한 벽에 낙서를 하는 모습에서는 유년시절의 나를 읽는다. 내 유년시절의 학교 가는 길이 산 높고 물 맑은 전원의 과수원을 지나고 징검다리가 있는 강을 건너는 것이 아니고 좁다란 골목길이었다면 나 역시도 닫혀진 벽면에다 낙서를 하고 누군가의 얼굴을 그렸을 것이다.

나는 어깨를 나란히 하고 산길을 오르는 젊은 남녀의 모습에서도 지나간 나의 옛 모습을 읽는다. 나도 젊은 시절 미국에서 아내 될 사람을 처음 만났을 때에는 도그우드 꽃이 지천으로 하얗게 핀 어두운 숲 속 길을 함께 걷기도 했고, 은빛 나는 자전거 바퀴를 굴리며 화이트헤드 서클의 길모퉁이에 있던 은사님의 집을 향해 검게 포장된 콜타르 냄새 짙은 비탈길을 질주하지 않았던가. '한여름밤의 꿈'과 같던 그때 그 시절, 달빛으로 빛나던 그 집 앞 정원을 지날 때는 장미꽃 향기가 그렇게 싱그럽게 풍겨올 수가 없었다.

나는 또 새벽에 문 밖으로 나올 때마다 만나게 되는 머리가 하얗게 센 노인의 절뚝거리는 걸음걸이에서 나의 미래를 본다. 그래서 그 노인의 곁으로 가서 부축해주고 싶은 충동마저 느낀다. 마흔을 넘길 무렵 하버드대학 도서관 휴게실 벽면의 형광등이 눈부시게 비친 거울을 들여다보다가 발견한 흰 머리카락 하나가 지금은 내 온 머리에 번져 눈 맞은 겨울 산과도 같다.

만일 아카시아 나무가 울창하게 자라는 산길을 오

르는 사람들이 쫓기듯 거리를 오가는 탐욕스런 사람들과 같은 모습이었다면, 나는 그들에게 그렇게까지 이끌리지는 않았을 것이다. 새벽이나 해질녘, 우연히 그들과 함께 산을 오를 때 그들에게서 내가 들을 수 있는 것은 샘물을 길을 때 들리는 소리처럼 도란도란 나누는 후회와 속죄의 속삭임뿐이다. 그것이 아니면 그들이 나누는 이야기는 산정(山頂)에 올라서면 다시 내려와야 하고 또 다시 산으로 올라가야만 한다는 이야기일 게다.

나는 오늘도 책으로 둘러싸인 서재 안에서 질식할 듯 갇힌 기분을 느끼거나, 사치스러운 고독의 늪 속으로 침몰할 때면 문을 박차고 나가 아카시아 산길을 오른다.

내가 이렇게 산으로 오르는 것은 산정에 올라 찬란하게 쏟아지는 햇빛 속에서 내가 사는 하얀 집의 지붕과 내가 걸어온 길을 내려다보기 위함이기도 하지만, 산길을 걷는 그들을 만나 그들의 행렬 속에서 그들과 함께 말없이 솟아나는 숲 속의 샘물과 겨울옷을 벗고 향기 짙은 아카시아 꽃 피는 산 이야기를 듣고 싶은 무의식적인 욕망 때문이 아닐까. 아니, 그것은 생의 끝자락이 지닌 비밀을 그곳에서 확인하고 싶은 마음 때문이리라.

팽나무 가지 끝에 핀 능소화 꽃

♠♠

저잣거리의 꽃집에 가면 꽃이 항상 진열되어 있기 때문에 꽃을 피우는 과정이 얼마나 어렵고, 꽃들이 속절없이 지는 것이 또 얼마나 슬픈 일인지를 알지 못한다. 꽃이란 본래 바람에 떨어진 씨앗이 아니면, 누군가가 한 번 심으면 봄부터 가을까지 혼자 힘으로 은밀히 피고 지기 때문에, 곁에 두고 자세히 관찰하지 않으면 꽃 한 송이를 피우는 일이 얼마나 어려운지 알 수 없으리라. 그러나 작으나마 정원을 갖고 흙 묻은 손으로 꽃을 가꾸다 보면, 그때야 비로소 꽃을 피우는 일이 얼마나 어려운가를 알게 된다.

나 역시 어려서부터 미당(未堂)의 〈국화 옆에서〉라는 시를 즐겨 읽었지만, 꽃이 1년에 단 한 번만 문을 여는 것을 의식하지 못하고 피는 꽃의 아름다움만을 무심히 즐겼다. 유월의 골목길 담장 위에 피었던 넝쿨장미의 꽃잎들이 비 오듯 떨어져서 눈처럼 쌓일 때에도 그것을 무심히 밟고 지나며 떨어진 꽃잎들이 지닌 슬픔을 알지 못했다.

그러다가 어느 무더운 여름날 낮잠에서 깨어나 뜰에 나팔 모양의 주홍빛 능소화가 늦은 봄날의 감꽃처럼 여기저기 무수히 떨어져 있는 모습을 보았을 때, 꽃을 피우는 일이 무엇을 의미하며, 얼마나 어려운 것인가를 처음으로 깨닫게 되었다. 그 능소화 꽃들은 높은 사다리를 타고 올라가도 닿을 수 없이 높은 키로 자라다가 죽은 팽나무 가지 끝까지 둥치를 휘감고 올라가 매달린 넝쿨에서 꽃을 피운 후 덧없이 떨어지고 있었다.

무심히 보면 죽은 고목을 타고 하늘로 오르는 능소화나무의 일생은 아무런 의미가 없으리라. 그러나 그것이 겨울을 지나 이른 봄에 빙벽을 뚫고 나와 싹을 틔운 후, 그 높은 나뭇가지의 끝까지 올라가 뜨거운 태양 아래 찬란한 주홍빛 꽃을 피우기까지는 얼마나 힘이 들었을까. 능소화 꽃은 등꽃처럼 갈잎을 가진 덩굴이기 때문에 돌담 위나 나무줄기를 타고 올라가 높은 곳에서만 꽃을 피운다. 이것뿐만이 아니다. 능소화는 무더운 한여름의 뜨거운 태양 아래서만 꽃을 피우기 때문에 그늘이 짙은 나뭇가지 위에서는 꽃을 피우지 않는다. 그래서 경험 많은 정원사들은 능소화 꽃이 무성한 잎의 그늘에 가리지 않고 환한

빛 속에서 만발하는 것을 보기 위해 더 이상 가지를 뻗지 못하는 죽은 고목 위에 덩굴을 올린다.

정원사들은 단순히 푸른 잎 속에 가려 꽃이 피지 않는 것을 피하기 위해 능소화나무 덩굴을 죽은 나무 둥치에 올린다지만, 나의 눈에 그것은 죽은 나무를 소생시키기 위해 마른나무 등걸 높이 올라가서 그 가지 끝에 주홍빛 불꽃을 피우는 것처럼 보인다. 내게 뜨락에 떨어진 능소화 꽃들은 죽음으로부터 재생(再生)의 꿈을 안고 치열하게 싸우다가 장렬하게 산화한 그 무엇의 변신(變身)처럼 느껴지기까지 한다. 이렇게 내가 무참히 떨어진 능소화 꽃송이에서 치열한 삶의 잔영(殘影)을 보게 되는 것은, 그것이 돌아가신 할아버지의 후처로 우리 집에 들어와 후손도 없이 만년을 심한 관절염의 고통 속에 살다가 가신 새할머니의 손으로 심어진 것이기 때문인지도 모른다.

사실 나는 정원을 가꾸는 것이 생의 진실과 의미를 배울 수 있는 것인지 제대로 알지도 못한 채 40대 중반을 넘기면서 가까스로 마련한 집 뜨락을 가꾸기 시작했다. 그때 새할머니는 고향집에서 작은 덩굴 모양의 능소화 나무줄기 하나를 가져와서 죽은 팽나무 기둥 곁에다 심어주시면서, 그것이 자라서 나무

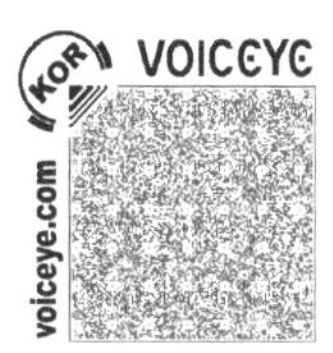

둥치를 타고 올라가 가지 끝에서 꽃이 피게 되면 여름의 햇볕 아래서도 불꽃만큼이나 아름다울 것이라고 말씀하셨다.

지난 십 수년을 지내는 사이에 할아버지의 후처로 고단한 삶을 이어가시던 새할머니도 어느 해 여름엔가 세상을 떠나셨고, 우리는 화장(火葬)으로 장례를 모셨다. 그렇지만 그분이 심어놓고 가신 능소화 꽃은 해마다 무더운 여름철이 되면, 죽은 팽나무 가지 위에서 불꽃처럼 찬란한 꽃을 피운다. 그래서인지 나는 죽은 나무둥치에 자신의 몸을 감고 하늘 높이 올라가서 꽃을 피운 능소화가 밤사이 무섭게 내린 소낙비에 지천으로 떨어진 것을 볼 때마다 새할머니의 삶과 죽음을 생각하게 된다.

그러나 이제는 새할머니가 심어놓고 가신 갈잎 덩굴나무에서 떨어진 주홍색 꽃들이 펼치는 미망의 제전(祭典)은 새할머니의 삶과 죽음이 아닌, 나의 삶과 죽음처럼 느껴진다. 젊은 시절, 푸르름 속에 다채로운 꽃들의 아름다움만을 위해 가꾸었던 정원이 뒤늦게 이렇게 깊은 삶의 신비와 비극적인 진실을 깨닫게 해줄 수 있으리라고는 예전에는 미처 몰랐다. 그러나 흙 묻은 손으로 가꾸어놓은 정원은 이것만 가르쳐주는 것이 아니다. 아무리 하찮은 꽃이라도 1년에 한 번밖에 피지 못하고, 그 과정이 얼마나 힘겹고 어려운지를 다시금 내게 가르쳐 주고 있는 것이다.

내년에는 폐가가 된 시골집 감나무 그늘에 묻혀 꽃을 피우지 못하는 능소화 꽃 한 줄기를 옮겨다 햇빛 찬란한 곳에 심어야겠다.

시들지 않는 꽃과 여인

우리 집 거실 벽에는 자줏빛 들꽃을 귀밑머리에 꽂고 서 있는 눈망울 고운 젊은 여인의 모습을 담은 그림이 한 점 걸려 있다. 이 그림은 내가 십 수년 전 먼지가 자욱히 쌓인 어느 초라한 골동품 가게에서 헐값으로 구해온 것이다. 원래 이국(異國)의 어느 무명 화가가 그린 원화(原畵)였지만, 얼룩진 유리판 뒤에 숨어 있었기 때문에, 번쩍이는 것에만 관심을 기울이는 가게의 주인은 그것의 아름다움을 눈여겨보지 못했던 모양이다.

내가 이 그림을 발견하게 된 내력은 마치 누군가와 무슨 인연을 맺은 이야기와도 같다. 투명한 가을 햇빛이 찬란하게 쏟아지던 어느 토요일 오후, 여느 때와 같이 산책을 나갔다가 골동품 가게에 들렀다. 마침 가게 주인이 문을 닫은 참이었지만, 그를 데리고 다시 가게 안으로 들어갔을 때 나는 진열해놓은 잡동사니 틈새에서 그림 속의 여인을 만날 수 있었다. 순간 그 여인이 나에게 무엇인가 하고 싶은 말이 있는 것 같다는 느낌을 받았다.

그 젊은 여인의 초상을 집으로 가져와 먼지를 닦고 유리를 갈아 끼우기 위해 액자의 틀을 열었을 때, 나는 그 속에서 언제나 마음속으로 그려왔던 눈부시게 아름답고 친숙하게 느껴지는 여인의 얼굴을 발견했다. 비록 이 그림은 그저 꽃을 꽂은 젊은 여인의 초상화에 지나지 않았지만, 나는 그 속에서 빛바랜 사진첩에나 담겨 있는 줄로 알았던 나의 유년시절과 젊은 날의 초상을 읽을 수 있었다. 이러한 감상은 나를 과거로 거슬러 올라가게 만들기에 충분했다. 이것뿐이 아니다. 나는 이 그림 속에서 고향의 대숲이 있는 기와집에서 함께 지냈던 어린 시절의 고모와 누님의 얼굴도 함께 발견했다. 그래서 나는 그림 속 여인과의 만남을 고맙게 생각하고 나의 시선이 언제나 머무는 서재의 벽면에다 여러 해 동안 걸어두었다.

그런데 실은 이 그림이 나의 서재에만 걸려 있었던 것은 아니다. 여학교에 다니는 딸아이는 내가 바깥일로 바쁘게 지내는 몇 해 동안 그것을 자기 방에 가져다가 걸었었다. 아마도 그 그림에서 자기의 얼굴 모습을 읽을 수 있다고 생각했으리라. 그러나 내가 바깥나들이를 적게 하고 다시 나의 서재에서 묻혀 지내는 시간이 많아지자, 그 그림은 다시 나의 시선이 머무는 곳에 있게 되었다. 책에서 고개를 드는 순간이면 습관처럼 나의 시선은 이 그림에 가서 머물렀다.

그러다가 무더운 어느 여름날, 짙어가는 녹음 속에서 주홍빛 능소화가 무리지어 피어올랐다 지는 것을 보았을 때, 문득 그 그림이 생각났다. 그래서 나는 그림을 어두운 서재에서 창밖이 보이는 거실로 옮겼다. 녹색 정원에 심겨 있는 나무 위에 지천으로 핀 능소화 꽃무리가 그림 속 여인의 머리에 꽂힌 자줏빛 꽃만큼이나 아름다웠기에 창밖에서는 물론 실내에서도 꽃의 축제를 펼치기 위함이었을까. 아니면 그림 속 젊은 여인의 귀밑머리의 꽃이 고갱이 타히티 섬에서 그린 원주민 처녀의 그것만큼이나 아름다웠기 때문이었을까.

내가 이 그림에 대해 이렇게 남다른 애정을 갖는 것은 나 자신의 생명을 포함해 모든 것이 무너지고 부서지는 것에 대한 말없는 저항일까, 분노일까. 그 까닭이야 무엇이든 귀밑머리에 꽃을 꽂고 있는 그녀의 초상이 나의 손길에 의해 먼지 속에 사장될 운명으로부터 구원받게 된 것은 다행한 일이다.

곰곰이 생각하면 내 삶의 여정도 무한한 우주 가운데서 한 송이 꽃을 피우는 과정과 다르지 않다. 그리고 내가 피운 꽃이 시간과 더불어 찰나의 순간에 속절없이 지는 것도 아쉽다. 하기야 떨어지지 않는 꽃은 마음속이나 그림 속에만 있을 수 있을 것이다. 번쩍이는 새것만을 좋아하는 사람들의 눈에는 그림 속의 꽃도 오랫동안 빛을 발하며 피어 있을 수 없다. 비록 지지 않는다 해도 그것은 그들의 눈에 비치자마자 신비로운 빛을 잃기 때문이다.

나이테가 늘어감과 더불어 시간의 힘에 무너져가면 갈수록 시들지 않는 꽃을 피우고자 하는 욕망뿐만 아니라, 시들지 않는 꽃을 발견하고자 하는 마음 간절하다. 내가 이렇게 이 그림 속의 꽃과 여인에 대해 한결같은 애정을 느끼는 것은, 자의식이 강한 인간으로서 마음속으로 추구하는 욕망을 구체화한 여신(女神)과도 같은 존재 때문만은 아닐 것이다. 인간의 노력은 부서지고 무너져 사라지지만 그림 속의 여인은 자연과 다른 영속적인 그 무엇을 추구하고 있음에 틀림이 없다.

내가 10여 년 전 사람의 발길이 뜸한 낡은 골동품 가게에서 발견한, 시들지 않는 자줏빛 꽃을 꽂고 서 있는 여인의 모습을 담은 그림에 눈을 주고 항상 새로운 아름다움을 발견하려는 것은 의식적으로나 무의식적으로 자연주의적인 존재이기를 거부하는 인간적인 몸짓일 것이다.

친구의 초상

♦♦

얼마 전 참으로 오랜만에 옛 친구 하나를 만났다. 우리는 고등학교를 함께 다녔는데, 그는 고교시절에 일종의 신화를 창조한 인물로서 법대를 졸업하고 일찍부터 판사 생활을 하였고, 나는 나의 길을 허덕이며 걸어왔다.

고등학교를 졸업한 지 근 30년, 그간에 서로 만나지 않았던 것은 아니다. 30대까지 우리가 만난 것은 다만 우연한 해후였다. 한 번은 내가 어둡고 힘겨운 20대를 보낼 무렵, 지방에서 서울로 가는 열차 속에서 우연히 그를 만나 우정 어린 정담을 나누었다. 당시 그는 법무관이었고, 나는 미국에 공부하러 가기 위해 군복을 벗을 준비를 하던 연락 장교였다. 그러나 그의 영어는 나의 영어보다 더욱 정확하고 훌륭했다.

그리고 40대를 넘길 즈음 우연히 법원 앞 돌담길을 걷다가 그의 인품이 생각나서 한두 번 함께 점심을 하면서 살아가는 이야기를 나눈 적이 있다. 이때 우리는 많은 이야기를 나누지는 않았지만, 같은 시

대에 태어나서 같은 교실에서 같이 공부를 했다는 인연과 운명에 대해 감사했다.

동창이란 의미는 무엇인가. 그것은 명문 고등학교 혹은 명문 대학을 다닌 것을 자랑하거나, 또는 어떤 파벌을 만들기 위해서 존재하는 것이 아니다. 학생시절의 동기 동창은 황량한 역사 속에서 태어나 끝없이 이어지는 죽음을 향한 대장정의 흐름 속에서 우연히 같은 대열에 서게 되어, 살아가는 아픔과 기쁨을 함께 나눌 운명에 놓여 있는 반려자와도 같은 벗이다.

내가 이 친구를 대할 때마다 그에게 존경에 가까운 우정을 느꼈던 것은 판사라는 그의 신분 때문이 아니라, 우아하고 중후하며 지적인 인품 때문이었다. 사실 내가 사람다운 모습을 갖추는 데 사람의 품위가 얼마나 귀중하고 소중한 것인가를 깨달은 것은 그의 모습을 통해서였다고 말해도 지나침이 없을 것이다.

얼마 전 그를 만난 것은 또 한 번의 10년을 보낸 후였다. 10년 세월이 그렇게 무서운지, 우리 집 대문 안으로 걸어 들어오는 그의 머리는 벌써 희끗희끗해졌고 얼굴의 주름살 속에는 세월의 상처가 숨겨져 있었다. 그러나 비둘기색 양복에 검정 구두를 신은 모습에서는 옛날보다 더욱 원숙한 품위가 드러나 보였다.

그는 남달리 명석하고 정확한 두뇌를 가진 사람이지만 오만하거나 교만한 빛이라고는 조금도 보이지 않았다. 그의 말에는 조용한 지혜가 넘쳐흘렀고 상대방이나 혹은 주위에 있는 누구라도 이해하고 존경하는 마음으로 가득 차 있었다.

이를테면 그는 어느 누구와 대화를 하더라도 독단적인 태도를 보이지 않고 항상 변증법적이고 명상적인 태도를 보였다. 다시 말하면 그는 19세기 영국 시인 존 키츠처럼, 어떤 큰 문제에 대해 어떤 해답을 구했다면, 그것과 꼭 같이 진실된 또 다른 답이 있을 것이라 생각하고, 자신의 위치에서가 아니라 상대편의 위치에서 그 문제를 이해하려는 태도를 보였다.

그래서 그는 서로 반대되는 믿음의 가능성 사이에서 자기 자신을 찾으려고 했다. 또한 두 개의 믿음을 무리하게 결합시키려 하지 않았다. 그는 문제 해결을 위해 더욱 많은 경험을 기다리는 것 같았다. 나는 그가 이러한 태도를 가지게 된 것은 수많은 재판을 한 경험 때문이 아닌가 생각하고, 셰익스피어의 〈베니스의 상인〉에 나오는 포샤를 생각했다.

검은 법의를 입은 포샤가 샤일록에게 빚의 대가로 안토니오의 살을 1파운드 베어가되, 한 방울의 피도

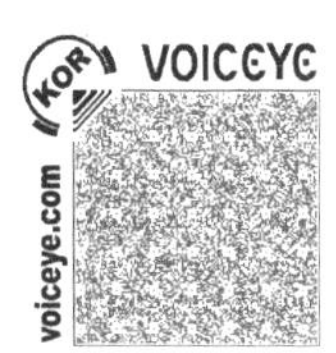

흘리면 안 된다는 판결을 내린 것은 그녀가 사물을 여러 가지 시각으로 볼 수 있는 밝은 눈과 지혜를 가지고 있었기 때문이리라.

아무튼 그 판사 친구는 수십 년 동안 재판을 하는 일에 종사해왔기 때문인지, 법적인 어떤 사안에 대해서는 정확한 법률적인 해석을 내리지만 보다 큰 어떤 문제에 대해서는 궁극적인 해답을 찾을 수 없다고 생각하는 것 같다. 그는 인간 문제를 해결하는 최상의 길은 대상에 대한 인식과 이해를 확대하고, 그것을 통해 깨달음과 지혜를 얻는 데 있다고 말하고 있는 듯했다.

사람들은 그의 매너가 가끔 너무나 정중하고 형식에 치우친다고 말하지만, 그것은 결코 기계적으로 되풀이되는 주어진 형식에서 나온 것이 아니라, 오랜 경험과 수양을 통해서 얻은 성숙된 몸가짐과 풍부한 이해력에서 잉태한 것이다.

그는 한 치의 자만심도 보이지 않고 상대편의 부족함을 이해하고 수용하며, 상대의 좋은 점을 있는 그대로 정중하게 평가해서 받아들이려고 했다. 상대방을 이해하려는 그의 노력은 지혜를 얻기 위한 도덕적이고 종교적인 노력에 가까웠다.

그래서 존경하는 이 친구가 사람을 대하는 태도를

시에 대한 존 키츠의 태도와 비교해본다. 키츠는 이른바 '부정적 수용력'이라는 이상적인 시작(詩作) 태도를 지녔다. 여기서 '부정적인 수용력'이라 함은 "인간이 사실과 이유를 어떻게든지 성급하게 추구하지 않고, 불확실성과 신비 그리고 의심스러운 것을 함께 수용할 수 있는 능력"을 말한다.

키츠 연구의 세계적 권위자인 하버드대학의 데이비드 퍼킨스 교수는 다음과 같이 지적했다.

"이것은 문학 작품을 쓰는 데 필요하지만, 또한 대단히 매력적인 인간적인 태도가 될 수 있다. 그것은 회의주의 — 왜냐하면 결국 '이 세상에서는 아무것도 증명할 수 없기 때문이다' — 와 삶의 에너지에 대한 사심 없는 도덕적 명상을 의미한다."

이러한 사심 없는 명상은 다른 사람의 이익을 위한 순수한 욕망에 의해 이루어지는 면을 지니고 있기 때문에, 이것을 완전히 행사하는 사람은 극히 드물다. 그래서 키츠는 이러한 사심 없는 명상을 이상적으로 완전히 실천한 사람으로 "소크라테스와 예수만을 기억할 수 있다"고 말했다. 사실 이 두 성인은 인류의 은인들로서 죽을 때까지 그들의 형제를 사랑하고, 세상의 거대한 고뇌를 체험하고, 불쌍한 인류에 대해 노예처럼, 도덕적인 선을 위해 노력한 '하이프리온(Hyperion)'의 인물들이다.

소크라테스와 예수처럼 타인을 이해하고 사랑한다는 것은 살아가는 고통을 함께 나눈다는 깊은 의미를 지니고 있다. 다소 거리감이 있는 이야기지만, 다른 사람의 부족함과 그것으로 인한 고통을 이해해주는 것은 곧 사랑이고, 그 고통과 어려움을 마음으로나마 함께 나누는 데서 오는 기쁨은 곧 지혜를 얻는 방편이 되고, 그것은 또한 나락으로 빠져드는 인간을 구원하는 유일한 길이 되지 않을까.

어떻게 보면 나와 다른 사람의 고통을 일치시킴으로써 얻는 인식의 확대와 지혜의 터득은 인간에게 열려진 최대의 행복이 아닐까. 키츠가 "아픔과 괴로움의 세계"를 통해 어떤 개인적인 실체나 혹은 영혼을 형성하는 것은 기독교보다 "더 큰 구원의 시스템"이 될 수 있다고 말한 것은 위의 사실과 깊은 관계가 있는 듯하다.

남을 업신여기고 자기 자신의 잘난 점만을 주장하거나 내세우는 것은 사랑 또는 우정과는 거리가 먼 본능적인 오만이고 불행을 가져올 수 있는 이기심이다. 오만한 자는 본능적인 욕망을 억제하는 데서 느끼고 깨닫는 열락의 기쁨을 모른다. 조선시대 백자와 같은 정물이 지니고 있는 격조 높은 황홀한 기쁨을 가질 수 있는 것은 망아(忘我)의 경지에서만 가능하다.

얼마 전에 그 판사 친구를 만났을 때, 그의 언행 가운데 오만함이란 조금도 없고 오직 타인에 대한 이해로 충만해서 나는 부끄러움마저 느꼈다. 정말이지 그는 그가 좋아하는 민화의 호랑이 모습처럼 조용히 군자가 되어가고 있었다. 그의 담론에서 풍기는 인간적인 향취는 한 편의 시와도 같았다.

나는 그 친구를 자주 만나지는 않는다. 그러나 나는 그를 잊을 수 없고, 또 그를 생각하면서 깨달음의 진폭을 넓히고, 인간됨이 지닌 진정한 가치와 아름다움 그리고 삶의 형식적인 질서가 지닌 의미가 무엇인가를 새로이 발견한다.

그가 다음과 같은 엽서를 군자(君子)의 멋과 함께 바람에 실어 보내왔다.

반야심경의 불구부정 부증불멸(不垢不淨 不增不滅)의 의미를 조금씩 이해하게 되는 것을 보니 또 한 살 더 먹게 되는가 보네. 그러나 나이를 더 먹는 것도 없고, 나이가 그대로 있는 것도 아니네. 우리 나란히 걸어가는 동안 누가 혼자서 나이를 더 먹을 수 있겠는가.

수필 이제(二題)

— 잊을 수 없는 은사를 생각하며

◆◆

우리들의 달력을 보면, 어느 달 치고 기념일이 없는 달이 없다. 외국 사람들이 보면 바쁜 세상에 왜 이렇게 축일(祝日)이 많은가 하고 의아하게 생각할 것이다. 그러나 조금 깊이 생각해보면, 그것은 기계적으로 흘러가는 삶의 물결 속에서도 인간에게서 가장 값진 가치를 구하고자 하는 간절한 소망이 깃든 것이라고 할 수 있겠다.

얼핏 생각하면 기념일의 축하 의식(儀式)이 허식일 뿐이라고 느껴질지도 모른다. 그러나 반드시 그렇지만은 않으리라. 기념일의 축하 의식은 생명이나 우주의 사이클처럼 그 움직임이 한 바퀴를 돌아서 다시 시작의 원점으로 돌아와 또 하나의 원을 그리고 있다는 것을 모두 함께 즐거워하며 맞이하는 신화적인 의미를 지니고 있다. 쏜살같이 흐르는 세월 속에서 이러한 행사마저 없다면 우리 생활은 얼마나 무미건조하겠는가.

세상이 각박해서 스승과 제자의 관계가 옛날 같지

않다고들 말하지만, '스승의 날'만 되면 나는 아직도 오늘의 나를 있게 만들어주신 은사(恩師)를 잊을 수가 없다.

지난 여름 장마가 계속되던 어느 날 우체부로부터 조금은 우울하고 경건해 뵈기까지 하는 흰 봉투 한 장을 받았다. 불길한 예감을 가지고 보낸 사람의 주소를 살펴보니 미국에 계신 옛 은사 패터슨(Thomas M. Patterson) 선생님의 부인으로부터 온 서한이었다.

뜯어보니 패터슨 선생님께서 돌아가셨다는 부음이었다. 그 순간 반가웠던 마음은 슬픔과 회한으로 변해 눈시울을 뜨겁게 했다.

패터슨 선생님은 비록 외국인 스승이었지만, 지극히 어려웠던 젊은 시절의 나를 어두운 방황의 미로에서 구해 학문하는 길로 인도하시고 문학을 사랑하도록 이끌어주신 분이다. 만일 그분의 손길이 아니었다면 지금 나는 어디에서 무엇을 하고 있을지 모른다.

내가 그분이 돌아가셨다는 비보를 접하고 슬픔 못지않게 회오의 눈물을 흘려야 했던 것은 그분의 제자로서, 아니 인간으로서의 도리를 한 번도 해드리지 못했기 때문이었다.

10여 년 전에 하버드대학에 객원연구원으로 가면서, 패터슨 선생님이 계신 남부 채플힐을 찾았으나, 철부지처럼 다른 벗들을 만나기에 바빠서 선생님을 모시고 충분한 시간을 보내지 못했다.

보스턴에 갔다가 다시 한 번 그곳 남부로 가 선생님을 뵈려고 생각했으나 차일피일 하다가 '비자'만기일 때문이란 구실로 다시 선생님이 계신 곳으로 가지 못하고 귀국길에 올랐다.

내가 케임브리지로 가는 길에 처음 남부로 내려갔던 그해 여름 선생님께서는 노구를 이끌고 관절염을 심하게 앓고 계셨던 사모님과 함께 공항까지 나를 차로 데려다주시고, 그 큰 손으로 나의 작은 손을 굳게 잡으시며 크리스마스에 꼭 내려오라고 말씀하셨는데, 그것이 선생님의 마지막 모습이 될 줄을 그 누가 알았으랴.

패터슨 선생님은 스승으로서 그리고 선생님 자신의 은사에 대한 훌륭한 제자로서 사람의 도리를 다하신 분이었다.

1966년 12월 나는 먼 나라에서 온 초라한 동양인의 모습으로 미국 남부의 학문의 '메카'라는 유서 깊은 채플 힐에 도착했다. 대학 기숙사에 들어갈 때까지 선생님 댁에서 며칠 동안 머물렀는데 선생님 댁은 소나무 숲 속에 있는 작은 집이었다.

그때 그 집에서 단정한 늙은 부인 한 분을 만났는데 처음 나는 그 노파가 선생님의 어머니인 줄 알았다. 그러나 얼마쯤 시간이 지난 후, 그분이 선생님 은사의 부인이라는 사실을 알게 되었다.

선생님 은사 되시는 분의 댁은 유명한 예일대학이 있는 북부 뉴 헤이븐에 있었는데 그 부인은 해마다 겨울이 되면 추위를 피해 남쪽으로 내려오셔서 죽은 남편 제자의 집에서 머물곤 하셨던 것이다. 선생님의 은사님도 정년 퇴임 후, 겨울이 되면 패터슨 선생님이 계신 남부로 내려오셔서 봄까지 지내시다가 사월이 되면 예일로 돌아가시곤 하였다고 한다. 패터슨 선생님의 그 은사님은 돌아가실 때도 겨울이라 남쪽으로 내려오셨다가 제자 곁에서 임종을 하셨다고 한다.

패터슨 선생님의 은사이신 예일대학 교수는 돌아가시기 전에 남부에 있는 제자에게 오셔서 자기의 스승인 세계적인 극작가 손턴 와일더(Thornton Wilder)를 뵙고 싶어하셨다고 한다. 그래서 패터슨 선생님도 〈우리 읍내(Our Town)〉의 작가로 유명한 손턴 와일더 선생님, 즉 그분의 은사의 은사를 꼭 한 번 뵙고 싶었다고 한다.

지성이면 감천이듯이, 패터슨 선생님의 은사님이 돌아가시자, 입관을 한 후 차에 모시고 그의 고향인 북부 뉴 헤이븐으로 가는 도중 어느 휴게소에서 쉬고 있었는데, 바로 그때 손턴 와일더 선생님 역시 돌아가셔서 그의 시신을 싣고 가는 운구차와 상복을 입은 유가족을 만났다는 것이다. 비록 두 분은 관 속에 있는 시신이었지만 삼대의 스승과 제자가 우연히도 마지막 가는 길에서 묵묵히 만났다는 것이다.

패터슨 선생님은 자기 은사에게만 이렇듯 잘해드린 것이 아니었다. 선생님은 나라와 민족을 초월해서 인류애의 차원에서 제자를 키우셨다.

1960년대와 1970년대 우리 연극계에서 크게 활약하신 원로 극작가 이근삼 선생도 그분이 키우신 제자이시다. 1950년대 말 이근삼 선생이 그곳에 유학 가서 쓴 희곡을 보시고는 영어는 서툴지만 위트와 유머는 물론 아이디어와 구성이 훌륭하다고 하시면서 그것을 다시 쓰게 하시다시피 하셔서 유명한 캐롤라이나 대학 무대에 올려놓게까지 하셨다.

그리고 서울대 미학과를 나온 이원복이라는 여자

제자 한 분을 두셨는데, 당시 그분은 그곳에서 석사학위를 마치고 미시간대학에서 박사과정을 공부하고 있었다. 어느 해 겨울 크리스마스 무렵 내가 선생님 댁을 방문했다가 부엌의 식탁에 놓인 메모지 위에 '미시간에 눈이 너무 많이 내려 길이 막혀서 원복이가 오지 못하는구나. 그립다, 원복이!'라고 쓴 선생님의 낙서를 읽고 순간적으로 그녀에게 질투심을 느끼고는 나 자신을 부끄러워한 적이 있었다.

패터슨 선생님 부처가 나에게 베풀어주신 사랑과 관심은 누구 못지않은 극진한 것이었다. 내가 동양인으로서 영문학 공부를 하다가 너무 힘에 겨워 좌절할 때마다 선생님은 언제나 다시 일어설 수 있는 용기와 힘을 주는 정신적인 지주가 되어주셨다. 내가 영문학 공부는 어려움과 장래에 대한 불안 때문에 전과(轉科)를 생각하고 있을 때, 선생님은 "자기가 좋아하는 일을 포기하지 않고 열중하다 보면, 끝에 가서 반드시 길이 열린다"고 말씀하시며 학문하는 데 있어서 지구력이 무엇인가를 가르쳐주셨다.

내가 3년 동안 미국에 머물고 돌아온 후에도 선생님은 한 해도 나를 잊지 않으시고 계절이 바뀔 때마다 긴 편지를 작은 글씨로 쓰셔서 삶이 무엇이며 어떻게 살아야만 된다는 것을 소리 없이 가르쳐주셨다.

한 번은 선생님의 얼굴에 짙어가는 주름살을 슬퍼하는 편지를 보내드렸더니, 나를 꾸중하시며 그것은 '삶의 전쟁에서 이긴 무사의 훈장'과도 같은 것이라고 말씀하셨다.

선생님은 또 나와 관련이 있는 책을 골라 크리스마스 선물로 해마다 어김없이 보내주셨다. 나의 논문 지도교수님이 쓴 책이 나왔을 때도 비싼 책이라 지도교수님도 보내주시지 않았는데, 선뜻 구입하셔서 저자의 사인을 받아 항공우편으로 보내주셨다. 패터슨 선생님은 가난하신 편이었지만, 나에 대한 선생님의 사랑은 돌아가실 때까지 변함이 없었다.

나는 선생님의 고귀한 사랑을 받을 때마다 단 한 번이라도 참된 제자 노릇을 해야겠다고 다짐하곤 했었다. 그러나 선생님께서 이역만리 먼 곳에 계신 것이 원인이라고 하겠지만, 내가 살기에 바쁘다는 이유로 한 번도 선생님을 모셔보지 못하고 세월을 보내다가 지난여름 갑자기 선생님이 돌아가셨다는 슬픈 소식을 접하게 되었다.

나의 이기심은 비단 패터슨 선생님께 대해서 뿐만이 아니었다. 대학시절 나를 무척 아껴주시고, 어려웠던 시절에 두 번씩이나 크게 도와주셨던 은사 한 분이 암으로 돌아가셨을 때도, 미국에 있다는 이유로 문상조차 하지 못했다. 귀국하면 바로 선생님의 사모님을 찾아뵈려 했으나 뜻대로 되지 않아 이제는 죄밑이 되어 다시는 찾아뵈올 수 없는 운명이 되었다.

스승에 대한 나의 배은망덕한 소행은 이것뿐만이 아니다. 내가 어린 시절, 시골에서 초등학교에 다닐 때 심한 병을 얻어 어느 병원에 입원했을 때, 담임선생님께서는 몇몇 급우들을 데리고 기차를 타고 멀리까지 와 나의 병실을 찾아주셨다. 그러나 퇴원 후, 바로 대구로 전학을 오게 되고 이어서 6 · 25가 터진 것이 이유가 되긴 하였지만, 그 담임 선생님께 인사 한 번 못 드리고, 지금은 선생님의 성함마저 기억하질 못하고 있다. 아마 선생님은 이미 돌아가셨을게다.

곰곰이 생각하면, 몸은 부모님으로부터 받은 것이지만, 정신은 선생님들로부터 물려받은 것이다. 어찌 이뿐이랴! 오늘날과 같이 각박하고 험난한 세상에서 내가 올바르게 살아갈 수 있는 터전을 마련해주신 것도 선생님들의 은혜다.

패터슨 선생님께서 살아계셨을 때, 나는 기껏해야

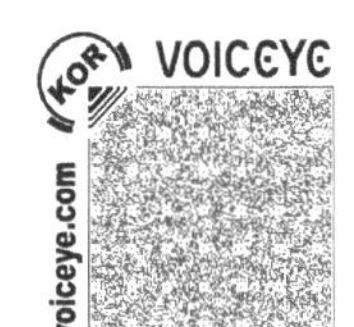

1년에 한 번씩 편지를 드리면서 선생님의 은혜에 보답하는 길을 내 제자들을 훌륭히 키우는 일에서 찾겠다고 말씀올리곤 했다. 그러나 나는 제자들에게 패터슨 선생님에 대한 이야기는 가끔 하면서도 그분이 내게 베풀어주신 정성의 10분의 1도 그들에게 베풀어주지 못했다.

선생님이 돌아가셨다는 부음을 받고 보니, 선생님이 국경을 초월해서 문학 교육의 힘으로 어렵게 이어왔던 인간애의 끈을 내가 끊어버리고 말았다는 생각이 들었다. 사람에 대한 평가는 사후(死後)에 이루어진다는데, 마지막 순간 나 자신의 평가는 선생님의 그림자 역할도 못한 것이 되겠다고 생각하니 깊은 사괴감에 빠지지 않을 수 없다.

'스승의 날'이 되면 기억해야 할 선생님들 몇 분이 계시지만 그 가운데 결코 잊을 수 없는 또 한 분은 나의 은사이자 서울대 총장을 지내신 김종운 선생님이시다. 선생님이 격의 없는 덕으로 나에게 보여주신 사랑은 나로 하여금 어릴 때 김종운 선생님의 은사였던 이양하 교수님의 추모집을 읽었던 먼 기억을 소리 없이 일깨우게 해주었다. 1960년대 초 그러니까 내가 대학 2학년 때였다. 지금은 작고하여 계시지 않는 은사 한 분이 귀여워해 주셔서 나는 선생님 댁을 자주 드나들었다. 시골서 올라온 학생이었던 나는 미국에서 유학하고 돌아오신 교수님 댁의 모든 것이 신비롭고 황홀했다. 교수님이 미국의 위대한 흑인 여가수 마리안 앤더슨의 〈아베 마리아〉를 들려주실 때는 마치 미지의 나라에 와 있는 것 같았고, 교수님의 생활이 그렇게 부러울 수가 없었다.

그때 선생님 댁을 자주 드나들면서 있었던 일 가운데 가장 기억에 남는 것은 마리안 앤더슨의 노랫소리보다 작고하신 서울대 이양하 교수님의 추모집 한 권을 빌려 읽었던 일이다. 그 책은 나에게 지울 수 없는 인상을 남겨주었다. 40여 년 전 일이라 뚜렷이 생각나지 않지만, 그 책에는 늦게 결혼하셨던 이화여자대학교 장영숙 교수님의 서문이 있었고, 이어서 이양하 선생님께서 임종이 가까우실 무렵 복수(腹水)가 찬 부푼 배를 두고 쓰신 〈내 배는 땅땅고〉라는 시가 실려 있었다. 그때 나는 젊은 나이라 죽음의 문제를 그렇게 처절하게 의식하지 못했지만, 이상한 매력에 이끌려 그 시 속에 나타난 슬픈 시정(詩情)을 읽고 또 읽었다.

그 다음 장에는 교수님의 유명한 글 〈나무〉외 몇 편이 실려 있었다. 고등학교 교과서에서 선생님이 번역하신 〈페이터의 산문(散文)〉은 읽었지만 〈나무〉만큼 큰 감명을 얻지는 못했었다. 그 다음에 실려 있는 글들은 이양하 선생님께서 천하의 영재들인 제자들과 나눈 서간문들로 구성되어 있었다. 정직하게 말해서 수필 〈나무〉는 나에게 짙은 문학적 감동을 주었지만, 내가 제일 부러워한 부분은 이양하 선생님이 제자들과 나눈 편지글이었다.

이양하 선생님이 제자들에게 보낸 서신에는 제자에 대한 사랑이 조용한 음조(音調) 가운데서도 줄줄이 넘쳐 흘렀고, 제자들이 이양하 선생님께 보낸 편지글은 짧은 글이있지만 신생님에 대한 존경으로 가득 차 있었다. 지금 생각해도 놀라운 것은 이양하 선생님께서 제자가 보내온 편지를 버리지 않고 그렇게 오랫동안 모아두셨다는 사실이다.

나는 세상을 사는 동안 은사님들이나 제자들에게 이렇다 할만한 일을 한 번도 하지 못했지만, 남들이 부러워할 만큼 여러 선생님들로부터 너무나 많은 은혜를 입어왔다.

자세한 내용이야 어떻게 구구하게 다 말할 수 있겠는

가마는 김종운 선생님께 받은 침묵 속의 은혜와 사랑은 바다와 같이 넓고 깊다. 어느 해인가 '스승의 날'에 선생님께 잠깐 인사를 가겠다는 말씀을 올렸더니 서울대에 새로 지은 호암관으로 나와서 점심을 같이 하자고 초대하셨다. 마침 시애틀 워싱턴 대학에 머물 때 교수님을 찾아가서 뵈온 일이 있는 삼대(三代)에 해당하는 어린 제자 한 사람과 함께 갔는데, 선생님께서 먼저 오셔서 나의 이름을 부르며 맞아주셨다. 점심을 먹고 나서 선생님께서는 직접 운전하는 자동차에 우리 두 사람을 태우시고 관악산 언덕 높은 곳에 자리 잡고 있는 교수회관 부근까지 드라이브를 시켜주시면서 오월의 교정을 바라보게 하셨다.

우리는 잠시 그곳에서 오월의 빛과 어우러진 교수님의 훈훈한 사랑을 느낀 후 다시 교수님께서 순수 운전하시는 차를 타고 돌아왔다. 나는 전철을 타고 한강을 건너오는 내내 눈을 감고 있었다. 교수님의 사랑이 너무나 넘쳐흘러 한동안 마음의 울림을 가눌 수가 없었다. 어른이 된 나에게 교수님께서 주신 사랑의 모습을 생각하느라고 지하철의 무쇠 바퀴가 굴러가는 소리조차 듣지 못했다.

선생님의 이러한 소리 없는 가르침을 떠올리며 이

번 '스승의 날'에 '사람이 해야 할 일이라는 의미를 지닌 인사(人事)'라도 하기 위해 나의 작은 정성을 담은 서한을 한 장 보내 올렸더니 바쁘신 가운데도 하루 오찬을 같이 하자고 부르셨다.

그러나 좋은 일이 가까이 오기란 그렇게 어려웠던지 선생님을 뵈올 이틀 전 새벽에 갑자기 욕실에서 심한 현기증을 일으켜 쓰러져서 병원으로 실려 갔다. 어두운 병실에서 눈을 떴을 때 난(蘭)의 향기가 병실을 가득 채우고 있었다. 등불을 켜고 보았더니 선생님께서 보내신 동양란 한 포기가 백자(白磁) 화분 위에서 보랏빛 꽃을 곱게 피우고 있었다.

나는 침대에 누워 내가 만일 선생님보다 오래 살 수 있다면 윌라 캐더(Willa Cather)가 쓴 〈어느 조각가의 장례식〉의 그 등장인물처럼 선생님의 관을 메고 온갖 속된 더러움으로 물든 바을을 지나 무덤으로 가는 행렬의 맨 앞줄에 서 있을 것이라고 생각했다.

국화꽃 향기

♠♠

세상에는 삶을 혐오하는 사람들이 없지 않지만, 우리가 살고 있는 이 땅에는 죽음을 두려워할 만큼이나 아름다운 현상들이 수없이 많다. 그러나 하늘이 높고 투명한 햇살이 찬란하게 눈부신 가을 뜨락에 핀 자줏빛 국화꽃 향기만큼 아름다운 것이 그 어디에 있을까. 짙은 국화꽃 향기는 볼 수도 없고 만질 수도 없지만, 숨결처럼 호흡하며 느낄 수 있기에 더더욱 절실한 아름다움을 지니고 있다.

꽃향기가 얼마나 신비롭고 아름다운지는 봄날에 구름처럼 피어오르는 라일락과 장미는 그만두더라도 오월에 불꽃처럼 타오르는 아카시아 숲과 철길 따라 피어 있는 가을 국화 곁에만 가도 쉽게 느낄 수 있다. 그러면 꽃은 왜 향기를 발하는가? 식물학자들에 따르면 그것은 벌과 나비가 찾아와서 꽃가루를 옮겨야 하는 목적 때문이다.

그러나 이와 같은 향기는 꽃에만 있는 것이 아니라 사람들에게도 있다. 사람과 사람 사이에서 보이지 않게 베푸는 사랑과 우정은 차가운 어둠 속에서도 오랫동안 느낄 수 있는 국화꽃만큼이나 향기롭다. 그것은 "오른손이 하는 일을 왼손이 모르게 하는 것"과 같이 순수한 사랑의 몸짓에서 나온다.

사람들은 각박한 세상이라 말하지만, 나는 살아오는 동안 '보이지 않는 은혜'를 적지 않게 입은 축복받은 사람이다. "인생이 기억이다"라는 마르셀 프루스트의 말처럼 그런 기억은 가끔 산울림처럼 왔다가 사라지기도 하지만, 때로는 국화꽃 향기처럼 긴 여운을 남기며 크나큰 감동으로 다가온다.

몇 해 전 가을날 오후, 창밖으로 비끼는 햇살 속에 사루비아와 함께 무리 지어 피어 있는 국화꽃을 보고 있는데, 우체부가 등기우편이 왔다며 문을 두드렸다. 그가 전해주고 간 것은 10여 년 전 외교관으로 한국에 와서 가까이 지냈던 벌리슨 씨가 보낸 편지였다. 봉투를 뜯어보니 그의 부인 키미가 별세했다는 부음과 그녀가 죽기 전 자신이 지니고 있던 장미꽃 향기가 나는 향수 몇 병을 우리에게 전해주라는 유언을 남겼다는 내용이 적혀 있었다.

내가 벌리슨 씨 부부를 처음 만난 것은 1980년대 어느 해인가 그가 서울 미국문화원 부원장으로 와 있을 때였다. 그들이 나의 은사의 사촌이라는 우연은 우리의 우정을 더욱 깊게 했다. 그것이 인연이 되어 우리는 그가 머무는 안국동 미국 외교관 저택을 몇 번인가 방문하게 되었고, 그곳에서 그의 일본인 부인 키미를 만나게 되었다.

키미는 외교관의 부인이라고는 생각하기 어려울 정도로 미모와는 거리가 먼 노쇠한 여인이었지만 유머러스한 면을 지니고 있었다. 그녀가 보조개가 있는 독특한 미소를 지으며 일본식 발음으로 영어를 말하는 것은 매력 아닌 매력이었고, 트렌치코트를 입고 외출을 할 때면 기모노를 걸친 것 같은 착각을 일으켰다.

처음에 우리는 키미가 일본인이라는 사실 때문에 약간의 경계심을 느꼈지만, 그는 말할 수 없이 따뜻하게 우리를 대해주었다. 키미가 우리 곁을 스치고 지나가면, 우리는 장미꽃 향기를 맡을 수 있었다. 어디선가 풍기는 장미꽃 향기가 좋다는 말에, 그녀는 그의 집을 나서는 우리에게 장미꽃 향기가 담긴 향수 한 병을 선물로 주었다.

아무리 좋은 향기라도 인공적으로 만들어진 진한 향수는 역겨울 수 있는데 이 향수는 결코 싫지 않았다. 이렇게 벌리슨 씨 부부는 1년 동안 한국에서 우리와 남다른 우정을 나누고 시애틀로 돌아가 은퇴 생활을 했고, 그 후 10여 년의 세월이 지났다.

그렇게 세월의 흐름이 우리들의 우정을 망각 속에 묻어버리려고 할 때, 우리는 벌리슨 씨로부터 키미가 유언으로 남긴 장미꽃 향기가 나는 향수 네 병을 소포로 받았다. 키미는 죽음의 문턱에서 이방인인 우리에게 우정의 장미꽃 향수를 뿌리고 갔다.

키미는 무덤으로 갔고 키미를 잃은 벌리슨 씨는 아무 말도 없지만, 그가 남긴 장미꽃 향기는 잊혀지지 않는 먼 기억에서 오는 미풍처럼 우리 곁을 스친다. 어느 누가 "시들기 때문에 꽃은 향기로운 것"이라고 말한 것을 두고 키미의 죽음을 떠올리는 것은 결코 우연이 아니리라.

지금은 모든 것이 사라진 옛일들이지만, 이렇게 가을이 찾아와 향기 짙은 국화꽃이 뜨락에 무리 지어 피어 있는 것을 보면, 그것이 모두 아름다운 우정이었다는 것을 새삼 기억하게 한다.

생활 속의 거짓과 진실

18세기 영국의 계관시인 토마스 그레이(Thomas Gray)는 〈애완용 고양이의 죽음에 부치는 노래〉라는 시를 써서 당시의 영국 문단에 큰 화제를 일으켰다. 시인은 애완용 고양이가 금붕어 때문에 큰 물통과도 같은 어항에 뛰어들어 익사한 것을 슬퍼하며 "번쩍이는 것이 모두 금은 아니다"라고 했다.

토마스 그레이의 말은 이 세상 모든 사물의 본질이란 그것이 표면적으로 나타내는 것처럼 단순하지 않고 대단히 복잡한 반어적인 현상까지 나타내기 때문에 인간이 그것의 어느 한쪽 측면만을 보고 행동하는 것은 지극히 위험하고 어리석다고 지적하고 있다. "인간은 세상을 똑바로 못 보고 희미하게 볼 수 있을 뿐이다"라는 성서의 말씀 또한 이러한 사실을 간접적으로 뒷받침해주고 있다.

물론 겉으로 보기에 좋은 것이 실제로도 좋은 경우가 많다. 그러나 번쩍이는 것이 반드시 좋은 것만은 아니다. 이를테면 좋은 옷을 입고 고급 승용차를 타고 다니며 멋진 포즈를 취하는 사람들이 반드시 행복한 것은 아니다. 그들은 소비를 즐기면서 편리하게 살아가지만, 그들은 편리함 속에 권태라는 검은 그림자가 드리워져 있는 것을 발견할 것이며, 또 때로는 번쩍거리는 허위의식 때문에 말할 수 없는 공허감을 느낄 것이다. 그러나 허식 없이 정직하게 사는 사람들은 다소 불편하고 힘들지만 성실한 삶을 영위하기 때문에 행복할 수가 있다.

이러한 진실은 심리학은 물론 신학(神學)으로도 설명될 수가 있겠다. 우리가 정직하게 얻은 재화(財貨)에서 느끼는 즐거움이나 그것이 가져다주는 행복은 에덴동산에서 추방당한 인간이 원죄를 사죄하기 위해 업고(業苦)를 치른다는 의미에서 보면 은총과도 같은 것이라고 말할 수 있다. 정직하고 올바른 사람들이 '신의 은총'을 상징하는 듯한 황금을 추구하며, 자유롭게 일하려는 인간이 욕망 가운데 잃어버린 낙원을 되찾으려는 단서가 있다고 생각하려는 것도 위에서와 같은 믿음에 바탕을 둔 것이 아닌가 한다.

이러한 원리는 인간의 내면세계에서만 나타나는 것이 아니라 물리적인 자연 현상 속에서도 일어나고 있다. 오늘날 우리 생활에서 없어서는 안 될 에너지의 원천인 석유나 천연가스의 경우를 두고 생각해보자. 이것들은 아무런 힘을 들이지 않고 무(無)에서 생성된 것이 아니라, 몇백만 년 전 지각 변동 시에 수많은 동물체 및 식물체가 지하로 들어가 오랜 세월 동안 썩어서 지구의 무게에 눌려 다져진 결과로 생겨난 것이다. 검은 석유가 흑진주처럼 비싼 값을 지니고서 세계를 움직이는 에너지원이 된 것은 그것을 불태우면 밝은 빛과 열을 발하기 때문이다.

또 정원이나 들판에 피는 꽃도 아무런 노력 없이 피어나는 것이 아니다. 이른 봄날 불꽃처럼 피었다가 산화하듯 지고 마는 화려한 꽃들도 겨우내 어두운 땅 속에 묻혔다가 얼어붙은 지표를 뚫고 나온 푸른색의 어린 순들이 온갖 힘을 기울이며 쉴 사이 없이 물이 빨아올린 결과다. 가을에 피는 꽃은 더욱더 그러하다. 담 모퉁이에 서서 태양을 향해 얼굴을 서서히 돌리는 해바라기는 물론, 뜨락에 그윽한 향기를 뿜는 국화는 찌는 듯이 무더운 여름날 '천둥과 먹구름' 그리고 '소쩍새 울음' 속에서 피어난 것이다. 아무도 돌보지 않는 들판에 피는 들꽃 한 송이도 그것이 피기까지는 그것대로의 아픔이 있었으리라.

우리가 모여서 사는 공동체의 경우도 마찬가지다.

우리 사회가 이렇게 어지럽고 가치관이 흔들려도 중심이 무너지지 않고 내일을 바라볼 수 있는 것은 포즈를 취하는 사람들이 아니라 온갖 어려움 속에서도 '오른손이 하는 일을 왼손이 모르도록' 하며 묵묵히 성실하게 일하는 사람들 때문이다. 입원비를 내지 못한다고 죽어가는 환자를 거리로 내쫓는 의사가 있는가 하면, 무의촌이나 나환자촌을 찾아가는 의사가 있다. 악의에 찬 소송 사건의 덫에 걸려서 파산 위기에 처해 있는 사람에게 무리한 소송비를 요구하는 변호사가 있는가 하면 억울한 일을 당한 사람을 위해 무료 변호를 하는 사람도 있다. 뇌물로 병이 든 공무원이 있는가 하면 자기가 하는 일을 천직으로 생각하고 박봉이지만 열심히 일하는 장한 공무원들이 있다.

사회를 구성하고 있는 우리들 가정에서도 이와 같은 현상은 얼마든지 찾아볼 수 있다. 대부분의 가정의 경우 아버지는 밖에 나가 돈을 벌어오기 때문인지 권력을 행사하고 포즈를 취한다. 그러나 가정을 사랑의 보금자리로 만들고 협동 정신이 지배하는 작은 사회로 만드는 것은 자기희생을 감수하고 살아가는 모성애의 힘이다. 단란한 가정에서 어머니가 중심이 되어 다 같이 아침 준비를 할 때에는 아무런 경쟁도 없고 착취도 없으며 명령도 없다. 어머니의 헌신적인 사랑이 동기와 응집력이 되어 서로서로가 기쁜 마음으로 일을 한다. 실로 어머니는 가정이라는 사회를 지배하려는 아버지처럼 포즈를 취하거나 그것을 밖으로 나타내 보이지 않는다.

그래서 결국 번쩍이는 모든 게 다 금은 아니듯이 겉으로 번쩍이지만 실제로는 무게가 없고 천박하고 내용이 없는 것이 우리 주변에는 적지 않다. 겉으로 완전한 것같이 보이는 것이 불완전한 것으로 나타나고, 불완전한 것처럼 보이는 것이 실제로는 완전한 것으로 나타난다.

그러나 중요한 것은 번쩍이는 것이 금이 될 수 있도록 만드는 것이다. 수양을 해서 내면생활이 풍요로워지면, 그것은 황금처럼 밖으로 빛을 발한다. 그래서 우리가 희구하는 것은 안과 밖, 내면과 외면이 일치하는 무게를 지닌 빛이다. 우리는 포즈를 취하는 사람들에게서 순간적으로 매력을 느낄 수 있으나, 그것은 오래가지 못한다. 그리고 포즈를 취하는 사람도 포즈를 취하지 않는 사람이 없으면 결코 존재할 수 없다는 것을 알아야만 한다.

시인 토마스 그레이와 같은 시대에 살았던 유명한 평론가 사뮤엘 존슨(Samuel Johnson)은 그 '애완용 고양이의 죽음'에 관한 시를 비평하면서, 번쩍이는 것이 금이었다면 그 고양이는 죽음의 어항 속으로 뛰어 들어가서 익사하지 않았을 것이라고 말했다. 실로 그의 시각은 수많은 현혹적인 베일 속에 들어 있는 사물을 꿰뚫어볼 수 있는 놀라운 통찰력이라 아니할 수 없다.

시간의 무게와 환상 속의 미망

연륜이 두텁게 쌓였기 때문인지 요즘 와서 시간의 힘과 무게를 유난히 의식한다. 젊은 시절 나는 봄날이 되면 생울타리를 타고 하루가 다르게 뻗어가는 덩굴손, 아침의 문을 여는 나팔꽃, 그리고 늦은 가을이면 장군의 수염처럼 바람에 흔들리는 억새풀과 갈대를 아름답게만 보았다.

그러나 지금은 그것이 모두 다 시간이 만들어낸 신비스러운 현상임을 새삼 깨닫는다. 실로 시간의 힘은 무섭다. 시간은 만물을 새롭게 창조하는 힘을 가졌지만, 그것을 해체하고 무너뜨리는 파괴력을 또한 가졌다. 그래서 발터 벤야민은 다음과 같이 말했나 보다.

"우리들 눈앞에서 일어나는 일련의 사건들에서 그 역사의 천사는, 끊임없이 파편들을 만들어 자기 발 앞에 던져지는 대 재난을 보고 있다. 그는 그 자리에 머물러 죽은 자를 깨우고 산산이 조각난 것을 다시 결합하고 싶어 한다. 그러나 폭풍우가 낙원에서 불어와 그 천사 앞의 파편더미를 하늘 높이 쌓아올리고 그가 등

지고 서 있는 미래로 그를 마구 몰아낸다. 우리가 역사의 진보라고 부르는 것은 바로 이 폭풍우다.”

내가 시간의 흐름을 이렇게 가속도적으로 의식하게 된 것은 갑작스러운 일이 아니다. 그것은 내가 나이를 먹는 동안 서서히 알지 못하게 찾아왔다. 내가 시계가 치는 종소리의 신비스러운 매력을 느끼게 된 것도 이러한 운명과 관계된 것이 아닐까.

중년이었던 오래전 어느 날 산책을 나갔다가 중고품 가구상에서 검은빛 도는 짙은 갈색 나무 장 속에 무거운 추와 함께 고정시켜 놓은 대형 괘종시계를 보았다. 고전미와 현대 감각이 어우러진 그 시계와 나무 틀 모양은 물론, 종소리와 같이 들리는 시계 치는 소리가 마음에 들어 적지 않은 돈을 주고 구입했다. 그때 늙은 주인에게 너무 비싸다고 했더니 그는 그 시계가 ‘대물림’을 할 만큼 훌륭하다고 말했다. 그 당시는 몰랐지만 세월이 지난 후에 그 가구상에 다시 들렀을 때, 점원으로부터 그가 죽었다는 말을 듣고서야 그가 옳았다는 사실을 알게 되었다.

그 동안 괘종시계를 팔았던 노인은 죽고 나 역시 육십 고개를 훨씬 넘겼지만, 회칠을 한 우리 집 이층 계단 벽면 위에 세워놓은 괘종시계의 바늘은 아직도 가고 있다. 그리고 15분 간격으로 어김없이 사원의 종소리와도 같은 은은한 소리를 낸다. 나는 이 큰 괘종시계가 치는 소리를 들을 때면 문득 그 시계를 '대물림할 것'이라고 말했던 그 옛날 시계 주인의 죽음을 생각해내고, 그의 짧은 인생과 그것을 삼키고 지나가는 영원의 시간과의 관계를 의식하곤 한다. 시간의 흐름을 이렇게 남달리 의식하는 나의 눈에는 모든 것이 시간의 구조물이면서 또한 시간의 잔해처럼 느껴진다.

그래서 나는 유유히 흐르는 강물에서 시간의 흐름을 발견하듯, 끝없이 궤도를 달리는 전철의 움직임 속에서도 시간을 의식한다. 내가 도심을 가로지를 때 승용차보다 전철을 즐겨 타는 것은 혼잡스러울 정도로 붐비는 교통량 때문이기도 하지만, 그것이 나로 하여금 시간의 움직임과 실체를 느끼고 깨닫게 만들어준다는 보이지 않는 믿음 때문이다. 전철에 망연히 혼자 앉아 있을 때, 정말 나는 마치 시간을 타고 있다는 환상에 빠진다. 열차의 움직임도 움직임이려니와 열차를 타고 어디론가 가고 있는 사람들의 모습 속에서도 시간의 흐름을 느낀다.

흐르는 시간을 상징하는 듯한 달리는 전철 속 의자에 앉아서 고개를 들면 주변 사람들은 모두 다 나에게 시간의 무게를 느끼게 하면서 시간의 가늠자가 된다. 출입문 곁에서 시간의 흐름도 잊고 사랑을 속삭이는 청춘 남녀가 있는가 하면, 젊은 아낙네의 등에 업혀 잠자는 어린아이, 초조해 보이는 어느 중년 남녀의 한숨소리, 머리에 염색을 했지만 시간이 스쳐간 자국을 지울 수 없을 정도로 주름살이 깊은 노인들의 힘없는 모습들 — 전철을 타고 가는 이 모든 사람들은 시간 속에서 시간을 싣고 가는 즐거움과 아픔을 함께 나타내는 인생의 현실적인 모습을 투영하거나 구체화하고 있다.

실로 지하철 열차 속의 풍경은 움직이는 흑백 사진과도 같이 시간을 타고 가는 인생의 참모습을 담은 화랑 같다. 나는 그들에게 객관적인 시선을 보낸다고 하지만, 연애하는 젊은이들에게서는 부러움을 느끼고, 꾸벅꾸벅 조는 노인들을 볼 때는 그들에게서 내 모습을 보고 초라함과 부끄러움마저 느낀다. 그리고 중년 승객들의 성숙함과 풍요로움을 볼 때는 부러움을 느끼지만, 그들도 얼마 있지 않아서 시간의 흐름과 함께 곧 노인이 될 것을 생각하고 안타까워한다.

또 남루한 옷을 입고 구걸하는 사람을 볼 때는 추함을 느끼기도 하지만, 힘겨운 삶을 살아가는 그들에게 연민과 동정 역시 느낀다.

나는 이렇게 달리는 전철이 상징하는 시간 속에서 살아가는 운명적인 인간의 풍경에 대해 공감하며, 때때로 그들의 얼굴 위에다 나의 자화상을 그린다. 그것은 슬프기도 하지만 고독을 잊을 수 있어서 즐겁기도 하다.

달리던 전철이 어느 지점에서 멈추고 사람들이 내리면, 나는 그들이 시간 밖으로 나갔기 때문에 죽었다고 생각하고, 새로운 사람들이 열차의 열린 문으로 들어오면, 그들이 시간 속에서 새로이 탄생한 것 같은 환상에 빠진다.

그러나 다음 순간 옷깃을 여미듯 의식을 회복하고 환상에서 깨어나서 현실 세계로 돌아온다. 이때 나는 위엄 있는 인간으로 변신해서 시간의 무게가 가져다주는 아픔과 설움을 느낀다. 그리고 나는 감상적인 허무주의자가 될 수 없음을 확인하고 시간의 실체와 의미에 대해서 다음과 같은 철학적 질문을 던진다.

내가 타고 가는 전철이 시간을 상징한다면, 그것은 아무런 목적이 없는 무한궤도에서의 움직임일까.

아니다. 적어도 그것은 그 속에 타고 있는 사람들이 가는 방향과 함께 움직이고, 또 그들이 가려고 하는 곳까지 실어다준다. 승객들이 목적지에 도착해서 전철에서 내리는 것을 두고 죽음이라고 착각했지만, 죽음이 그들의 여로를 완성시키는 목표 지점이 되는 종착역이라면 그것은 허무만이 아니라 완전한 성숙을 의미하는 것이 아닐까.

우주적인 차원에서 '객관적인 시간'은 개체인 인간이 가지는 생명의 길이를 초월해서 미래를 향해 영원으로 흐른다. 그러나 이러한 시간도 그것과 함께하는 개체인 인간을 성숙하게 한다면 그것은 그가 지닌 어떤 가능성을 실현하고 있음에 틀림이 없다. 영국의 시인 존 키츠가 말한 것처럼 죽음은 성숙의 끝이고 제한된 가능성의 실현을 의미하기 때문이다.

만일 가능성의 실현이 없다면, 시간이 지나간 과거는 먼지 쌓인 화랑에 아무런 의미 없이 줄지어 서 있는 잔해의 박물관이 아닌가. 인간이 존재하는 의미가 어떤 가능성의 실현에 있다면, 시간은 그것의 성취를 위해 필요한 움직임과 변화의 조건이 된다. 만일 시간이 없다면, 어떤 가능성을 실현할 수 있는 변화와 움직임이 있을 수 없기 때문이다.

그러나 인간이 어떤 가능성을 설정하는 것은 의식의 산물이기 때문에, 시간은 의식에 의해 지각되고 의미를 부여받는 모든 현상의 질서에 대한 표현이 된다. 그래서 만일 시간 속에서 어떤 목표와 가능성을 잃는다면, 존재 의미를 상실하게 될 것이다. 그러나 만일 시간이 인간에게 변화를 위한 고통을 가져온다 하더라도, 그것이 어떤 가능성의 실현이라는 목표를 위한 하나의 과정이라면, 일에서 오는 희열의 경우처럼 역설적으로 즐거움이 될 수 있다. '객관적인 시간'에 떠밀려 가지 말고, 시간을 자신의 목표를 실현하기 위해 의지적으로 활용한다면, 그것은 한결 가벼워져서 그 흐름마저 느끼지 못하게 될 것이다.

이렇게 현상학적으로 생각하면, 인간이 '주관적이고 의식적인 시간'을 상실하는 것은 죽음을 의미함에 틀림이 없다. 전철을 타고 가면서 내가 전철을 '시간의 마차'라고 생각하고 그 속에 타고 있는 사람들의 모습 속에서 시간의 무게와 변화를 읽고 그들의 얼굴들 위에 나의 얼굴을 포개며 자화상을 그려보는 것은 자연스러운 현상이다. 그러나 내가 주변의 사물에 대해 지나친 연민을 느끼며 허무감에 빠지게 된 것은 순간적으로 나 자신의 목표에 대한 의식을 잃고 환상에 빠졌기 때문이다. 인생이 승리와 패배가 있는 싸움의 시간인 것은, 어떤 가능성과 의미를 찾기 위한 의식적 움직임 때문이 아닌가.

우리 집 이층 계단 위 벽면에 서서 사원의 종소리와 같은 울림을 내며 시간을 알리는 큰 괘종시계는 아직도 가고 있는데, 그것을 나에게 '대물림'했던 그 중고 가구상 주인의 죽음을 슬퍼했던 것이 의식적인 삶의 여울에서 벗어난 순간적인 감상이라 생각하니 부끄러울 수밖에 없다. 시간은 결코 어느 한 사람의 소유물이 아니고, 역사의 움직임과 같은 어떤 거대한 가능성을 실현하기 위해 존재하는 의미 그 자체다.

책 읽기와 나의 삶

♠♠

어떤 의미에서 보나 나의 독서 편력은 정신적인 삶의 편력과도 같다. 왜냐하면 나는 의식에 눈을 뜨고부터 독서를 하였고, 또 그것에 의해 나의 정신적인 삶이 시작되고 형성되어 왔기 때문이다.

내가 독서에 눈을 뜬 때가 언제인지 정확하지는 않지만 초등학교 이전으로 거슬러 올라갈 수 있을 것 같다. 어릴 때 할아버지가 거처하시던 사랑방으로 가서 머리를 영창문 쪽으로 향하고 똑바로 누우면 병풍 모양으로 된 벽장문 위에 풀칠을 해서 붙여놓은 초서(草書)로 쓴 한시 한 구절이 눈에 들어왔다. 나는 그것에 대해 궁금증을 느낀 나머지 천자문을 배우다가 할아버지께 그 뜻을 여쭈어보았다. 할아버지께서는 그것이 송시열의 글씨라고만 말씀하시고 침묵을 지키셨다. 그때부터 줄곧 그 글씨는 하나의 신비로움으로 내 마음에 지울 수 없는 자국을 남겼고, 나는 그 뜻을 해독하려고 했다. 내가 커서 그 벽장문 위에 쓰인 글씨가 지닌 가치를 어렴풋이 깨닫고 그것을 찾으려고 했을 때, 그 시골집 사랑채는 벌써 다른 사람에게 팔려 헐리고 없었다. 흘려 썼지만 힘이 있던 그 한문 붓글씨가 내 마음에 새겨 놓은 인장(印章)의 숨은 뜻 때문인지 나는 초등학교에 들어가고부터 책 읽기를 무척이나 좋아했다.

지금은 아득하지만 초등학교에 입학했을 당시 나는 산골 아이였다. 그때는 십 리 길을 걸어서 읍내에 있는 학교에 다녔는데 해방 직후였기 때문인지 교과서가 바로 지급되지 않았다. 그러나 나는 대구에서 여학교를 다니는 작은고모로부터 《새나라》라는 소년잡지와 함께 국어책이 들어 있는 소포를 받는 행운을 가졌다. 셀로판지에 싼 국어책이 그렇게 아름다워 보일 수가 없었다. 나는 수없이 만져보고 들여다보았다. 내가 책을 사랑하고 독서하는 즐거움으로 삶을 살아가게 된 것은 아마도 그때 객지에서 공부하고 있던 작은고모가 대숲을 뒤에 둔 고향집에 있는 어린 조카에게 보내준 그 책 때문인 것 같다.

그 시절 나는 《새나라》를 읽고 독서의 세계가 지닌 경이로움에 매혹되어 엿새마다 찾아오는 장날이 되면 집으로 돌아가는 것도 잊고 학교가 파하는 대로 시장의 차일을 친 책전 앞에서 해 저무는 줄 모르고 서성였다. 책전 앞에 넋을 잃고 서 있다가 날이 저물어서야 어두운 십 리 산길을 두려움으로 떨며 뜀박질하듯 집으로 갔다.

그런데 나의 독서 편력에 큰 획을 긋게 된 사건은 학교 가는 십 리 길을 단숨에 달리곤 하던 산골 아이였던 내가 신장염이라는 병마의 덫에 걸려 1년 가까이 입원 생활을 하게 된 것이다. 이때 나는 초등학교 3학년이었지만 만화는 읽지 않고 다니엘 디포의 《로빈슨 크루소》와 조너선 스위프트의 《걸리버 여행기》 그리고 《플루타르크 영웅전》을 비롯하여 《뉴턴》이나 《퀴리부인》 같은 위인전을 쉴 새 없이 읽었다. 통증이 없는 우울하고 지루한 투병 생활을 오랫동안 했는데, 어머니는 낮시간 동안은 나를 병실에 혼자 두고 집에 가셔야만 했다. 커다란 병실에 혼자 남은 내가 할 수 있는 것이란 머리맡에 쌓아둔 책을 읽는 것밖에 없었다. 더 읽을 책이 없으면, 어머니가 오실 때까지 천장과 벽지에 새겨져 있는 꽃무늬를 수없이 새면서 이미 읽었던 책 속으로 상상의 날개를 폈다.

나는 큰 '약손'을 가지신 할머니와 어머니의 지극한 정성으로 건강을 회복하고 나서 대구로 전학을 왔다. 중학교 입시 공부 때문에 얼마 동안 책 읽기를 중단했지만, 중학교에 입학하고 나서는 옛날부터 길러왔던 독서벽을 버리지 못하고 학교가 파하면 이 서점에서 저 서점으로 옮겨 다니면서 한 자리에서 책을 100여 페이지씩 읽었다. 중학교 1학년 때 서점 주인들의 미움을 사면서 《삼국지》 여섯 권을 독파했던 기억이 지금도 새롭다. 그때 읽은 유비와 제갈량의 관계는 어린 나의 가슴에 지울 수 없는 짙은 감동을 가져다주었다. 이 시절에 나는 이광수의 〈흙〉과 〈사랑〉 등이 좋아서 그의 작품을 모조리 탐독했다. 김동인의 〈운현궁의 봄〉도 좋았지만, 이광수의 〈단종애사〉와 〈이차돈의 사〉 등이 좋아서 밤이 늦도록 등불을 밝히기도 했다. 중3이 되도록 책방에서 몇 시간씩을 보내는 버릇을 버리지 못했던 내가 어떻게 고등학교 입학시험을 낙방하지 않았는지 지금 생각하면 모를 일이다.

나는 고등학교에 들어가자마자 번역판 세계문학전집으로 관심을 옮겼다. 학교 도서관에서 세계문학전집을 빌려서 하루에 한 권씩 독파하려는 계획을 세웠다. 학교에서는 여섯 시간 수업을 받아야만 했기 때문에 하루에 책 한 권 읽는다는 것은 쉽지가 않았다. 그래서 수업 시간에 책상 아래에다 소설책을 숨겨놓고 읽을 때가 많았다. 투르게네프의 《부자(父子)》와 톨스토이의 《전쟁과 평화》 및 《안나 카레리나》 그리고 마거릿 미첼의 《바람과 함께 사라지다》 등을 수업 시간에 읽으면서 마음 졸였던 기억이 새롭다. 아무튼 이때 나는 목조 건물 이층에 있는 하얀 회칠을 한 도서실에서 어느 누구와 경쟁이라도 하듯 시간을 다투면서 책을 읽었다. 이때 책 읽는 즐거움마저 없었다면 몰락한 지주의 후예로서 내가 겪어야만 했던 생활의 어려움을 극복하기 어려웠을 것이다. 하루에 번역판 세계문학전집 한 권이라도 읽은 날이면 곰팡이가 필 만큼 습기 찬 자취방으로 찾아가는 황혼의 나의 발걸음도 그렇게 무겁지만은 않았다.

이 시절에 나는 광란적이라고 할 만큼 다독(多讀)을 하였는데 그것이 독서 연령 면에서 나를 조숙하게 만들었고 나로 하여금 미지의 나라에 대해 꿈을 꾸게 했다. 그래서 매달 《사상계》가 나오면 대구 중앙동 책전 골목으로 찾아가서 장준하(張俊河)의 권두연부터 읽었다. 어찌 이것뿐이랴. 그 책전 골목에만 들어서면 《사상계》와 함께 놓여 있는 《현대문학》에 눈을 주는 일을 잊지 않았다. 나는 짙은 잉크 냄새를 맡으

며 새로 나온 문예지의 책장을 넘기면서 문학의 심원한 유곡(幽谷)으로 산책하는 일을 멈추지 않았다.

문학에 대해 이렇게 눈뜨고 있을 무렵, 나의 독서 편력에는 새로운 변화가 일어났다. 고등학교 1학년 겨울 방학 때 시골집에 머물다 사랑방 윗목에 육중하게 놓여 있던 책장 문을 할아버지 몰래 열었다. 그때 나의 시야에 들어온 것은 모두 다 일본어 책들이었다. 마르크스의 《자본론》을 처음 접하게 된 것도 이 때였다. 그런데 나는 뜻하지 않게 그 먼지 나는 책장에 꽂혀 있던 일본어판 세계문학전집 속에서 영어로 된 원서를 한 권 발견했다. 짙은 호기심으로 그것을 한 번 조심스럽게 펼쳐보았다. 그것은 그 책상 속에 모아둔 다른 책들과는 달리 영어로 씌어 있었기 때문에 나의 접근을 어느 정도 허용했다. 나는 사전을 찾아가며 그것을 읽기 시작했는데 그 책은 19세기 프랑스의 유명한 시인 보들레르의 산문집이었다. 그 이전에 보들레르의 시를 접해본 적은 없었으나, 그가 훌륭한 시인이란 것을 여기저기서 들어서 익히 알고 있던 터였다. 마침 비교적 쉬운 영어로 씌어진 〈거지〉라는 짧은 한 작품을 읽었을 때 너무나 신비스럽고 감동적이어서 겨우내 사전을 가지고 그 작은 부피의 책을 모두 다 읽었다.

그해 겨울에 읽은 이 영문판으로 된 보들레르 산문집과 교과서에 실려 있던 알퐁스 도데의 〈마지막 수업〉은 나의 독서 편력의 지침을 바꿔놓았다. 다시 말하면 나는 외국 문학에 대한 강렬한 이끌림 때문에 영어 공부를 정말 열심히 했다. 그 결과 고등학교를 졸업할 때까지 워싱턴 어빙의 〈스케치북〉을 비롯하여 토마스 하디의 《테스》 그리고 샤롯 브론테의 《제인에어》를 원서로 읽었고 토마스 그레이와 워즈워스가 쓴 영시 몇 편을 외우기까지 했다.

어려웠던 우리 집에서는 내가 의과대학으로 가서 의사가 되었으면 했다. 그러나 어릴 때부터 시작한 치열한 독서 편력이 나의 운명에 어떤 피할 수 없는 힘을 작용했기 때문인지, 나는 영문학을 전공하게 되었고, 책 읽기는 나의 삶과 떼어놓을 수 없는 것이 되었다.

대학에서 나는 학교에서 배우는 양의 독서에 만족하지 못했다. 여러 가지로 삶에 대한 좌절감을 맛보았지만 남들에게 부끄러움이 없을 만큼 많은 책을 읽으려고 노력했다. 유난히도 무덥고 지루했던 어느 해 여름 커튼도 없는 도서관에서 책을 읽다가 시력이

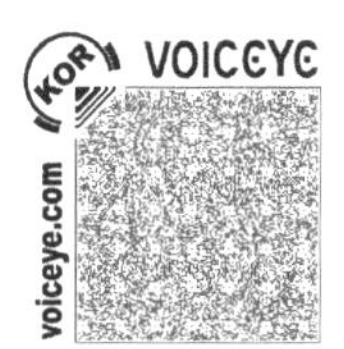

나빠졌지만 나는 독서량과 깊이를 줄이지 않았다. 그때 전공 서적 외에 영문으로 씌어진 《안데르센 동화》에 심취하기도 했고 백철의 《신한국현대문학사》를 읽으며 우리 문학작품 가운데 무엇이 중요한 것인지를 살펴보기도 했다.

그러나 나의 주된 관심은 언제나 영문학 분야에 머물렀다. 그래서 그 당시 많이 읽혔던 서머싯 몸의 《인간의 굴레》를 비롯하여 제임스 조이스의 《젊은 예술가의 초상》과 D. H. 로렌스의 《무지개》 등을 깊은 문학적인 뜻도 모르고 읽었다.

셰익스피어를 읽다가 좌절한 나머지 문학 공부를 그만두고 행정고시를 치르겠다고 경제학에 관한 책을 열심히 읽은 적이 있었는데, 지금 내가 케인스 이론과 슘페터의 자본주의 붕괴론을 영문학 시간에 세상 살아가는 이야기를 하다가 갑자기 들먹이곤 하는 것도 그때 얻은 짧은 지식 때문이다.

그러나 마음을 바꾸어 취직보다는 대학원 공부를 하기 위해 미국으로 가겠다는 결심으로 영문학 서적을 항상 가까이 하고 있었다. 그래서 젊은 시절, 나의 초라한 하숙방에는 영영사전 한 권과 문고판(페이퍼백) 영문학 작품 몇 권이 항상 뒹굴고 있었다. 내가 병역 임무를 수행하기 위해 야전군에 근무하고 있을 때도 하숙방 머리맡에는 호손의 《주홍글씨》와 포개져 놓여 있는 '톰 소여'와 '허클베리 핀'의 얼굴들이 책 표지 위에서 항상 웃고 있었다.

그러나 내가 보다 체계적으로 책을 읽게 된 것은 1960년대 미국에서 대학원 공부를 시작하면서였다. 즉 문학 작품을 읽을 때도 단순히 흥미 본위로만 읽지 않고 비평적인 시각으로 읽게 된 것이다. 다시 말하면 고전이 된 문학 작품을 읽을 때는 그것이 왜 고전이 되었는지 생각하면서 그것이 담고 있는 숨은 의미를 문학사적인 문맥과 진실된 인간적인 삶의 문맥 속에 투영시키면서 읽었다. 문학 작품을 이러한 시각에서 접근하면 읽기가 쉽지 않았지만, 매우 보람 있는 일이었다.

일정한 문학 작품을 올바르고 심도 있게 읽기 위해 많은 문학 비평서들을 시대에 뒤떨어지지 않게 읽었고, 그 비평과 사회학에 관한 서적들을 읽었다. 그러나 내가 문학 작품의 세계로 점점 침잠해 들어가면 들어갈수록 나의 독서 편력은 어느 한 곳에 한정될 수밖에 없었다. 비록 한때는 러시아 문학과 독일 문학 이론 등에 관심을 가지고 그 분야에 관한 책들을

섭렵한 경험이 있었지만, 그것은 어디까지나 비교문학적인 차원에서였다.

나는 30대 초반에 조국으로 돌아와서 몇 년 동안은 대학에서 영문학만을 가르쳤다. 그러나 나는 한국 사람으로서 나를 영문학에만 묶어둘 수가 없다고 생각했다. 나는 운명처럼 내가 태어난 나라의 언어와 문학을 사랑하고 있으며 그래서 그 동안 내가 외국 문학 공부에서 얻었던 문학적인 지식과 경험을 문학 비평에 접목시켜 보고 싶었다. 그래서 나는 근 30년 동안 한국현대문학사에 나오는 주요한 작품들을 읽으며 여러 가지 측면에서 분석하는 작업을 영문학 공부와 병행하고 있다. 어느 것 하나 제대로 하고 있지 못하지만, 이 두 가지 일은 나의 삶을 지탱해주는 두 개의 수레바퀴와도 같은 것임에 틀림없다. 그리고 시간적인 여유만 있으면 시대에 뒤떨어지시 않기 위해 새로운 이론을 담은 신간 서적들을 광범위하게 읽으려고 노력하고 있다.

어릴 때부터 시작한 독서는 나에게 단순히 일반적인 의미로서의 독서가 아니라 나의 삶의 일부이자 전부라고 말할 수 있겠다. 특별한 오락도 없는 나에게 독서마저 없으면 나의 생활이 얼마나 무미건조하고 황량할 것인가. 나는 오늘도 책 읽기를 게을리 하지 않는다. 나는 하루라도 책을 읽지 않으면 마음에 긴장감이 사라져서 허무감의 늪에 빠지는 듯한 느낌을 가지게 된다. 독서는 나를 죽음의 공포와 억압으로부터 구해주는 방파제 역할을 해주어 나를 치열한 의식적인 삶 속에 머물도록 해준다.

어릴 때 할아버지 사랑방 벽장문에 족자처럼 붙여놓은 송시열의 한시 뜻을 알아보려는 호기심에서 시작된 나의 독서 편력은 죽음의 순간까지 계속될 것이다.

이태동 李泰東(1939~)

경북 청도에서 태어나 청도와 대구에서 성장하였다. 경북사대 부속 중·고등학교를 졸업한 후, 한국외국어대학 영어과를 졸업하였다.
미국 노스캐롤라이나(채플 힐) 대학원 영문과를 졸업(1970)하고, 서울대학교 인문대 영문과에서 박사학위를 취득(1988)하였다.
미국 하버드대학 엔칭연구소 초빙 연구원(1978~1979)과 스탠퍼드 및 듀크대학교 풀브라이트 교환교수(1989~1990)로 있었으며, 1972년부터 2004년까지 서강대 영문과 교수로 재직하고 대학 출판부상·문과대 학장 등을 역임하였다. 현재는 서강대 명예교수로 가르치고 있다. 1976년 이어령 교수 추천으로 〈문학사상〉에 평론으로 등단하였다.
평론집으로 《부조리와 인간의식》, 《한국문학의 현실과 이상》, 《현실과 문학적 상상력》, 《나목의 꿈》 등이 있고, 수필집 《살아 있는 날의 축복》, 《마음의 섬》이 있으며, 엮은 책으로 《아름다운 우리 수필》이 있다. 그 밖에 한 권의 신문 칼럼집과 다수의 번역서가 있다.

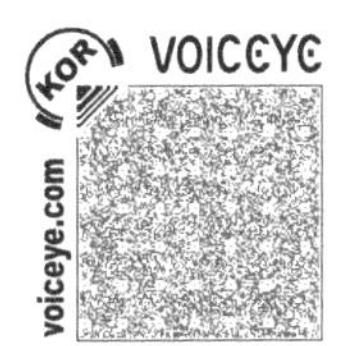

밤비 오는 소리 [큰글자도서]

초판발행 : 2010년 2월 8일
지 은 이 : 이태동 지음
발 행 처 : (주)도서출판점자
발 행 인 : 육근해
출판등록 : 2009년 2월 17일 제 25100-2009-5호
주　　소 : 서울시 성동구 성수2가 3동 281-16 일신건영휴먼테코 1203호
전　　화 : 02-3426-7511
팩　　스 : 02-3426-7502
전자우편 : kbraille@naver.com
홈페이지 : www.kbraille.net

ISBN 978-89-93793-69-7

잘못된 책은 바꾸어 드립니다. 값은 뒤표지에 있습니다.